Martina Rellin

Kinder und andere Katastrophen

Vierzehn Mütter und ein Vater erzählen

W0176746

Piper München Zürich

Mehr über unsere Autoren und Bücher:
www.piper.de

Von Martina Rellin liegen bei Piper im Taschenbuch vor:
Ich habe einen Liebhaber
Wir sind die neuen Liebhaber
Mein Liebhaber
Ich habe einen Liebhaber. Die Gebrauchsanweisung
Kinder und andere Katastrophen

Taschenbuchsonderausgabe
Juni 2009
© 2006 Piper Verlag GmbH, München,
erschienen im Verlagsprogramm Kabel by Piper unter dem Titel:
»Bin ich eine gute Mutter?«
Umschlaggestaltung: Cornelia Niere, München
Umschlagfoto: Plainpicture
Autorenfoto: Ludwig Rauch
Satz: Kösel, Krugzell
Druck und Bindung: CPI – Clausen & Bosse, Leck
Printed in Germany   ISBN 978-3-492-26321-4

Martina Rellin
Kinder und andere Katastrophen

Zu diesem Buch

Alle Eltern werden von ganz normalen Selbstzweifeln geplagt. Die Liste unserer Verfehlungen ist lang: Wir finden, wir haben zuwenig Zeit für die Kinder. Wir hassen Spielplätze. Wir arbeiten zuviel. Wir haben uns scheiden lassen. Wir haben uns nicht scheiden lassen. Wir schmuggeln nicht genug Obst und Gemüse in die Fischstäbchen-Monokultur. Wir erlauben eine Runde Gameboy, nur weil wir in Ruhe telefonieren wollen. Das sind Sachen, die Müttern und Vätern Sorgen machen. In der Politik reden sich Experten die Köpfe heiß, wie mehr Betreuungsangebote dem Land einen Kinderboom bescheren könnten. Dabei ignorieren sie die vermeintlich kleine, aber oft schlafraubende Frage all jener, die Kinder haben: Mache ich alles richtig? Vierzehn Mütter und ein Vater erzählen aus dem Elternleben – ungeschönt, ehrlich, unterhaltsam.

Martina Rellin, geboren 1962, lebt mit ihrer Familie in Berlin. Sie war von 1994 bis 2001 Chefredakteurin der Zeitschrift Das Magazin und veröffentlichte die sehr erfolgreichen Bücher »Ich habe einen Liebhaber. Frauen erzählen von ihren Begegnungen mit dem ganz besonderen Mann«, »Wir sind die neuen Liebhaber« und »Mein Liebhaber«. Zuletzt erschien von ihr: »Die Wahrheit über meine Ehe. Frauen erzählen«. Weiteres zur Autorin: www.martinarellin.de

Inhalt

Liebe Leserinnen,
liebe Mütter und Noch-nicht-Mütter,
liebe Leser,

ich bekenne: Um dieses Buch schreiben zu können, bin ich leider oft eine ziemlich schlechte Mutter gewesen. Wenn ich mit Christine aus dem sechsten Kapitel für 17 Uhr zum Telefonieren verabredet war, mein Sohn genau dann ins Arbeitszimmer gestiefelt kam und fragte: »Mama, darf ich Gameboy spielen?« ging mein Daumen nach oben. Mein Sohn tappte zufrieden Richtung Kinderzimmer – und in mir nagte das schlechte Gewissen: »Du hast nur *ja* gesagt, damit du in Ruhe telefonieren kannst, du Rabenmutter, du!«

Monatelang bin ich im Schutz der nächtlichen Dunkelheit auf die Straße geschlichen, habe stramm mit Pizzapappen gefüllte gelbe Säcke bei Nachbarn vor der Einfahrt abgelegt – es mußte doch keiner sehen, daß sich die Tiefkühl-Mafia an meiner Familie goldene Zweitnasen verdiente, nur weil mir die Zeit fehlte, in Ruhe etwas richtig Gesundes, gar mit Gemüse und vollwertig, selbst zu kochen. Schlechte Mutter, du, ningelte mein Gewissen.

Wenn Sie eine Frau sind und Kinder haben, wissen Sie wahrscheinlich genau, was ich meine: Es gibt wohl keine Mutter, die solche Gewissensbisse nicht kennt. Die Liste unserer Verfehlungen ist lang:

Wir finden, wir haben zu wenig Zeit für die Kinder.

Wir hassen Spielplätze.

Wir arbeiten zu viel.

Wir basteln nicht gern.

Wir haben uns scheiden lassen.

Wir haben uns nicht scheiden lassen.

Wir schmuggeln nicht genug Obst in die Monokultur aus Fischstäbchen und Spaghetti.

Wir erlauben, daß Leon und Laura ein bißchen fernsehen, weil wir in Ruhe das Badezimmer zu Ende putzen möchten …

Das sind Sachen, die Müttern tagtäglich Sorgen bereiten. Väter lachen darüber, weil sie unsere Probleme nicht nachvollziehen können. Sind Frauen und Männer schon im normalen Leben von Venus und Mars, nimmt es nicht Wunder, daß sie auch in ihren Erscheinungsformen *Mutter* und *Vater* ganz unterschiedliche Planeten bewohnen. Ich meine nicht vordergründig den Schaukel-nicht-so-hoch-und-iß-bitte-die-Kiwis-Planeten hier und dort die Supernova Komm-ich-geb-dir-ordentlich-Schwung-und-iß-ruhig-vor-dem-Abendbrot-noch-ein-Schokoladeneis. Nein, ich meine das Bewußtsein, mit dem Mutter und Vater ihren jeweiligen Planeten bewohnen. Die gute Mutter ruft auf dem Spielplatz: Schaukel nicht so hoch! – und Angst vor Stürzen mischt sich mit der quälerischen Frage, ob diese Sorge erst recht dazu führen könnte, daß das Kind unsicher wird und dann vielleicht fällt … Der gute Vater ruft: Klasse, kannst du noch höher? – und er freut sich, was für ein sportliches, mutiges, selbstbewußtes Töchter- oder Söhnchen er da hat.

Nach dem Gespräch mit Jan, dem einzigen Vater in diesem Buch, den Sie im 13. Kapitel kennenlernen können, dachte ich wieder einmal, daß wir Frauen uns ruhig die eine oder andere wirklich tolle Männer-Eigenschaft (ja, es gibt solche!) abgucken sollten, wozu zweifelsohne gehört, voll hinter dem zu stehen, was man tut, sich das Leben nicht mit unnötigen Zweifeln schwerzumachen, sich zu sagen: Es ist schon okay, was du tust.

Wirklich, Väter verstehen nicht, worüber sich Mütter die Köpfe zerbrechen, und in der Politik reden sich die Experten am liebsten die Köpfe heiß, wie Elterngeld oder mehr Betreuungsplätze dem aussterbenden Land einen Kinderboom bescheren könnten. Dabei ignorieren auch diese Experten die vermeintlich kleine, aber oft schlafraubende Frage der Mütter und von Frauen, die Mutter werden wollen: Mache ich alles richtig?

In den vergangenen Jahren habe ich für meine anderen Bücher mit vielen, vielen Frauen über ihr Privatleben gesprochen. Im Schutze der Anonymität ging es um Lust und Liebe innerhalb der eigenen Beziehung und außerhalb; Frauen aus dem Osten unseres Landes erzählten mir von ihren besonderen Erfahrungen und Sichtweisen.

Bei all diesen Gesprächen merkte ich: Frauen meistern ihr Leben ganz wunderbar – sind dabei aber häufig viel zu kritisch mit sich selbst. Frauen tun so viel für andere, sie bemühen sich ständig, es allen recht und angenehm zu machen, stecken dafür auch gerne selbst zurück oder stellen ihr Licht unter den Scheffel. Und sind Frauen *Mütter*, werden die eigenen Maßstäbe noch strenger, denn nun gilt es, das wirklich aller-, allerbeste für die Menschen zu erreichen, die uns die liebsten sind: die eigenen Kinder, den Mann, kurz: die Familie.

Natürlich kollidiert das mit den Lebensbereichen, in denen wir uns außerdem noch tummeln: der bezahlten Arbeit außerhalb der Familie, den Unternehmungen mit Freundinnen, Hobbys, Sport oder Kultur. Wir schränken uns ein, versuchen aber trotzdem, so viel wie möglich gleichzeitig zu schaffen – was wir ja hinkriegen, anders als Männer, die nachgewiesenermaßen nur *eine* Sache gleichzeitig können. Aber warum wohl schlafen Frauen oft sehr kurz oder schlecht? Und haben Sie nicht auch schon mal darüber nachgedacht, wie herrlich es wäre, könnte man den Tag einfach hin und wieder durch ein paar Zusatzstunden verlängern?

Sicher kennen auch Sie folgende Situation: Ihre Freundin, Schwester oder Nachbarin erzählt von ihrem Kind, ausgiebig und in aller Offenheit, und dann entschlüpft ihr, begleitet von einem Stoßseufzer: »Was bin ich doch für eine schlechte Mutter.« Sie sagen sofort, weil Sie das wirklich so meinen: »Du doch nicht!«

Also wirklich, Ihre Freundin, Schwester, Nachbarin verbringt *so* viel Zeit mit den Kindern, setzt sich in der Elternvertretung der Schule für die lieben Kleinen ein, sie bastelt sogar die Adventskalender noch selber – der Gedanke daran, daß Sie statt dessen seit Jahren diese fertigen Schokoladen-Pappen kaufen, entflammt sofort Ihr schlechtes Gewissen, und Sie entgegnen: »Also, du bist doch wirklich eine gute Mutter – was soll ich denn sagen?«

Ich beschloß: Das, was Frauen in ihrem ganz normalen Alltag mit Kindern beschäftigt, ihre sehr persönlichen Erlebnisse und damit verbundenen Fragen und Zweifel, die trage ich für ein Buch zusammen. Egal, ob Mütter berufstätig sind oder nicht, ob sie allein erziehen oder in einer Vater-Mutter-Kind-Familie leben – es tut einfach gut, zu merken: Du bist nicht allein mit deinen Gedanken, mit deinen Bedenken, deinen Unsicherheiten. Und vielleicht hilft der Blick unter fremde Dächer ganz unterschiedlicher Familien auch, das eigene Handeln milder zu beurteilen.

Ich stürzte mich also in die Vorbereitungen für mein neues Buch, Arbeitstitel: *Bin ich eine Rabenmutter?* Dann aber war das Wort *Rabenmutter* plötzlich in aller Munde, besonders in dem der Politikerinnen und Politiker, Journalisten schrieben es auf. Und zwar immer in dem Zusammenhang: *Rabenmutter-Diskussion* – wie ist das mit der Vereinbarkeit von Beruf und Familie für Frauen in Deutschland?

Daß diese Rabenmutter-Frage immer berufstätige Mütter betraf, die ihre Kinder, möglichst noch bevor sie drei Jahre alt sind, in den Kindergarten geben, brachte das Wort *Rabenmutter* für mich in ein falsches, zu einseitiges Licht.

Aber selbstverständlich habe ich die offizielle Rabenmutter-Diskussion parallel zu meinen Gesprächen fürs Buch weiterverfolgt. Ich beobachtete, daß die Stimmen immer lauter wurden, die forderten, man müsse es Frauen ermöglichen, Kinder und Berufstätigkeit besser miteinander vereinbaren zu können – was auch ich durchaus für erstrebenswert halte. Dafür müßten mehr Betreuungsplätze her – gut, einverstanden. Man müsse weiter Frauen die Entscheidung für Kinder erleichtern, indem man das Elterngeld nach der Geburt der Kinder erhöht – okay, nur zu.

Aber irgendwann fragte ich mich: *Warum* auf einmal dieses flächendeckende Engagement?

Die Antwort ist einfach und in einem Wortungetüm verborgen: Den Experten und Politikern geht es um die *demographische Problematik,* wohinter sich aber nichts anderes als folgender Zusammenhang verbirgt. Die Deutschen sterben aus, wenn Frauen in Deutschland weiterhin nur 1,3 Kinder zur Welt bringen. Parallel dazu werden die Alten immer älter, wer länger alt ist, ist länger krank, braucht also nicht nur länger Rente, sondern auch Geld aus Kranken-, Pflege- und Sozialkasse. Und bezahlen müssen das die arbeitenden jungen Generationen, die aber eben leider immer mehr ausdünnen von wegen der 1,3 Kinder pro Frau.

So ist das.

Damit der Staat nicht zusammenbricht, soll also etwas getan werden, und die zauberische Patentlösung heißt: Frauen sollen ermuntert werden, wieder mehr als 1,3 Kinder zu kriegen, womit wir übrigens Schlußlicht in Europa sind.

Sehen wir uns spaßeshalber an, was bisherige Maßnahmen gebracht haben, zum Beispiel die, die Väter ermuntern sollten, nach der Geburt des Babys ebenso wie Mütter eine Weile aus dem Beruf auszusteigen … Jubel, Jubel, die Zahl der Väter, die auch mittun, hat sich verdoppelt – von zweieinhalb auf fünf Prozent. Aber nur 0,2 Prozent der Väter übernehmen die vollen drei Jahre Elternzeit allein, Kinderbetreuung bleibt Frauensache. Verstehen Sie mich nicht falsch: Es ist wunderbar, daß immerhin einige Männer sich dafür entscheiden, und es macht Spaß, einem Vater wie Jan aus Kapitel 13 zuzuhören, der für andere Männer ein ermutigendes Beispiel sein kann, denn er hat sich nicht nur für *ein* Babyjahr entschieden, sondern er betreut seine große Tochter schon seit neun Jahren …

Aber um auf meinen Ärger zurückzukommen: Es befremdet mich, daß Politiker das Thema *Vereinbarkeit von Berufstätigkeit und Familie für Mütter* punktgenau jetzt *ganz oben auf ihre Agenda* setzen, weil sie keine andere Möglichkeit sehen, Frauen zum Gebären von mehr Kindern zu animieren. Frauen sind ja nicht blöd – sie merken, daß hier Politik keineswegs auf ein gewandeltes Selbstverständnis von Frauen und auf deren Ansprüche reagiert, daß es also keinesfalls um das Glück der Frauen und das ihrer Kinder geht.

Noch ein Indiz, das mir höchst verdächtig erscheint: Warum setzen Politiker auf Elterngeld, statt endlich eine ernsthafte Initiative zu starten, die dafür sorgt, daß Frauen und Männer bei gleicher Qualifikation auch gleich viel verdienen, Frauen also nicht mit bis zu 25 Prozent weniger abgespeist werden?

Gleiche Bezahlung ist so wichtig, weil werdende Eltern sich unter anderem auch deswegen dafür entscheiden, daß *sie* mit dem Baby zu Hause bleibt, weil *er* in der Regel mehr verdient als *sie*.

Und als wirklich letzten Aspekt zu diesem Thema: Als die Zeitschriften *Eltern* und *Eltern for family* in diesem Jahr eine Umfrage veröffentlichten, über die viele staunten, weil es plötzlich einen funkelnagelneuen Hauptgrund dafür gab, warum junge Frauen keine Kinder haben, frohlockte ich, denn endlich konnte ich meine Lieblingsvermutung mit Zahlen belegen: Nicht zu niedriges Elterngeld oder fehlende Betreuungseinrichtungen halten junge Menschen von Kindern ab, nein. 44 Prozent sagen, ihnen fehle zum Kinder-kriegen der *richtige* Partner!

Verständlich, prägt doch unsere Gesellschaft immer noch das Bild von der heilen Familie, damit verbunden meist die intakte Ehe. Dieses Bild, so schön es auch gemalt wird, hat mit der Wirklichkeit immer weniger zu tun. 15 Prozent der Kinder wachsen bei Alleinerziehenden auf (2003), 1996 waren es noch zwölf Prozent, fast jede zweite Ehe wird in Deutschland mittlerweile wieder geschieden.

Junge, kinderlose Frauen haben das Idealbild Familie noch stärker verinnerlicht als Mütter, die dieses Ideal schon an der Wirklichkeit überprüfen können. Junge Frauen sehnen sich einerseits nach dem Ideal, andererseits verdrängen sie nach Kräften, was dem entgegensteht, Zeitungsberichte über Scheidungsquoten etwa.

Kombinieren Sie die Sorge, nicht den richtigen Partner für Kinder zu haben, ruhig noch mit der allgemeinen Verunsi-cherung im Hinblick auf die eigene Zukunft und ein generell nicht sehr kinderfreundliches Klima im Land, und Sie ahnen, was jungen Menschen das *Ja* zum Kind so schwermacht.

Ich freue mich, daß Sie in Kapitel 14 dieses Buches Jenni-fer kennenlernen können, die auch keine Kinder möchte (liebe Jenni, ich ergänze jetzt hier einfach mal, die heute keine Kinder möchte, denn ich glaube nicht, daß das so bleibt…). Für Jenni spielen aber die öffentlich diskutierten Gründe, die (angeblich) gegen Kinder sprechen, gar keine Rolle – womit wir bei der Vorbildfrage wären: Welche Vor-bilder haben uns die eigenen Familien, die eigenen Mütter mitgegeben?

Als direkteste Anschauung, was Familie ist, haben wir alle unsere eigene Kindheit – und wir haben die große Freiheit, als Mütter (und Väter) unseren Eltern entweder nachzuei-fern, alles ganz anders zu machen oder eben unseren eige-nen Weg zu finden.

Auch Anja hat noch keine Kinder – aber sie ist auf dem besten Wege dazu. Sie ist eine junge ostdeutsche Frau und gehört damit zu einer Gruppe junger kinderloser Menschen, die dem Kinderwunsch aufgeschlossener gegenüberstehen als andere: Gut 27 Prozent der westdeutschen Männer im Alter zwischen 20 und 39 wollen keine Kinder, (Ostmänner: 21 Prozent), bei den Ostfrauen sind es nur sechs Prozent (Westfrauen 17), wie das Bundesinstitut für Bevölkerungsforschung ermittelt hat.

Mir fällt immer wieder auf, daß wir uns in Deutschland als positives Beispiel für ein kinderfreundliches Land gern Frankreich vor Augen halten, dort bekommen Frauen im Durchschnitt 1,9 Kinder im Vergleich zu den 1,3 bei uns, wir sehen auch gern in die Beneluxstaaten oder nach Skandinavien – daß in Ostdeutschland aber durchschnittlich immer noch mehr Kinder geboren werden als im Westen, daß dort viel mehr Kinderbetreuungsplätze bereitstehen als im Westen, blenden wir aus.

Von Anja erfahren wir, daß sie ihre Entscheidung weniger von Materiellem abhängig macht als von Gedanken, die auch Mütter immer wieder beschäftigen, Gedanken wie: Wie haben wir uns das Muttersein vorgestellt – wie erleben wir uns dann wirklich? Wie haben wir uns das Zusammenleben mit dem Vater vorgestellt – wie ist es tatsächlich? Und trauen wir uns, diese unsere Lebenswirklichkeit noch mit einem zweiten oder mehr Kindern zu teilen?

Viele der Frauen in diesem Buch haben mehrere Kinder, dadurch aber nicht entsprechend mehr Sorgen – wie sagt Anke, deren Familie Sie ab Seite 185 treffen können, so schön: Die Liebe muß man nicht teilen, sie wächst.

Ich habe mich gefreut, daß auch für dieses Buch Frauen – und Jan aus Kapitel 13 – spontan bereit waren, mit mir zu sprechen. Durch meine vielen Lesungen aus den vorigen Büchern, in Buchhandlungen, Bibliotheken und an anderen schönen Orten, kenne ich allmählich die Lieblingsfragen von Leserinnen und Lesern, ich vermute also, daß viele gerne wüßten, ob ich die Frauen für dieses Buch alle auf der Straße angesprochen, ob ich sie per Anzeige gesucht habe, und ob etwa alle aus Berlin stammen, weil das für mich die Wege zu den Verabredungen so fein kurz macht.

Also: Die Frauen – und Jan aus Kapitel 13 – leben über die ganze Republik verstreut, in Dörfern, kleinen und großen Städten. Um sie zu finden, habe ich liebe Menschen in meinem Freundes- und Bekanntenkreis hartnäckig gelöchert: Sag, weißt du nicht eine Frau, die sich von ihrem Mann getrennt hat, aber beide kümmern sich gleichermaßen ums Kind, am besten wäre, dies ist schon vor vielen Jahren passiert, damit man mal sehen kann, wie's gelaufen ist?

Oder: Kennt jemand eine Frau in Süddeutschland, die richtig gern nicht arbeitet, dafür mit den Kindern ist und ihrem Mann den Rücken freihält?

Und wer weiß einen Vater, der ganz zu Hause bei den Kindern bleibt, während seine Frau arbeitet?

Ganz normale Alltagsgeschichten habe ich gesucht und gefunden. Das bedeutet: Sie werden in diesem Buch keinem der traurigen Fälle begegnen, von denen Sie fast täglich in der Zeitung lesen können: Ich meine die Berichte über vernachlässigte, mißhandelte oder getötete Kinder. Auch Mütter, wie sie in der Fernsehsendung *Super Nanny* über den Erziehungsnotstand im Lande vorgestellt werden, sprechen in diesem Buch nicht – weil ich finde, daß der wirklich *ganz normale Alltag* für uns *ganz normale Mütter* in den Medien zu wenig Beachtung findet.

Und der normale Alltag ist so spannend! Ich bin auf seiner Spur kreuz und quer durchs Land gereist, den Schreibblock und unzählige Tintenroller dabei. Bei Kaffee oder Wein habe ich auf den unterschiedlichsten Terrassen und Balkonen gesessen, an Eßtischen, an Schreibtischen, in tiefen Sofas und windgeschützt vor steifer Ostseebrise hinter der hohen Hecke. Oft redeten wir bis spät in die Nacht, nicht selten waren dann auch die Väter dabei, und irgendwann fiel ich dann zur kurzen Nacht ins herzlich angebotene Gästebett...

Es ist in diesem Buch wie in meinen anderen Büchern, die aus dem richtigen Leben berichten: Alle Menschen, die erzählen, gibt es wirklich, Namen oder nähere Umstände, die Rückschlüsse auf die Identität der Mütter, Väter und Kinder zulassen, wurden aus naheliegenden Gründen so weit geändert, wie die Befragten dies wollten, alle haben selbstverständlich *ihre* Geschichte vor Redaktionsschluß gelesen.

Bei allen, deren Geschichten nun in diesem Buch stehen, und auch bei denen, die dazu beigetragen haben, daß ich diese Frauen (und den Mann) gefunden habe und alles aufschreiben konnte, bedanke ich mich an dieser Stelle noch einmal:

Ihnen und Euch aufrichtigen Dank.

Und gerade muß ich auch an einen Moment denken, der mich bei der Arbeit ganz besonders berührt hat, als nämlich Ankes Mann Jörg mich und dieses Buch mit in sein Tischgebet einschloß – es gab Spaghetti mit Tomatensoße, die die großen Kinder selbst gekocht hatten, wir saßen in der Küche, dort wo der kleine Samuel neun Monate zuvor geboren worden war – aber das lesen Sie besser genauer selbst in Kapitel 12.

Und wissen Sie, was ich jetzt mache? Wo auch das Vorwort fast fertig ist und ich wieder Zeit hätte für richtig *lekkere* Selbstvorwürfe der Extraklasse à la *Nun-kümmer-dich-mal-besonders-um-deinen-Sohn-denn-du-warst-wirklich-keine-gute-Mutter-die-letzten-Wochen...* Ich habe ja etwas gelernt aus all diesen Gesprächen mit den anderen Müttern: Vielleicht bin ich gar nicht so schlimm, wie ich manchmal denke... Ich gehe also einfach mal schnell ins Kinderzimmer und frage den, der's doch eigentlich wissen müßte, meinen armen, kleinen, ständig sich selbst überlassenen Sohn, immerhin: Sein Vitaminpegel dürfte sich in den letzten Tagen wieder aus der Pizzazone entfernt haben, ich habe mich mit Extraportionen Obst und Gemüse beliebt gemacht.

So, da bin ich wieder.

Ich habe ihn gefragt!

»Sprich, Sohn, wie findest du eigentlich deine Mami?«

»Gut.«

Ja, verdammt, das ist die Standardantwort, die ich auch kriege auf: »Wie war's in der Schule?« und »Wie war das Fußballtraining?«

»Sohn, wie meinst du, gut? Hab ich genug Zeit für dich? Spiel ich genug mit dir?«

»Mama, ich hab doch schon gesagt, daß alles gut ist. Nur daß du immer sagst, wie lange ich Gameboy spielen darf, ist nicht so gut. Und wenn du mich so Sachen fragst – das nervt.«

Ihnen allen viel Vergnügen beim Lesen und anregende Gespräche mit all jenen, denen Sie dieses Buch schenken oder leihen werden,

wünscht
Ihre Martina Rellin
(martina.rellin.post@piper.de)

Susanne, 39, Logopädin,

Wollen wir heiraten und Kinder haben?
Oder: Ich halte ihm den Rücken frei

Tom verdient als selbständiger Zimmermann das Geld, Susanne kümmert sich um das Einfamilienhaus und die Kinder. Voll berufstätige Mütter mögen denken: Das könnte ich nie, wie langweilig, den ganzen Tag putzen, bügeln, einkaufen. Susanne sagt über sich, sie sei eine bekennende nicht perfekte Hausfrau. Aha, beneidenswert, dann hat sie ja immer Zeit für ihren Sohn und ihre Tochter… Ist das so? Susanne hat für sich herausgefunden, was sie braucht, um emanzipiert und in Balance zu leben.

Mein Mann ist 'ne Woche segeln. Das ist doof, ich bin nicht gerne alleine. Mein Vater hat gesagt: »Klar, der Junge muß mal raus.« Wenn ich dagegen zweimal im Jahr für vier Tage nach Sylt fahre, kriege ich als Echo von anderen: »Echt? Das machst du? Daß du dir das erlauben kannst… Und die Kinder?« Es ist doch eigentlich genauso, wenn mein Mann wegfährt, aber da sagt keiner was. Will ich nach Sylt, organisiere ich natürlich vorher alles für die Kinder, was *ich* normalerweise tue, also daß sie bei Freunden spielen, zum Sport gehen…

Teilweise ist man selber schuld, daß man zu Hause für alles verantwortlich ist. Wenn mein Sohn Leonard seine Sachen auszieht im Bad, läßt er sie – plopp – da fallen, wo er gerade steht. Ich kann ihm natürlich sagen, daß er die schmutzigen Sachen in den Wäschekorb legen soll, was sauber ist, kann er noch mal anziehen, aber bevor ich lange rede, mach ich's lieber selbst.

Als wir hier vor sieben Jahren eingezogen sind, war Leonard ein Jahr alt. Vorher haben wir mitten in der Stadt gewohnt, ich war Hausfrau mit Kind, bin morgens durch die Straßen gelaufen, hab ein bißchen geshoppt. Als meine Tochter geboren war, reichte es mir nicht mehr, wie ich meine Vormittage verbrachte. Da habe ich mich im Fitneßstudio angemeldet, vor vier Jahren war das.

Ich bin ja nicht zum Sport wegen großer Figurprobleme. Nach Laras Geburt dachte ich plötzlich: Ich brauch was *für mich*... Und beim Sport gab es eine Kinderbetreuung für sie, Leonard hatte schon vormittags den Kindergartenplatz. Mit beiden Kindern war ich auch in Krabbelgruppen gewesen, aber da ging das so: Man traf sich um zehn, halb elf, die Kinder sollten spielen, und viele Mütter haben sich dazugesetzt.

Hallo?

Ich hab ein paar Kreisspiele mitgemacht und dann Milchkaffee getrunken und mit anderen geredet. Du lernst viele nette Mütter kennen, klar, so ein bißchen seichtes Gerede ist ja auch ab und zu ganz nett... Aber der Sport, der ist einfach großartig! Du fühlst dich fit, straff, einfach toll. Ich hab jetzt eine Kleidergröße kleiner, ohne daß ich abgenommen hätte.

Eine Weile bin ich fünfmal die Woche zum Sport gegangen! Am Anfang hab ich mich noch gefragt: Und wie schaffst du alles andere?

Letzten September habe ich wieder angefangen zu arbeiten, zwei Vormittage. Den Sport ziehe ich immer noch durch – an den anderen drei Vormittagen. Um halb neun gehe ich los, bringe Lara in den Kindergarten, dann habe ich Zeit für mich bis um zwölf, wenn der Kindergarten wieder schließt.

Oft denke ich: Eigentlich ist das Haus groß, du müßtest mehr dies..., du müßtest mehr das... Manchmal sag ich so: Ich mach das noch schnell... Oder ich merke: Ich müßte eigentlich dringend mal wischen... Eigentlich, eigentlich, eigentlich! Wenn zu Hause was liegenbleibt – na und? *Na und???* Ich bin eine bekennende nicht perfekte Hausfrau.

Zusätzlich zum Haushalt gibt es ja auch genug zu tun, ich habe Termine: Arzt, Friseur, ich muß in die Stadt, was besorgen, das alles bis spätestens viertel vor eins, wenn mein Sohn aus der Schule kommt. Früher, als er auch noch im Kindergarten war, war es einfacher. Wirklich, Schule ist schlimm. Wir kriegen jetzt zwar *sicheren* Unterricht: Vier Schulstunden sind dann vier Schulstunden und nicht plötzlich nur drei oder zwei. Aber an manchen Tagen sind die vier Stunden von acht bis zwölf, an anderen von neun bis eins. Wie soll man da regelmäßig halbtags arbeiten können? Dabei wäre es für mich relativ einfach, wenn ich es wollte, ich bin ja freiberuflich als Logopädin.

Es ist ein großer Vorteil, daß ich nicht arbeiten *muß.* Und daß mein Mann mir alle Freiheit dieser Welt läßt: Wenn ich für immer Hausfrau bin und jeden Tag zum Sport gehe, ist das für ihn okay. Mein Mann sagt: »Was wäre ich ohne dich?«

Er ist wirklich der Mann fürs Leben für mich. Es gibt nur wenige, denen ich das auch abnehme, das mit dem Mann fürs Leben. Das soll sich nicht arrogant anhören, es ist ja nicht einmalig, was wir haben, aber eben sehr selten. Das klingt jetzt wie in 'ner Kitschgeschichte, oder?

Mein Mann und ich waren schon mal zusammen, als wir 15 waren, anderthalb Jahre. Wie das so ist in diesem Alter, man ist zusammen, man trennt sich … Er hat später geheiratet, hatte auch zwei Kinder, ich hatte Freunde.

Vor neun Jahren war ich mit zwei Freundinnen auf einem Blumenball. Ich hatte kurz zuvor davon geträumt, daß Tom und ich wieder zusammen sind. Er war irgendwie immer meine große Liebe. Das hört sich jetzt kitschig an, aber ich hatte es sogar irgendwann in mein Tagebuch geschrieben. Wenn ich ihn auf den Klassentreffen sah, kribbelte es.

Ich hatte also diesen Traum gehabt, mir aber natürlich gesagt: Komm, vergiß das schnell, du spinnst doch... – dann stand Tom plötzlich vor mir auf diesem Ball, und ich habe gefragt: »Hallo, wo ist denn deine Frau?«

Sie hatten sich getrennt! Ich war auch gerade wieder solo.

Ich habe dann irgendwann mitten in der Nacht sturzbetrunken auf seinem Bett gesessen und gesagt: »Ech wüll heiradn, ech wüll Kinda – is das füa dech denkba?«

Ich war 30 damals, und mein voriger Freund war so einer: Ach-nee-Kinder und Ach-Mann-ach-nee. Meine innere Stimme sagte mir aber schon länger: Jetzt solltest du allmählich nicht noch länger warten mit den Kindern.

Im Oktober haben Tom und ich uns getroffen, im Dezember sind wir zusammengezogen. Wir haben schon damals nicht verhütet. Es war natürlich ein Vorteil, daß wir uns von früher kannten, wir konnten gleich nahtlos da weitermachen, wo wir aufgehört hatten. Das war wirklich einfach Schicksal.

Jetzt ist bei uns natürlich auch Alltag da, es wäre Quatsch, zu sagen, daß es kribbelt, wenn ich sein Auto vorfahren höre. Wenn ich uns aber mit anderen Paaren vergleiche... Wir sind ja in einem Alter, wo viele schon wieder geschieden sind. Auch bei uns ist mal ein halbes Jahr doof gelaufen, wir wurden auch zickig miteinander. Aber ist noch Liebe da, gibt man sich nicht einfach auf.

Man guckt ja wirklich nicht rein in andere Beziehungen. Als ich mich damals von meinem Freund getrennt habe, haben alle gesagt: »Was, wie? Susanne ist ausgezogen?« Nach außen hin lief bei uns alles gut, aber die Liebe war vorbei. Ich wollte das lange nicht wahrhaben. Zu unserem einjährigen kam er mit Blumen, und ich habe ihm an diesem Tag gesagt: »Ich muß weg.« Und das war richtig so.

Ich hab sehr hohe Ansprüche an mein Leben, ich sag mir immer wieder, erstens: Du hast einen wunderbaren Mann.

Zweitens: Du hast ein prima Leben voll mit schönen Sachen. Drittens: Du hast tolle Kinder. Eigentlich geht es mir doch gut, eigentlich hab ich doch alles. Klar, dadurch daß mein Mann tierisch viel arbeitet, muß ich zu Hause alles alleine machen. Er kommt oft erst um sieben, halb acht, meist sind die Kinder dann schon im Bett. Ich ertappe mich auch dabei, daß ich meckere, aber ich möchte mit meinem Mann nicht tauschen – bei dieser Verantwortung, die er hat, dafür, daß der Laden läuft.

Natürlich könnte ich auch Karriere machen. Aber in einer Ehe geht das nur für einen. Mein Mann hat viele Ehrenämter. Er bespricht das mit mir, wenn wieder was Neues kommt, er sagt dann: »Was meinst du, kann ich das und das noch machen?« Ich sage natürlich ja, wenn ich merke, daß er etwas wirklich gerne will. Ich halte ihm den Rücken frei, manage das hier. Es muß auch einer da sein, der die Familie zusammenhält, und das bin ich. So, wie ich nicht mit ihm tauschen möchte, möchte mein Mann auch nicht mit mir tauschen.

Und so, wie ich ihm Freiheiten lasse, läßt er mir meine. Ich habe einen Mann, der immer sagt: »Mach mal.« Klar kann ich mit meinen Freundinnen zum Wellness-Wochenende fahren. Wenn ich wegfahre, koche ich nicht vor, Tom schafft das alleine. Dann geht er eben notfalls zum Imbiß, oder es gibt Pfannkuchen. Wenn ich nach Hause komme, ist gesaugt, das Geschirr gespült.

Einmal bin ich nach Hause gekommen, da war das nicht so. Ich erinnere mich, daß ich rumgeschrien habe: »Kannste nicht wenigstens …« Da hab ich mich schon gefragt: Wieso meckerst du jetzt eigentlich?

Wieso bin ich überhaupt schnell gestreßt? Ich reagiere recht schnell angestrengt. Andere Frauen, die können viel ab, meine Freundin zum Beispiel, die hat Schichtarbeit, zwei Kinder, trotzdem findet sie noch Zeit für Yoga und Tanzen.

Meine Homöopathin sagt: »Manche Frauen erledigen eben alles mit links, aber du bist du.« Ich glaube, sich das zuzugestehen, ist ganz wichtig. Ich war übrigens gerade bei einem makrobiotischen Ernährungsberater, er hat mir gesagt, daß ich nun einmal viel Ruhe und Entspannung brauche. Mein Geist nimmt auf, nimmt auf, nimmt auf und verarbeitet, rrrrrrrrrrt... Da brauche ich als Ausgleich Ruhe. Milchprodukte sind nicht gut für mich, sagt der Berater, auch Weizen nicht, Alkohol... Na ja, daß mir Rotwein leider nicht bekommt, weiß ich selbst, ich kriege Kopfschmerzen, aber mal ein schönes Bier am Abend...

Ich fasse es ja manchmal kaum, daß ich unter Selbstzweifeln leide, daß ich denke: Ich bin schlecht, ich bin überhaupt die schlechteste Mutter. Wirklich: Ich denke oft, ich bin ja 'ne besonders schlechte Mutter, weil die Kinder ganz viel allein machen. Ich spiele nicht Lego, ich bastle nicht, ich lese höchstens vor. Mein Sport ist mir wichtig, meine Arbeit, und ich leg mich gern mal 'ne halbe Stunde hin.

Aber ich glaube, ich gebe meinen Kindern was ganz Wichtiges mit auf den Weg: Eigenständigkeit, Selbstvertrauen. Sie werden nicht nur betütelt, sie dürfen auch selbst machen. Und das ist doch genauso wichtig wie Legospielen.

Ich habe meinen Sohn schon gefragt, wie er mich findet. Da hat er gesagt: »Du bist oft genervt.« Dabei kann ich auch trallalala schallalala sein. Heute nachmittag zum Beispiel, da hab ich eine von diesen blöden Stubenfliegen durchs Haus gejagt, die Kinder haben sich weggeschmissen vor Lachen.

Was ich übrigens gut kann: mich entschuldigen. Zum Beispiel bei meinem Sohn, wenn ich schlecht drauf war, Kopfschmerzen hatte und deswegen zickig war zu ihm.

Heute war allerdings *er* oberzickig, er hätte noch was lernen müssen, hat aber den Ordner in die Ecke gefeuert. Als ich abends mit Lara geschmust habe, kam er an: »Immer kuschelst du mit ihr.« Das zog, ich fühlte mich sofort als schlechte Mutter. Oh... Ich habe dann in Ruhe nachgedacht und ihm gesagt: »Ich hab dich so lieb wie Lara, aber du warst heute echt mies zu mir, da ist es schwer für mich, dich in den Arm zu nehmen.« Ich habe versucht, es ihm mit einem Vergleich zu erklären: »Stell dir vor, du malst mir ein Bild, gibst dir echt viel Mühe, und ich guck's mir gar nicht an, koche einfach weiter das Mittagessen.«

Mit Kindern kommen wir an unsere eigenen Grenzen. In Gedanken könnte ich meinen Sohn ja manchmal sogar schlagen, ich denke dann: Jetzt könnte ich ihn verprügeln. Ich hab ihn auch schon so am Arm gebeutelt – mehr nicht, natürlich! Das höchste war mal ein Klaps. Aber Leonard schafft es, daß bei mir eine Sicherung durchknallt. Ich würde ihn *nie* schlagen, natürlich, aber oft denke ich: Der kleine Tyrann... Da fühlt man sich schon ertappt...

Ich hab bestimmt viele Fehler, aber ich kann auch konsequent sein... Leonard war ein Schreikind, er hat nicht die ganze Zeit geschrien, aber oft. Tom war bewundernswert ruhig, er hatte ja auch schon zwei Kinder, die waren sechs und eins, als wir zusammenkamen. Dann war da diese Phase, in der Leonard nach dem Zubettgehen wieder aufstand: »Ich hab noch Durst!« Wir haben dann gesagt: »Du kannst *jetzt* was trinken, aber dann ist gut.« Wenn er dann noch zweimal kam: »Ich hab Durst«, gab es nichts mehr, wir haben ihn auch schreien lassen, wir haben es durchgezogen, und er hat aufgehört. Für Kinder ist auch ganz wichtig, daß Schluß ist mit solchem Verhalten.

Durch die Kinder kommst du auch auf deine eigene Kindheit. Ich war ein sehr aufgeschlossenes, pflegeleichtes Kind, als Jugendliche, gut, da hab ich bestimmt auch gerne provoziert. Meine Eltern haben sich scheiden lassen, ich bin überwiegend bei meiner Oma groß geworden, da hieß es dann: »Wenn du nicht ordentlich ißt, siehst du bald aus wie ein Biafrakind.« Heute erwische ich mich bei ähnlich dummen

Sachen: »Nun iß wenigstens den Kohlrabi…« Natürlich kriegen meine Kinder nachmittags auch ein paar Naschsachen, aber mein Sohn ißt auch ganz von alleine Obst, während meine Tochter sich am liebsten bergeweise Kekse nehmen würde. Wegen dem Essen hab ich mir ganz lange einen Kopf gemacht, das tu ich jetzt nicht mehr. Es gibt ja Untersuchungen, die belegen, daß Kinder, wenn du ihnen sozusagen ein Büffet machst mit Naschi, Chips, Obst, Kohlrabi und ein paar anderen Sachen, sich dann schon ganz von alleine nehmen, was ihr Körper braucht. Dieses »Du mußt jetzt aber« ist also doof.

Für mich ist es ganz wichtig, daß unsere Kinder selbständig sind, so erziehen wir sie. Natürlich sollen sie beide nach dem Frühstück ihr Brett in die Küche bringen, das tun sie auch. Und Leonard macht am Wochenende Frühstück für seine Schwester, wenn die beiden früher auf sind als wir, dann gibt's von Leonard Milch mit Müsli.

In der Schule war neulich etwas ganz Tolles für die Kinder, ein self-defendig-team, das hat den Kindern gezeigt, wie man sich wehrt, wie man sagt: Halt, stop, bis hierhin und nicht weiter. Sie haben auch geübt: Wo stelle ich mich hin, um nicht ins Auto gezogen zu werden. Das ist ja ganz wichtig.

Und dann passiert letzte Woche folgendes: Ein Junge verletzt sich in der Schule am Knie. Ich wußte, wer seine Mutter ist, habe ihm angeboten, ihn hinzufahren – er ist weggelaufen vor mir! Was natürlich eigentlich richtig ist, aber ich habe in dem Moment gar nicht so schnell geschaltet, ich hab das gar nicht begriffen, warum, er hat ja alles richtig gemacht.

Natürlich hab ich auch Angst um meine Kinder, welche Mutter hat das nicht. Aber ich merke Unterschiede. Wir sind viel in unserem Häuschen am See am Wochenende. Tom hat den ganzen Umbau alleine gemacht, als Zimmermann ist das für ihn ja nicht so schwer. Wenn man im Garten hinter der Hecke steht, hört man Leute, die vorbeigehen, sagen: »Guck mal, ist das nicht toll geworden.« Das finden wir ja auch. Jedenfalls: Wenn Leonard sich da mal aufs Fahrrad schwingt und 'ne Stunde weg ist, mache ich mir keine Sorgen, ich weiß, ich kann mich auf ihn verlassen. Im September bin ich mal halb wahnsinnig geworden, weil Lara alleine unterwegs war... Natürlich kam sie wohlbehalten zurück.

Es ist schon so: Als Lara geboren wurde, war Leonard ab sofort der Große. Er ist außerdem sehr vernünftig, er ist eine typische Jungfrau vom Sternzeichen her, wir können ihm schon sagen: »Geh ruhig mit Lara zum See, aber paß auf sie auf, daß sie nicht ins Wasser geht.«

Die Unterschiede zwischen den beiden haben nicht nur etwas mit dem Alter zu tun, es ist schon auch ein bißchen die Junge-Mädchen-Sache. Ich mag das, Lara richtig als Mädchen... Mit süßen Spängelchen passend zum Kleidchen und so. Wenn du für Mädchen Badesachen kaufst, gibt es süße Badeanzüge mit Rüschen hier, Rüschen da, Bikinichen, toll. Aber meine Tochter sagt schon auch: »Nee, heute ziehe ich liebe 'ne Hose an, das ist praktischer.«

Mein Mädchen...

Mein Sohn...

Seine männliche Art liebe ich auch. Wenn er sich zum Beispiel beim Handball durchsetzt, so durchgeht... Toll!

Es ist so ein langer Weg, bis Kinder groß sind. Meine beiden sind die größten Schätze, die ich habe. Vielleicht hab ich einfach Glück. Ich bin so froh, daß sie keine Einzelkinder sind, daß ich zwei Kinder habe. Ich wollte immer erst einen Jungen, dann ein Mädchen. Natürlich zicken sie auch miteinander, dann heißt es: »Du darfst nie wieder in mein Zimmer.« Aber wenn Leonard aufs Klo muß, geht Lara am liebsten mit, setzt sich auf den Boden und spielt solange...

Normalerweise gehen die beiden ja um sieben ins Bett, um sieben ist Fernseher aus, Zähneputzen, lesen. Es ist selten, daß sie nicht einschlafen oder noch mal aufwachen. Neulich hat Lara gesagt: »Ich hab solche Angst, daß ich nicht einschlafen kann. Und wenn ich einschlafe, träume ich, daß ich in ein schwarzes Loch falle.« Das tat mir so leid. An einem anderen Abend sagte sie: »Ich will nächstes Jahr kein Schulkind sein.« Das kommt ganz plötzlich einfach so, du fragst dich: Was macht sie sich für Sorgen?

Ich find's wichtig, für die Kinder da zu sein, aber man darf nicht vergessen, daß man nicht nur Mutter ist. Ich denke, ich bin normal, eine völlig normal emanzipierte Frau, ich weiß, was gut für mich ist. Manche Paare sagen ja: Wir gehen grundsätzlich am Wochenende nicht allein aus. So einen Mann würde ich nie kriegen, der würde fliehen vor einer Frau wie mir. Es gibt immer noch Frauen, die nicht alleine weggehen können abends, tanzen mit der Freundin oder so, weil der Mann die Kinder nicht ins Bett bringen kann. Mein Mann kann das. Ich kenne viele Frauen, für die es auch normal ist, selbständig unterwegs zu sein. Wenn mein Mann Männerabend hat und weggeht, ist das ja auch okay für mich. Wenn ich merke, daß etwas für ihn wichtig ist, ist es für mich einfach in Ordnung, was er macht. Ich weiß, er würde immer gucken, daß es mir gutgeht, und das ist wirklich ein tolles Gefühl.

Nach der Lehre von Ying und Yang ist *er* ja der Chef. Es heißt: Der Herrscher herrscht liebevoll. Ich brauche keinen Mann, der schwach ist, ich brauche einen Mann zum Anlehnen. Ich brauche einen Mann, der männlich ist, der beschützt, versorgt. Das fällt mir so auf: Man kann ganz doll Frau sein, umsorgt, versorgt, auch finanziell, und doch frei. Ich bin sehr Frau und sehr selbstbewußt. Ich glaube, daß ich sehr in der Balance bin.

Ich lebe gern so, wie ich lebe. Ich bin gern zu Hause mit den Kindern, ich arbeite auch gern die sechs, sieben Stunden die Woche. Es gibt Frauen die sagen: »Was, du arbeitest?«

Manche sind ja froh, daß sie aufhören konnten, und wollen nicht ein bißchen wieder zurück. Ich denk oft: Ich kann machen, was ich will, prima. Die ganzen Schulferien! Für mich ist das herrlich … Im Sommer heißt das: Sechs Wochen habe ich *richtig* frei. Ich kenne Arzt- oder Lehrerfamilien, die haben ein, zwei Kinder, die Frauen sind auch zu Hause, die hört man nur jammern, die sind nie zufrieden – ich versteh das eigentlich nicht.

Ich glaub schon an Gott, daß da was ist, was uns beschützt, wir haben unsere Kinder auch taufen lassen. Und wenn man Weihnachten in der Kirche sitzt, das Gefühl hat, wir sind ein Dorf, das ist toll.

Ich bin jetzt 39. Neulich sagt mein Sohn mit Blick auf das Haus: »Das erbe ich mal.« Ich habe gesagt: »*Was* erbst du?« Da hat er gesagt: »Ich will wenigstens mal das Badezimmer haben.« Ich meine: Wenn unsere eigenen Eltern beschließen würden, alles zu verkaufen und sich einen schönen Lebensabend in der Karibik zu machen, dann wäre das doch auch okay. Das lernt Leonard noch …

Derya, 35, Unternehmerin

Ramadan und Weihnachtsmann
Oder: Klasse, heut ist Schinken-Tag

Die dunkle, rauhe Telefonstimme mit rheinischem Akzent läßt eine ältere, resolute Düsseldorferin mit exakt geföntem Blondschopf vermuten – dann steigt da eine zarte Bosporus-Schönheit mit dunkler Lockenpracht aus ihrem roten BMW-Cabrio. Derya lebt anders als andere türkische Frauen – und auch als andere deutsche. Sehr selbstbestimmt und zielstrebig, mit hohen Ansprüchen an sich selbst. Mit ihrem Mann Dirk und Tochter Deniz meistert die Unternehmerin Derya den deutsch-türkischen Spagat zwischen Job und Familie.

Meine jüngste Schwester hat mir heute nachmittag, beim Geburtstag meiner Mutter, einen Witz erzählt. Stehen drei deutsche Männer vor dem Jüngsten Gericht, sagt Gott: »Alle, die im Leben immer der Frau gehorcht haben, gehen nach links.« Zwei Männer gehen nach links. Gott guckt den Stehengebliebenen an: »Und du warst also ein Macho.« Sagt der: »Meine Frau hat mir nie erlaubt, links zu fahren.«

Wie das ist in der deutschen Gesellschaft, hab ich alles gut gescannt, aufgesogen geradezu, immer schon, seit ich angefangen habe, tiefer in diesen Wald einzudringen. Als Kind hatte ich damit ja nicht viel zu tun, wir waren eine türkische Familie in einer deutschen Umgebung. Am schlimmsten war der Weihnachtsmann. Den sah ich als Kind, aber er ging immer woanders rein. Ich dachte: War ich wohl nicht artig. Ich sah, bei den Deutschen ist es anders als bei uns, und für mich war klar, es ist besser.

Als ich dann tiefer vordrang ins Deutsche, begriff ich: daß die Frau bei den Deutschen genauso in der Küche steht, ihrem Mann den Rücken freihält. Das hätte ich früher nicht gedacht. Klar, ich hatte deutsche Männer Müll wegbringen sehen, aber: alles nur Fassade.

Ich kenne heute wirklich viele deutsche Familien, in denen *er* einfach nur verdient. Wenn er abends nach Hause kommt, sagt er zu ihr: »Was hast du den ganzen Tag gemacht?« Bei mir und meinem Mann ist das anders.

»Hallo?«

Entschuldigung, das Handy, die Mutter von Deniz' Klassenkameradin, dauert nur einen Moment …

»Ja, hallo? – Gut, dann machen wir es doch so: Ich sammel die beiden auf. – Genau. – Genau. Ich hab heute übrigens mit der Lehrerin gesprochen, die haben jetzt das Diktat wiedergekriegt – unsere beiden sind fehlerfrei. Und das Diktat war wirklich fies, so mit *Kamm* und *kam* und so … – Ja, bis morgen, Tschö.«

Tschuldigung, das war die Mutter von Deniz' Freundin Clara. Die ist auch in der ersten Klasse, ja, die schreiben schon Diktate. Also die einzelnen Wörter werden geübt, richtig benotet wird noch nicht, aber na ja, man weiß ja trotzdem, wo das eigene Kind steht …

Deniz ist früher eingeschult worden. Ich hab die Einschulungsstelle federführend beläppert, daß sie schon mit fünf in die erste Klasse kommt. Ich war mit unserer Tochter zur U 9, da wird ja anderthalb Stunden alles getestet, Gehör, Augen, Bewegung, alles. Die Kinderärztin ist unsere Nachbarin und war früher auch meine Kinderärztin, da bin ich hingegangen, bis ich 18 war, dann war es mir irgendwann peinlich mit den Zwergen im Wartezimmer. Die Ärztin hat gesagt: »Derya, Mädel: Schul Deniz ein, wenn sie nur einen Deut nach dir kommt.« Das haben wir gemacht, Dirk hat meinen Thesen zugestimmt: Deniz wird sich langweilen, wenn in der Kindergartengruppe die Dreijährigen nachkommen, sie ist dann unterfordert. Mensch, meine Tochter hatte schon ein Jahr vorher Sachen gesagt wie: »Guck mal, der Zahn wackelt, bestimmt komm ich bald in die Schule.«

Als alles klar war, kriegten wir *Kann-Kinder*-Eltern von der Schule den Brief: Wenn Ihr Kind es nicht schafft, muß es die Schule nach einem halben Jahr wieder verlassen. Da wird dir anders: Was ist denn dann? Wie wird dein Kind damit fertig? Abgesehen davon, daß du auch sonst klarkommen mußt: Der Kindergartenplatz wäre schließlich weg.

Mein Schwiegervater hat zur Einschulung von Deniz halb im Scherz gesagt: »*Du* bist die größte Gefahr für deine Tochter.« Er hat das durchaus richtig gesehen. Er kennt mich ja, für mich gilt immer: oberstes Drittel.

Was hab ich mir Gedanken gemacht zum Schulanfang, nach diesem Brief... Und überhaupt... Ich hatte Angst, schuld zu sein, sollte es schiefgehen. Aber es ging alles glatt. Das ist ja immer so als Mutter: Alles, was du gut machst, ist selbstverständlich. Wenn's schiefgeht, gibt man dir die Schuld. Wahrscheinlich wäre das gar nicht so, aber *du* denkst das. Es ist außerdem so, daß man sich heute viel mehr Gedanken macht um die Kinder als früher.

Wie war es denn bei mir? Ich bin auch mit fünf in die Schule gekommen. Das war damals ungewöhnlich, es gab aber einen besonderen Grund dafür: Meine Schwester hatte in der Türkei schon die erste Klasse besucht, sollte die nun in Deutschland wiederholen, meinten die Lehrer. Man hatte hier ja Anfang der 70er Jahre keine Erfahrung mit türkischen

Kindern. Meine Eltern wollten natürlich, daß ich mit meiner Schwester in eine Klasse gehe.

Es ist komisch, ich habe versucht mich zu erinnern – ich konnte doch kein Wort Deutsch, als ich herkam. Aber ich kann mich an keinen Tag erinnern, an dem ich es *nicht* konnte. Ich erinnere mich höchstens dran, daß es hier in der ersten Zeit keine Auberginen gab, keine Zucchini, keine Wassermelonen ...

Meine Schwester und ich sind bis zum Ende der Realschule zusammen in einer Klasse gewesen. Ich hab ja erst Realschulabschluß gemacht und dann Abitur. Ich hatte zwar in der Grundschule sehr gute Noten, bekam aber nur eine Empfehlung für die Hauptschule. Die Lehrer wußten damals noch nicht, wie sie mit uns türkischen Kindern umgehen sollten. Meine Eltern haben mit einem Übersetzer durchgesetzt, daß ich wenigstens erst mal auf die Realschule komme.

Meine große Schwester hat Reisebürokauffrau gelernt, in einer Kleinstadt, 50 Kilometer weit weg. Sie ist bald mit ihrem eigenen Wagen gefahren – das war eine Sensation, daß unsere Familie ihr erlaubt hat, die Fahrerlaubnis zu machen. Natürlich war dabei auch wieder mal meine Mutter die treibende Kraft.

Für viele Türkinnen war und ist das Leben hier das Leben in einer geschlossenen Gesellschaft. Sie kommen her, sprechen kein Deutsch. Sie werden mit ihren zehnjährigen Neffen als Übersetzer zum Gynäkologen geschickt, damit der rausfindet, ob sie endlich schwanger sind. Das ist doch ein Alptraum. Ich habe eine Weile Sprachkurse gegeben für solche Frauen, damit sie wenigstens alleine zum Arzt können.

Ich war mit Anfang 20 anders als andere junge Türkinnen. Also: Ich habe etwas gemacht, was auch meine Mutter schon gemacht hatte, dreißig Jahre früher. Ich habe eine Verlobung geschmissen, ich habe mich entlobt ... Für meine Mutter war das ein Déjà-vu: Genau das hatte sie als Mädchen auch getan. Anders als ihre Schwester hatte sich meine Mutter ihren Verlobten zwar selbst ausgesucht, sich aber dann trotzdem entlobt. Für meinen Vater.

Mein Vater war Beamter in der Türkei, guter Posten, mit eigenem Fahrer und so. Meine Mutter konnte aber in der Stadt, in der die beiden wohnten, ihren Frieden nicht finden. Wegen der Entlobung.

Als in Deutschland so viele Arbeitskräfte gebraucht wurden, hat sie sich beworben und ein Angebot bekommen. Mein Vater sagte: »Ich gucke mir das mal an.« Er ist vorgeflogen. Sie haben sich Briefe geschrieben und dann beschlossen: Wir machen es.

Meine Eltern hatten Arbeit, sich mit ihren Kindern eingelebt… Und dann komme ich und schmeiße meine Verlobung. Ich hatte mich zwischen Abitur und Studium türkisch verlobt. Ich kannte den Mann von Kindesbeinen an, irgendwann war er in mich verliebt, aber ich nicht in ihn. Dann haben wir drei Wochen mehr Zeit miteinander verbracht, das müssen die Ferien gewesen sein, da war ich plötzlich verliebt, und dann ging diese traditionelle Nummer los, und ich hab ja gesagt.

Alles wartete auf die Hochzeit. Wenn ich Leute auf der Straße traf, hieß es: »Wie geht's Mutti – und wann ist denn deine Hochzeit?« Ich habe immer rumgedruckst: »Ja, hm, das Studium ist im Moment so viel…« Diese Neugier! Eine solche Begegnung hat gereicht, mir den ganzen Tag zu verderben.

Meine Entlobung war der Beschluß, daß ich von niemandem mehr bestimmt werden will. Normalerweise bestimmt in einer türkischen Familie der Vater über dich, dann heiratest du, dann bestimmt dein Mann. Ich hatte gemerkt, daß es schon vor der Hochzeit anfing. Die Schwester meines Verlobten sagte: »Wir kriegen dann und dann Besuch, wenn du rüberkommst, zieh doch das und das an.« Und ich hab's gemacht!

Meine Entlobung war Anfang des zweiten Semesters, vier Wochen später bot mir ein Professor ein Sprachprojekt in Spanien an. Ich habe das brühwarm meiner Mutter erzählt, sie hat mich bearbeitet, daß ich fahren soll. So war ich ein bißchen aus der Schußlinie, bot keinen Gesprächsstoff mehr.

Als ich wiederkam, habe ich mich an der Uni wieder voll reingekniet. Komplettes Programm in Spanisch, Geographie und Pädagogik, aber ich habe auch damals schon viel gearbeitet, Sprachunterricht gegeben, Reisen organisiert. Meine Eltern hatten zwar erlaubt, daß ich in Köln studiere, aber wohnen mußte ich zu Hause. Ich nahm also immer die früheste Bahn nach Köln, hatte meine Seminare so regelmäßig wie in der Schule, Mittags saß ich um 13 Uhr 27 wieder in der Bahn nach Hause, um Nachhilfe oder Sprachunterricht zu geben.

Meine Urvorstellung so mit 17 war: Natürlich wollte ich Kinder haben, drei Kinder. Im nachhinein finde ich das sehr großkotzig. Ich habe mich von dieser Idee verabschiedet, schon als ich mit dem Studium anfing. Weil man da konfrontiert wurde mit Gleichaltrigen, die Kinder hatten: Ein bißchen Kind hier, ein bißchen Studium da, wie sollte das gehen? Ich habe mich voll aufs Studium konzentriert, darum war ich auch nach vier Semestern mit allen Scheinen durch.

Wenn ich jetzt überlege, daß ich fast Lehrerin geworden wäre... Ich habe während des Studiums ja schon unterrichtet, an der Volkshochschule – als 20jährige mit 40jährigen, denen ich Deutsch und Türkisch beigebracht habe. Aber dann kamen massive Zweifel zur Zeit des Vordiploms, nachdem ich sechs Wochen an einer Gesamtschule war. Ich habe da ein Triangel gesehen, in dem du als Lehrer steckst: zwischen Schülern, einem sehr begabten Schüler vielleicht sogar, dem festen Schulprogramm, und dann noch den Eltern.

Dann hab ich auch noch erfahren, daß ich in Deutschland nie als Lehrerin arbeiten werde – ich hatte die türkische Staatsbürgerschaft, keine deutsche! Daß das ein Problem werden könnte, sagt dir beim Studienbeginn keiner. Ich habe sofort auf Betriebswirtschaft umgesattelt und das Studium in Windeseile durchgezogen.

Danach wollte ich zum Arbeiten nach Spanien – ich hatte gerade einen Münchner kennengelernt, der eine Hälfte des Jahres in Barcelona lebte. Ich hatte schon die Fühler ausgestreckt zu Sprachschulen, wo ich hätte anfangen können, wahrscheinlich hätte ich über kurz oder lang eine eigene aufgemacht.

Noch war aber Zeit, ich habe meine freien Tage genossen, viel mit der Familie unternommen. In den Fernsehnachrichten sah ich einen Bericht: Eine GmbH aus unserer Stadt erweiterte ihr Engagement in Spanien. Ich dachte, da kann ich vielleicht noch schnell ein bißchen was verdienen, rief an, erfuhr, daß ein Export- und Marketingbeauftragter speziell für Spanien gesucht wurde.

Ich habe meine ganz normalen Unterlagen geschickt, damit sie mich registrieren für den Fall, daß mal etwas zum Übersetzen anfällt.

Zwei Tage später hatte ich ein Gespräch beim Chef. So ein sympathischer Power-Typ um die 40. Der hörte sich das ganz in Ruhe an, daß ich den ausgeschriebenen Job nicht wollte. Er gab mir eine Broschüre: »Die können Sie sich ja mal ansehen.« Und ins Spanische übersetzen. Dann gab es als nächstes deutsche Richtlinien, die er gern auf Spanisch haben wollte.

Um es kurz zu machen: Für den siebten Termin war dann der Vertragsabschluß vorgesehen.

Meine Mutter hat mir damals zugesetzt: »Wenn du das

machst, wirst du durch die ganze Welt fliegen. Und wenn du
es *nicht* machst, gehst du nach Barcelona! Egal was – *weg* bist
du auf jeden Fall.«

Ich befürchtete hauptsächlich, daß ich in der Firma alles
von *hier* aus machen müßte und keinen Fuß ins Flugzeug
setzen würde, aber der Chef sagte: »Machen Sie sich keine
Sorgen, natürlich werden Sie vor Ort arbeiten.«

Nach 14 Tagen kam der andere Geschäftsführer auf mich
zu, das Unternehmen gehört ihm und seinem älteren Bruder: »Ich möchte Ihnen gerne das Auslandsmarketing übergeben.« Die hatten schnell gemerkt, daß ich es gewöhnt war,
selbständig zu arbeiten, Entscheidungen zu treffen. Für die
Übergabe mußten wir gemeinsam nach Madrid. Ich war ja
damals mit diesem Münchner zusammen, mein Chef – das
war er damals ja – hatte auch eine Freundin.

Vor Ort haben wir dann in den ersten Tagen praktisch 24
Stunden am Tag zusammen gearbeitet. Ich konnte nicht fassen, daß ich schon mitten im Film war… Es war verrückt,
wir sind im selben Stadtteil aufgewachsen, aber wir sind uns
nie begegnet. Wir mußten anscheinend erst in einem anderen Land sein…

Als ich zurückfliegen wollte, habe ich Dirk gesagt: »Also
im Hinblick auf Verliebtsein, auf *uns*: Ich geh mal davon aus,
das sind die Masern.«

Zu Hause saß ich dann am Telefon und wartete auf seinen
Anruf. Er ist kompliziert über Hamburg zurückgeflogen,
stand plötzlich mit vollen Koffern bei mir vor der Tür, ich
kriegte einen Schreck!

Koffer!!!

Aber er kam ja nur vom Flughafen.

Es war dann zwei Jahre echt schlimm – ich konnte das
doch niemandem erzählen, auch meiner besten Freundin
nicht. Es ging nicht um deutsch oder türkisch… Nein: Ich
war mit dem *Chef* zusammen! Die einzige, die es wußte, war

meine Vermieterin, ich hatte mittlerweile zwei Zimmer in der Altbauwohnung von Gabriele, einer Psychologin.

Bei mir gab es schon immer die Frage: Wie soll das mal werden mit einer Ehe? In der türkischen Gesellschaft ist klar: Du kannst als Frau nicht jemanden aus einem anderen Land heiraten. Wenn ein Türke eine Deutsche heiratet, das geht. Sie ist dann eine von den netten, die passen, die nicht, na ja …

Dirk kam dann tatsächlich schon nach zwei Monaten mit einem Heiratsantrag. Ich dachte: Jetzt will er dich veräppeln. Ich dachte, ich spinne. Ich wollte das nicht wahrhaben, ich hatte vorher schon gedacht: Was wäre, wenn …

Im Herbst vor zehn Jahren waren wir in Madrid, ein Jahr später haben wir geheiratet. Wir wollten erst definitiv kein Kind. Wir waren ja auch eine andere Ehe als die anderen, wir waren keine türkische Ehe und keine deutsche. Ich wollte bestimmt auch deswegen kein Kind, weil ich gerade mit der Arbeit richtig angefangen hatte. Als ich dann zwei Jahre später auf der Entbindungsstation lag, dachte ich fast dankbar: Mensch, manche probieren alles mögliche, mit Hormonbehandlung und so. Und bei uns klappt es einfach so. Meine Tochter ist jetzt gerade sechs.

Mittlerweile habe ich das alles gut im Griff, mit Deniz, mit der Arbeit, aber ich sage dir, das war nicht einfach, zu erkennen, was mir wirklich wichtig ist, und dann die Weichen entsprechend zu stellen. Es fing mit Deniz' Geburt an: Als ich gesagt habe, daß ich nach drei Monaten wieder arbeiten will, kam Gegenwind aus allen Richtungen. Ich war im Unternehmen mittlerweile verantwortlich fürs Gesamtmarketing und Controlling, natürlich wollte ich nicht lange Pause machen. Meine Schwägerin, also die Frau von Dirks Bruder, war mit ihren Kindern zu Hause, meine Schwiegermutter war auch schwer der Meinung, ich könne mich doch in Seelenruhe ganz auf die Familie konzentrieren. *Sie* hatte zwar auch in der Firma gearbeitet, als ihre Jungs klein waren, aber sie *mußte* damals als Buchhalterin mitarbeiten, außerdem hatte sie Schwestern und Tanten im Haus wohnen, die sich um ihre Kinder kümmern konnten. Damals war ja auch alles dicht beieinander, die Familie wohnte auf dem Firmengelände, sie sind erst aufs Land gezogen, als Dirk so sieben, acht war, und von da an war seine Mutter dann zu Haus.

Nach Deniz' Geburt hat sich meine Mutter sehr gekümmert, ich habe ja das erste halbe Jahr gestillt. Wenn die Milch einschoß, bin ich eben zwei Minuten mit dem Auto zu meiner Mutter gedüst, und Dennie hat getrunken. Das war ziemlicher Streß damals.

Ich muß sagen: Von meinem Schwiegervater hatte ich immer viel Unterstützung. Ihm hatte ich erzählt, wie das in unseren Familien ist, daß man eben erst den eigenen Eltern dient, dann den Schwiegereltern. Es war auch klar, daß ich mir mein Leben anders vorstelle.

Den türkischen oder muslimischen Traditionen hänge ich wirklich nicht an, also Kopftuch sowieso nicht, ich faste auch nicht mehr… Früher ja. Als ich noch zur Schule ging, fiel der Ramadan in den Sommer, das verschiebt sich ja von Jahr zu Jahr, jetzt ist er im Winter. Ich fand das hart, im Sommer, du darfst ja erst nach Sonnenuntergang essen und trinken. Und dann mußt du den anderen Kindern erklären, wieso du nichts ißt… In diese Verlegenheit wird meine Tochter nie kommen. Ich halte das Fasten heute einfach nicht aus, das ist nichts für meinen Blutzuckerspiegel. Mein Bruder, der ist Informatiker, der zieht das durch. Der sagt, das gibt ihm richtige Klarheit im Kopf. Auch wenn er Konferenzen leitet und da Brote, Gebäck angeboten werden – er fastet einfach.

Meine ältere Schwester ist die einzige von uns, die auch Schweinefleisch ißt, sie macht anscheinend den besten Schweinsbraten Süddeutschlands und auch die passenden Klöße dazu, sie lebt in Bayern. Bei Schweinefleisch hört es bei mir aber auf. Für mich war das irgendwann ein echter

Knackpunkt: Schwein oder nicht Schwein? Ich war mir nicht sicher, ob meine Tochter bei meiner Schwägerin oder meiner Schwiegermutter vielleicht Schwein zu essen bekommen würde, einfach mal so ein leckeres Leberwurstbrot oder eine Bifi. Ich weiß noch, wie kleinlaut ich meine Schwägerin angerufen habe. Die hat mich verstanden, sich alles angehört und dann mit der ganzen Familie geredet. Dann war das Problem für mich gelöst.

Eigentlich ist das alles sehr, sehr gut gelaufen, wenn man die verschiedenen Sachen bedenkt: Dirks Heirat war für seine Eltern bestimmt nicht standesgemäß: So akademisch gebildet ich jetzt auch durchs Leben laufe – Tatsache ist: Ich komme aus einer Gastarbeiterfamilie. Manchmal denke ich, meine Schwiegermutter hätte es klasse gefunden, wenn ich meine ganze Energie auf Familie, Haus und Garten geworfen hätte. Daß so ein Ansinnen, also, die Arbeit aufzugeben, auf mich zukommen könnten, hätte ich doch nie gedacht! Die Wahrscheinlichkeit, daß mir das in einer türkischen Familie passiert wäre, die war dagegen sehr hoch.

Etwas ganz anderes ist, daß *ich selbst* irgendwann gemerkt habe: Halt, stop, du mußt was anders machen. Ich hatte oft ein schlechtes Gewissen. Ich konnte schon die erste Zeit mit Deniz nicht richtig genießen. Ich hatte damals oft eine 60-Stunden-Woche, hab gehetzt meine Tochter von meiner Mutter abgeholt, zwischen sechs und sieben schlug ich da auf, dann bin ich zu uns nach Hause, hab Essen gekocht. Ich hab mich gefragt: Bin ich eine schlechte Mutter? Als die Sekretärin eines Tages reinkam: »Der Kindergarten hat angerufen...«, da wurde ich kreidebleich, konnte ja nur was Schlimmes sein. Es ist ja auch klar: Bei *keinem anderen* Chef wird angerufen, also bei einem *Vater*, es werden immer die *Mütter* angeklingelt. Ich hab mir dann vorgestellt, wie man sich in der Firma fragt: Wer weiß, was mit dem Kind ist, wenn die schon hier anrufen ...

Als Deniz zur Schule kam, wußte ich: Ich muß entweder wirklich aufhören zu arbeiten oder unser Privatleben 1 a organisieren. Wir hatten zwar ein paar Mal eine Babysitterin gehabt, aber da habe ich gemerkt: Mädchen in dem Alter haben anderes im Kopf, darum kommt auch ein Au-pair für mich nicht in Frage.

Telefon, tschuldigung...

»Hallo mein Schatz, wo bist du da? In einer Telefonzelle???«

Meine Tochter, das erste Mal in ihrem Leben in einer Telefonzelle. Wer benutzt die heute eigentlich noch? Moment, ja?

»Deniz, lütfen sonra konuşalım...! Deniz, laß uns nachher sprechen, ja?...«

Also, unser Alltag, der sieht mittlerweile so aus: Ich bringe Deniz um halb acht in die Schule, dann kann ich arbeiten, 11 Uhr 45 muß ich am Schultor stehen. Wir haben dann anderthalb, zwei Stunden, so hab ich mir das organisiert. Wir fahren nach Hause, ich brutzel was. Deniz macht Schularbeiten, das macht sie gerne und auch ganz toll.

Oft kommt Dirk zum Essen rüber. Ich möchte ja unbedingt, daß wir in der Woche oft zusammen essen, aber was mir unheimlich schwerfällt, ist, Dirk eine SMS zu schicken:

Es gibt Mittagessen, kommst du?

Ich merke genau: Da ist sie, die Rolle, die du nicht wolltest.

Kommst du?

Das fällt mir sooo schwer.

Aber: Es geht mir wirklich gut mit unserer Mittagsregelung, selbst wenn ich Dirk diese SMSe schicke: Essen ist fertig, kommste? Brrrrh! Also, ich mecker nicht, daß das so ist, daß du als Mutter immer irgendwie dran bist. Ich weiß, mittags bin ich für meine Tochter da, wir essen, dann spielen wir und reden. Es sind anderthalb, zwei Stunden intensive und ausschließliche Betreuung, ich laß dann auch das Telefon klingeln... Als Ausgleich für die Mittagszeit fahre ich oft abends zwei Stunden in die Firma, es ist unglaublich, was man da weghauen kann, keiner stört, du bist unglaublich effektiv.

Ich habe das jetzt auch gut organisiert für den Nachmittag, zwei sind bei Dennie sowieso weg mit Geigenunterricht und Reiten, ich fahre sie mit ihrer Freundin hin, andere Eltern holen die Mädchen ab. Einen Nachmittag macht meine Mutter, einen ich, bleibt noch ein Nachmittag, an dem holt meine Schwiegermutter Deniz zu sich... Außerdem hab ich eine Reinigungshilfe, die model ich jetzt allmählich um zur Haushaltshilfe und Betreuung, es geht ja nur darum, daß jemand da ist, wenn die Kinder im Garten oder im Haus spielen und was wollen...

Mit all diesen Sachen hat Dirk nichts zu tun. Er fragt: Wann soll ich übernehmen, was ist zu tun? Das macht er dann. Wenn er dran ist, nennen wir das Schinken-Tag, aber keine Angst, nix mit Schweinefleisch! Wir meinen Palatschinken, was anderes als Eierpfannkuchen kann er nämlich nicht kochen, die gibt es eben kleingeschnitten, und Deniz und Dirk freuen sich drauf: »Klasse, heut ist Schinken-Tag.«

Mütter sind Jongleure. Am Wochenende war ich auf einem Seminar in Leipzig, das war eine Fortbildung, zu der Leute aus ganz Deutschland kamen, da sagte eine Frau aus der Rhön, Mutter von zwei Jungs, das war so ein richtiger Stoßseufzer: »Endlich hab ich *auch* mal ein Seminar.« Ich weiß, was sie meint, ich habe mich auch drei Tage erholt von der Familie. Beim Seminar! Was doch eigentlich Arbeit hoch drei ist!

Was auch sehr witzig war: Als ich Dirk vom Seminar erzählt hatte, sagte er mir ein paar Tage später, er hätte seine Mutter gefragt, ob sie auf Deniz aufpassen könnte. Hallo? Klar freuen sich die Schwiegereltern, wenn ihre Enkelin kommt. Aber organisiere ich mir meine Tochter weg, wenn Dirk wegfährt?

Es ist schon so als Mutter: Man macht sich tot mit dieser ganzen Zeitplanungs- und Einkaufslogistik, mit allem… Dirk sagt einfach: Schreib mir auf, was ich holen soll. Dann kann ich auch gleich selbst fahren. Aber man ist ja selbst schuld.

Telefon, pardon.

»¿Hola? – ¡Sí! – ¡Sí, sí, sí! ¿Por favor, me llamas más tarde?«

Entschuldigung, wo war ich? Ja, also, für meine Tochter wünsche ich mir, daß sie sich so frei und unfrei entwickelt, wie ich es getan habe. Mit unfrei meine ich, daß man eben nicht alle Werte über den Haufen wirft. Bei mir waren es immer Entscheidungen zwischen Bleiben und Gehen, ich war frei, aber auch unfrei. Natürlich willst du für deine Kinder nur das Gute, aber ob die Kinder das auch gut finden, ist doch eine ganz andere Frage, und das muß man lernen zu akzeptieren. Ich möchte meine Tochter an der langen Leine haben, aber eben doch ein bißchen an der Leine. Andererseits willst du dein Kind ja auch nicht zu Ängstlichkeit erziehen.

Auf dem Weg zu diesem Seminar in Leipzig hatte ich das Autoradio an, da hab ich von dieser Entführung in Zwickau gehört. Eine Sechsjährige war weg, sie war mit anderen Fünf-, Sechsjährigen zusammengewesen. Am nächsten Tag wurde sie tot gefunden. Der Täter war der Partner einer der Mütter der anderen Kinder. Mir ging das so nahe, ich dachte nur: O Gott, o Gott, vielleicht solltest du besser umdrehen ... Ich habe meinen Mann angerufen und gesagt, daß er unbedingt pünktlich am Schultor stehen soll. Ich wäre am liebsten zurückgefahren. Man wird so verletzlich als Mutter. Zu meiner eigenen Mutter habe ich neulich gesagt: » Mit dem Beruf, das ist eigentlich alles überhaupt nicht wichtig.« Früher konnte ich mir im Fernsehen Sendungen angucken über Frühchen oder behinderte Kinder – wenn ich jetzt in der Zeitung einen Bericht über irgendwas Schlimmes sehe, Mißhandlung, Vernachlässigung, lese ich nur die Überschrift und dann ist Schluß, das tu ich mir nicht an. Als Mutter gehen dir solche Sachen ganz anders unter die Haut.

Ich glaube, diese endlosen Diskussionen mit mir selbst: Bin ich eine schlechte Mutter? Die sind endgültig vorbei. Eine Freundin, die wirklich voll für ihre Kinder da ist – sie ist zu Hause mit drei Kindern –, hat gesagt: » Laß mal, du bist netto mehr für deine Töchter da als ich für meine Kinder mit der vollen Bruttozeit.«

Ich bin angekommen in meinem Leben, fühle mich hier, im Haus, mit Dirk, mit meiner Tochter, in der Firma, in der Stadt, zu Hause. Natürlich habe ich mich auch schon gefragt: Wo lebe ich eigentlich? Als hier die Anschläge waren, ganz in der Nähe in Solingen, auch in Mölln und Lübeck... Ich habe viele Freunde im Ausland, die haben damals angerufen: » Is everything o.k., Derya?« Oder: » Do you want to come?« Aber hier ist meine Heimat, und wenn ich manchmal Umwege fahre mit dem Cabrio, das Dach auf, damit ich was von der Landschaft und vom Himmel habe, dann mache ich das doch, weil ich mich wohl fühle.

Ah, eine SMS von meinem Mann...

Ich soll noch Brot mitbringen... Hab ich mir schon fast gedacht, da fahren wir nachher kurz beim Türken vorbei, ja?

Ariane, 42, Ärztin

Ein Vater wäre so schön
Oder: Ich habe keine Angst mehr

Ihr Zuhause sah aus wie das in luxuriösen Wohnzeitschriften, sie und ihr Ehemann standen schon in jungen Jahren ganz oben auf der Karriereleiter, und auf Feiern war das erfolgreiche Paar strahlender Mittelpunkt. Zum Glück fehlte nur eins: Kinder. Die hat Ariane heute – ohne ihren Mann. Nicht immer einfach waren die vergangenen sieben, acht Jahre, in denen die erfolgsgewohnte Ariane ihr Herz erst wirklich entdeckte.

Kinder sind so etwas Wunderbares: Sie entdumpfen dein Leben, sie entschleunigen es, sie entglobalisieren es. Für die Kinder habe ich allerdings den Preis bezahlt, meine liebevolle – zwar etwas langweilige – Ehe aufgeben zu müssen. Ich habe sie aufgegeben für ein Leben mit mehr Tiefen als Höhen, Tiefen, die man erlebt, wenn man mit den Kindern *und* dem Beruf allein ist und sich auch so fühlt: allein und verlassen. Mein persönliches Selbstbewußtsein, meine Liebes- und Leidensfähigkeiten sind sehr gewachsen. Heute ist mein Leben so reich – mit Kindern, ohne Konsum, mit guten Freunden, liebevollen Menschen, mit Bildung, Kultur, mit inneren Werten. Das beste ist, daß ich vor nichts mehr Angst habe.

Mit Anfang 20 habe ich einen netten jungen Mann kennengelernt, *v, v, v,* verliebt, verlobt, verheiratet, wie sich das gehört. Wir waren ein Vorzeigepärchen, ich die erfolgreiche Ärztin, er der erfolgreiche Apotheker, von allen geliebt, wohlgelitten. Ich war für das soziale und emotionale Setting verantwortlich, mein Mann hat dafür gesorgt, daß alles komplett und schön ist. Dann haben in unserem Umfeld alle Kinder bekommen. Nur ich – ich nicht.

Meine Schwiegermutter hat eine grausame Rolle gespielt... Eine der harmlosesten Sachen war: Wir fahren im Auto, und sie quietscht: »Guck mal, ein Storch, ein Storch, sieh doch mal! Na, nun muß es ja bald klappen...«

Wir haben alles gemacht, fertilisiert mit mh mh mh und mh mh mh, Hormonbehandlungen... Ich habe mir selbst die IMS in den Po gegeben, also die intramuskulären Spritzen, weil mein Mann dazu nicht in der Lage war! Nach den Untersuchungen wußten wir allein fünf Gründe, warum ich keine Kinder kriegen kann, bei meinem Mann war auch alles nur so mittelprächtig.

Anfangs, also in den ersten Jahren mit meinem Mann, war ich ihm formal unterlegen, also als ich das erste Staatsexamen machte, hatte er das Studium schon abgeschlossen, als ich das erste Mal als Ärztin arbeitete, kaufte er sich in eine Apotheke ein... Ich war die liebende Gattin, aber ich kriegte keine Kinder. Natürlich habe ich viel gearbeitet.

Meine Schwiegermutter sagte zu mir – das muß man sich mal vorstellen –, sie würde mich *bezahlen*, damit ich nicht mehr arbeite, damit ihr Sohn es also richtig schön hat. Mir sind die Tränen übers Gesicht runtergelaufen. Ich habe gesagt: »Ich glaube, du kannst dir mich nicht leisten.«

Ich habe dann bald das Krankenhaus verlassen, um mich niederzulassen, ich habe also eine eigene Praxis für Labormedizin eröffnet. Dem ging ein ganz schreckliches Jahr voraus. Es war formal alles so schwierig, ich habe die ganze Zeit mit einem Steuerberater, einem Rechtsanwalt und einem Architekten an meinem Ziel, der Praxis, gearbeitet, halbe Nächte hab ich nicht geschlafen. In diesem Jahr merkte ich, daß ich bei dem, was ich tat, keine Unterstützung von meinem Mann bekam. Ich habe mehr als eine Million Euro

Schulden aufgenommen damals. Nach einem Jahr, war's geschafft: Ich hatte meine eigene Labor-Praxis. Und ich freute mich auf meine Arbeit. Mein Mann wurde immer mißgünstiger – ich hatte jetzt den Status einer Chefärztin.

Als ich mit zwei Freundinnen mal über eine andere Frau lästerte, die gerade schwanger war und so zugenommen hatte – sie wurde wirklich dick und moppelig –, da sage er: »Na ja, die ist dick, aber wenigstens nicht unfruchtbar.« Ich wurde das erste Mal böse, seit wir zusammen waren. Und das hielt auch ein paar Tage an.

An einem Samstag war ich in der Innenstadt einkaufen, da wurde im Kaufhaus ein Mann auf mich aufmerksam. In der Schreibwarenabteilung sprach er mich wegen der Montblanc-Füller an, in der Kosmetikabteilung fragte er mich, ob ich wisse, wo Schaumbäder stehen, und bei den Spielwaren stellte er sich an der Kasse direkt hinter mich und fing wieder ein Gespräch an. Als ich draußen war, kam er hinter mir her und rief, er hätte mein Memory-Spiel bezahlt. Das hatte ich für meine Nichten und Neffen ausgesucht, das brauchte ich am Nachmittag. Ich wollte ihm das Spiel natürlich bezahlen. Er wollte das nicht, aber ich solle mit ihm Kaffee trinken gehen. Ich war doch eine so doll verheiratete Frau! Und er hatte in der Spielwarenabteilung einen Teddy gekauft, das hatte ich gesehen – für wen, wenn nicht für ein Kind.

Ich habe also gesagt: »Am Samstag in zwei Wochen um 16 Uhr im Café am Markt.«

Ich bin hingegangen. Er saß schon da, als ich kam und hat mich zugesülzt. Ich war wie ein trockener Schwamm unter einer warmen Dusche, habe alles aufgesogen. Abends habe ich meine Freundin angerufen und gesagt. »Es ist ganz schrecklich, ich habe mich, glaub ich, verliebt!«

Nach diesem Wochenende meldete er sich nicht. Ich wußte, daß er verheiratet ist, aber seine Trennung ansteht. Er war Abteilungsleiter in einem Elektronik-Konzern. Ich habe also einen Kinogutschein für eine bestimmte Vorstellung gekauft und in einem Brief an seine Firma geschickt: Sie haben einen Kinoabend in unserem Preisausschreiben gewonnen ...

Endlich einer, der charmant, ist, dachte ich, und brezelte mich auf fürs Kino. Wer aber nicht kam war er. 14 Tage später rief er an: Sein Bruder habe einen Unfall gehabt ...

Wir haben uns dann wieder fürs Café verabredet. Mein Mann war gerade bei einem Kongreß. Hermann, so hieß er, hat mir sein ganzes Leben erzählt, was alles schiefgegangen ist mit seiner Ehe, er hatte zwei Kinder. Das hat alles natürlich meine Mutter-Teresa-Gefühle geweckt. Und ich war so böse auf meinen Mann ...

Wir waren dann einkaufen, landeten in einem mexikanischen Restaurant. Am Nebentisch saß so ein typisches durchschnittliches Ehepaar und aß das Tagesangebot. Die Frau hat vielleicht spitze Ohren gekriegt, als ich zu Hermann gesagt habe: »Ich würde Sie gern duzen und übrigens auch gern mit dir schlafen.«

Auf dem Weg ins Parkhaus war's schon fast soweit, ich wäre fast entjungfert worden, wenn ich denn noch Jungfrau gewesen wäre. Wir sind ins Auto und haben dann in der Innenstadt ein Hotelzimmer gesucht. Zwischendurch schoß mir immer wieder durch den Kopf: Das bin aber nicht ich, die hier fremdgeht ...

Am nächsten Tag kriegte ich richtig körperliche Reaktionen, meine Haut war gerötet, ich hatte Fieber. Meine Freundin Karin sagte: »Das kommt vom vielen Fremdeiweiß.« Wir haben uns wieder getroffen. Er hat nur über sein Schicksal geredet. Er hat mir nicht gutgetan. Ich merkte, wir haben kein gemeinsames Thema, keine gleichen Interessen: Er hielt La Traviata für eine neue Nudelsorte, er kannte sich nicht aus in der Kunst, in der Musik, er war im Wortsinne taktlos, er war nicht höflich, nicht weltoffen, nicht polyglott. Immerhin: Er war intelligent, mathematisch versiert, er hat neben seiner eigentlichen Arbeit auch Programme für große Software-Firmen entwickelt und sich so Geld verdient, um seine Familie zu unterhalten.

An dem einen Wochenende hab ich ihm gesagt: »Komm, es hat keinen Zweck, wir trennen uns.«

Sonntagabend saß ich dann mit meiner Freundin zusammen, ich war in Tränen aufgelöst, ich hatte mein Leben durcheinandergebracht. Ich habe Karin erzählt, wie schlecht mir schon seit Wochen war, daß ich nichts essen konnte, daß mein Busen so spannte. Sie fragte dann: »Wann hattest du denn das letzte Mal deine Regel?« Vor sechs Wochen war das, aber ich taube Nuß...? Meine Freundin ist sofort zur Notapotheke und hat einen Schwangerschaftstest geholt: »Den bepieselst du jetzt.« – »Guck, nur leicht blau.« Ja, das war ja auch Abend-Urin. Am nächsten Morgen sollte ich den zweiten Streifen bepieseln – meine Freundin hatte vorsorglich zwei Tests mitgebracht. Der zweite lag bis zum nächsten Morgen auf meinem Nachttisch und hätte sich allein davon schon verfärben müssen. Am nächsten Morgen sah ich ein *derartiges* Blau. Mein erster Gedanke war: Nie wieder meine Schwiegermutter. Als Hermann und ich das dritte Mal zusammen waren mußte es passiert sein – piff, the golden shot.

»Mami, mein Knie...«
»Wollen wir da ein Gummibärchen drauflegen?
Das hilft...
So...
Willst du wieder zu Karin in den Garten gehen?«

Am Dienstag bin ich zu meiner Frauenärztin. Als ich reinkomme, sagt die: »Du bist schwanger, aber nicht von Lars. Komm wieder, wenn du weißt, was du machen willst.«

Zu Hause rief Hermann an. Er erzählte, daß seine Noch-Frau das Räumungskommando geholt, seine Sachen aus der Wohnung geworfen, die Schlösser ausgetauscht habe. Er stand nun auf der Straße: obdachlos, total im Regen. Und das nicht nur im Wortsinne: Es schüttete wie aus Kübeln, und Hermann lief unschlüssig auf und ab, das Handy am Ohr. Ich fuhr hin, um ihn abzuholen. Als ich ihn sah, dachte ich: Dieser Mann hat das geschafft, was mit Lars nicht geklappt hat. In dem Moment hab ich angefangen ihn zu lieben, zumindest es zu versuchen.

Drei Freundinnen erzählte ich von meiner Schwangerschaft. Zwei haben gesagt: »Schieb es Lars unter.« Eine sagte: »Das geht nicht.« Lars und ich hatten in der letzten Zeit auch nur einmal miteinander geschlafen, es hätte Lars klar sein dürfen, daß es nicht sein konnte, daß ich von ihm schwanger bin.

Ich wollte mit Lars reden, habe ein besonders gutes Essen gekocht, Champagner kalt gestellt, am Tisch habe ich ihm gesagt, daß ich schwanger bin. Er meinte: »Welchem Herrn haben wir das zu verdanken?« Dann haben wir beide geweint und uns in den Arm genommen, das war so rührend und so traurig und so – ach … Ich habe ihm gesagt, wie alles gekommen ist, daß ich ihn nicht betrügen wollte. Er wollte mich dann beruhigen und sagte, ich müßte kein schlechtes Gewissen haben, er hätte mich auch …

Und dann sprach er den Satz, nach dem für mich alles klar war, er sagte: »Ich will mich bemühen, aber ich weiß nicht, ob ich dieses Kind so lieben kann wie ein eigenes.«

Ihm war durchaus klar, wie ich reagieren würde, er sagte als nächstes: »Und jetzt sind bei dir alle Schotten zu, oder?« So war es.

Wir haben noch drei Wochen in einem Bett geschlafen, einfach nur so nebeneinander, keine Berührung, nichts. Wir haben noch unseren Hochzeitstag gefeiert, eine großartige

Party, so, wie es alle von uns gewöhnt waren. Als die Gäste weg waren, saßen wir da, ich habe ihm gesagt, daß wir uns trennen sollten. Ich wußte, daß ich für mein Kind alles aufgeben würde.

Diese Schwangerschaft war das Schrecklichste in meinem Leben. Meine Mutter war entsetzt, mein Bruder, der selbst gerade ein Kind bekommen hatte, zeigte null Interesse. Mein Vater hat etwas ganz Furchtbares gemacht: Er hat mit Lars gesprochen, ob er mich nicht zurücknimmt. Meine Freundinnen – die meisten trugen schwarze Designer-Leinenkleider und waren kinderlos – haben sich abgewandt: Wie konnte ich es wagen, meinem Mann Hörner aufzusetzen und ihn als unfruchtbar hinstellen? Eine langjährige Freundin hat etwas total Unmögliches gesagt, sie meinte: »Du hast Gen-Shopping betrieben.« Ich fühlte mich gedemütigt, und ich habe mich so geschämt, daß ich nicht versucht hatte, die Probleme in meiner Ehe aufzuarbeiten. Für mich war jeder Gang durch unser Villenviertel ein Spießrutenlaufen.

Was auch ganz schlimm war: Hermann machte sich lustig über meinen Dolly-Buster-Busen, ich hätte in der Zeit wirklich als ihre Schwester durchgehen können, ich konnte schon in der dritten Woche nicht mehr über meine Brüste auf meine Füße sehen.

Da stand ich nun, eine Million Schulden, ohne zwei Männer, in Schimpf und Schande, aber auch irgendwie gelassen, schließlich hatte ich mir die letzten zehn Jahre davor nichts mehr gewünscht als ein Kind.

Ich habe dann eine Amniozentese machen lassen, eine Fruchtwasseruntersuchung, schließlich war ich mit 37 schon eine Spätgebärende. Es war alles in Ordnung. Aber ich lag danach drei Wochen im Krankenhaus, weil ich Blutungen bekommen hatte. Außer meiner Putzfrau und meiner Freundin Karin kam mich niemand besuchen.

Bei einer Familienfeier, später, als Konstantin schon geboren war, sprach eine Tante in einer Rede das Wort Schande
aus, da kamen mir die Tränen hoch, ich spürte so stark: Du
bist monatelang mit Schimpf und Schande geächtet worden,
nur begleitet von Karin. Damals hatte ich eine Psychotherapie angefangen, ich war in dieser Phase, mit den Problemen
in meiner Beziehung, der Schwangerschaft, suizidal gefähr-
det.

Zur Geburt meines Sohnes bin ich alleine mit dem Taxi ins
Krankenhaus gefahren, Karin und Gitta kamen hinterher –
Hermann hatte leider keine Zeit, er mußte sich, wie er sagte,
unbedingt um seine Jüngste kümmern, die für die Schule eine Collage kleben wollte.

Wir sagen heute: unsere türkische Geburt – es waren ja
nur Frauen da. Ich bekam letztlich einen Not-Kaiserschnitt.
Ich wußte genau – das lernt man ja im Studium –, jetzt
machen sie die lokale Betäubung, jetzt kommt der Schnitt
durch die Bauchdecke, jetzt schneiden sie die Faszie, der
Muskelschnitt, die Gebärmutter, dann lief das Fruchtwasser.
Und dann kam der Schrei von Konstantin – das ist nach wie
vor der schönste Moment in meinem Leben. Ich sah: Es ist
alles dran, und er ist gesund. Ich war so kaputt...

Als erstes kam dann übrigens mein Mann zu Besuch. Es
kamen noch viele andere, die ich vorher lange nicht gesehen
hatte. Die wollten sich aber nicht entschuldigen oder wirklich Anteil nehmen. Nein, Neugier trieb sie ins Krankenhaus, man hätte ja den Vater erspähen können!

Der kam auch. Als es dunkel war. Lars war auch gerade da,
und – er hat ihn beglückwünscht. Lars und ich, wir sind
heute wie Bruder und Schwester.

Ich habe das Krankenhaus alleine mit meinem Sohn verlassen, Karin kam mich dann zu Hause besuchen. Man hat so
diese Bilder aus der Milupa-Werbung im Kopf: die junge,
blonde Mutter, der dunkelhaarige Vater, ein süßes Baby, ge-

liebt, bewundert, beschützt – ich dagegen war allein, hilflos, ängstlich.

Ich hatte noch am Tag vor der Geburt bis 22 Uhr gearbeitet. 14 Tage nachdem ich aus dem Krankenhaus entlassen war, fing ich wieder an. Um halb vier bin ich aufgestanden, habe Konstantin gestillt, alles fertiggemacht, um sechs fuhr ich zur Arbeit. Konstantin habe ich mitgenommen... Im Wartezimmer standen Tee und Kaffee für die Patienten, für die Mitarbeiter gab es laufend aktualisierte Schilder mit Hinweisen auf die Stillzeit und meinen Feierabend. Oft hatte ich meinen Konstantin auf dem Arm und habe mit einem Head-Set telefoniert.

Weihnachten und Silvester haben Hermann und ich dann mit Freunden gefeiert. Wir hatten angefangen, eine Beziehung zu haben. Mich wunderte, wieviel Energie er drauf verwendete, seiner Exfrau das Leben schwerzumachen. Vor seiner Familie, also vor seinen beiden Kindern, hat er mich und Konstantin übrigens versteckt, weil er nicht wollte, daß sie denken, er hat sie nun nicht mehr lieb. Es hat ein dreiviertel Jahr gedauert, bis wir uns kennenlernten. Wir haben uns das erste Mal getroffen, und wir, Konstantin und ich und die zwei Kinder, haben uns gleich alle ineinander verliebt. Jedes Kind kam dann einmal die Woche alleine zu uns, am Wochenende alle 14 Tage waren beide Kinder hier.

Hermann hat immer auf meine Kosten gelebt, rein finanziell gesehen. Und er hat mich kleingemacht, wo er konnte. Wenn ich Freitagabend von der Arbeit nach Hause kam, war hier Tohuwabohu. Ich wurde unleidlich und angespannt. Als Konstantin ein Jahr alt war, fing ich eine Psychotherapie an, weil ich immer so abgehetzt war, ich war es leid, mich allein zu fühlen, alle logistischen Probleme allein bewältigen zu müssen.

Konstantin war meine große Freude. Er sah aus wie alle Kinder in meiner Familie, er war so ein großer, freundlicher

Butzer. Ich habe damals gemerkt: Ich muß mein Leben aufräumen. Hermann und ich haben es auch mit Paartherapie
versucht, mit zwei verschiedenen Therapeuten, einmal die
Woche. Beim zweiten Therapeuten sollte ich meine Sicht
der Dinge erzählen. Als ich fertig war, wußte ich selbst: Wir
werden nicht mehr gemeinsam wiederkommen.

Hermann ist dann allein in Urlaub gefahren, wir hatten uns
vorgenommen, ein bißchen Abstand auszuprobieren... Wir
wollten uns aufeinander freuen. Beim Wiedersehen haben
wir miteinander geschlafen. Hermann sagte an diesem Abend
en passant: »Wenn du dich von mir trennst, will ich von Konstantin nichts mehr wissen.« Ich habe ihm einige Tage später
aber trotzdem gesagt, daß es besser wäre, wenn wir unsere
Beziehung beenden. Für mich war das so schwer, weil ich
wußte: Ich habe meinem Kind den Vater genommen.

Mein Busen wurde dann wieder voller... Diesmal kam ich
schneller auf die Idee... Ich war wieder schwanger, die neue
Schwangerschaft war sozusagen sein Abschiedsgeschenk.

Ich habe mich mit ihm im Café getroffen, und er fragte
tatsächlich: »Wie kann ich dir helfen?« – »Mit dieser Frage
allein schon«, habe ich gesagt. Aber er hat sich dann nicht
wieder gemeldet, ich war auch in meiner zweiten Schwangerschaft allein.

Ich habe mich zwar grenzenlos gefreut auf meine zweite
Schwangerschaft, aber ich war auch wieder mal grenzenlos
überfordert. Die zweite Geburt sollte ein geplanter Kaiserschnitt sein, nach dem ersten ungeplanten. Ich fragte meine
Mutter, ob sie sich nicht eine Woche bei uns zu Hause um
Konstantin kümmern könnte. Meine Mutter sagte: »Vater ist
schon so alt, ich kann ihn nicht allein lassen, und für ihn ist
das nichts, eine Woche bei dir.« Ich habe zwei Tage an meine
Mutter hingebettelt, bis sie zugestimmt hat, die beiden kamen tatsächlich.

Ich hatte meine Eltern nach Konstantins Geburt angerufen: »Ihr habt einen neuen Enkel.« Langsam entwickelte sich wieder ein Verhältnis ...

Meine zweite Geburt war hinreißend. Ich hab so zauberhaft abgeführt und gleich die wunderbare Spritze für die PDA bekommen, mein Bauch wurde schnipp-schnipp aufgeschnitten, das Kind herausgehoben, und wie wunderbar wurde mein Bauch wieder zugenäht ... Ich lag eine Woche in einem sonnigen Zimmer, ich hatte so viel Wasser im Körper, daß ich die Augen kaum aufkriegte, aber was machte das: Amélie war geboren. Wenn die Geburt von Konstantin der schönste Moment in meinem Leben war, dann war diese Woche im Krankenhaus die schönste in meinem Leben: Ich hatte ein gesundes Mädchen, sie lag neben mir, ich konnte mich ganz in Ruhe freuen. Ich weiß ja, daß ich dominant bin, ich hatte immer gedacht: Zwei Kinder wären gut, die können dann zu zweit gegen Mama ... Zwei Tage nachdem ich aus dem Krankenhaus zurück war, ging ich wieder arbeiten, aber diesmal war ja alles viel besser organisiert.

Hermann hat mich dann noch schrecklich gedemütigt: Er hat die Vaterschaft nicht anerkannt. Ich mußte also einen Vaterschaftstest machen lassen. Er wollte das so. Der Test kostete ihn zwar 800 Euro, aber das machte ihm nichts. Ich fand das sehr erniedrigend.

Trotzdem empfinde ich die zweite Schwangerschaft und das zweite Kind heute als läuternd für mich. Ich hatte schon in der Schwangerschaft das Gefühl: Mit dem Baby kommt das Glück zurück. Ich bekam ja nun das zweite Kind vom selben Mann, dadurch stand auch das erste Kind in einem anderen Licht. Und von meinem Mann Lars war ich inzwischen geschieden. Im Gerichtssaal standen wir beide und haben geheult, der Richter sagte noch: »Eigentlich schade, daß Sie sich scheiden lassen.«

Als ich verheiratet war, konnte ich Frau sein und Ehefrau, mir fehlte das Mutter-Sein. Jetzt fehlt mir das Frau-Sein, eine schöne, kluge, verführerische Frau zu sein. Trotzdem: Ich würde alles immer wieder so machen. Es ist gut, daß Lars und ich nicht mehr verheiratet sind, es ist gut, daß ich meine Kinder habe. Hermann bezahlt seinen Unterhalt – ich gebe den nicht aus, ich tue das ganze Geld auf ein gesondertes Konto. Wenn die Kinder volljährig sind, werden sie sich davon den Führerschein, ein Auto und einen Auslandsaufenthalt bezahlen können. Wenn ich dran denke: Hermann wollte mal heiraten, also mich – aber eben nur, weil man das so macht.

Die letzten sechs, sieben Jahre waren schrecklich intensiv. Wir sind so stehengelassen worden, Konstantin und ich, von Hermann, als ich das zweite Mal schwanger wurde. Ich habe in dieser Zeit aber gemerkt, wie viel ich selbst wert bin. Ich war ganz unten und ganz oben. Ich bin ein richtig netter Mensch geworden, ich, die vom Erfolg verwöhnte, beste, klügste, die zugegebenermaßen früher nicht von Herz- und Gedankenlosigkeit freie, ich bin ein richtig netter Mensch geworden. Ich bin heute auch eine viel bessere Ärztin.

Vor allem: Ich liebe meine Kinder über alles. Ich möchte alles richtig machen. Die Kinder sind so sehr *meine* Kinder.

Einerseits fehlt der Mann in der Familie, andererseits kann ich als Alleinerziehende für meine Kinder immer das machen, was *ich* für richtig halte, ich muß mich mit niemandem abstimmen, ich kann ihnen vermitteln, daß Gefühle über allen materiellen Dingen stehen, daß man lesen muß, tanzen wollen muß, daß die Menschen um einen herum und die Liebe das Wichtigste im Leben sind. Durch die Tatsache, daß ich gut verdiene, kann ich Konstantin und Amélie mit allem versorgen.

Wir hatten verschiedene Au-pair-Mädchen in den vergangenen Jahren, das ist so *bereichernd* für alle – da war Ina aus Kasachstan, die Amélie stundenlang im Gehen hin- und hergetragen hat, sie konnte das Kind am allerbesten von allen beruhigen. Hanna aus Polen, die war für mich wie ein drittes Kind. Und jetzt ist Liz aus Sumatra hier, die intelligenteste, sie ist 24 und hat hier Skifahren gelernt, und jetzt will sie im Sommer mit Konstantin im Pool von Karin schwimmen lernen. Für die Kinder ist es so toll, über unsere internationalen Au-pairs etwas von der Welt zu lernen. Ina war Muslimin. Eines Tages kam Konstantin und meinte: »Mama, das finde ich sehr anstrengend, daß man sich im Islam fünfmal am Tag die Füße waschen muß.« Das ist doch wunderbar!

Trotzdem ist es so, daß ich mir nicht vollständig vorkomme als Alleinerziehende. Du wirst von bestimmten Dingen ausgeschlossen als Alleinstehende. Du wirst nicht mehr eingeladen – weil du eine potentielle Gefahr für die anderen Frauen darstellst, du könntest ihnen ja den Mann ausspannen oder den Mann auf dumme Gedanken bringen.

Die Angst ist da, daß man den Kindern nicht die Geborgenheit und das männliche Element geben kann. Weil ein Mann in der Familie fehlt, haben wir den Hund, der ist der Beschützer in der Familie. Ich habe männliche Freunde, pflege auch gezielt Kontakte mit Männern, die meinen Kindern zeigen, wie es in Familien ist, in denen Männer sind.

Es tut mir wirklich unglaublich leid, daß meine Kinder keinen Vater haben. Ich hatte neulich einen Traum, da sagt Amélie zu Hermann: »Hallo Papa«, und er läßt sie einfach stehen.

Weil Hermann weg war, wollte ich für meine Kinder wenigstens eine heile Großelternwelt. Ich habe also meine Eltern begluckt und bekocht. Und trotzdem kritisiert meine Mutter dauernd an mir rum, man könnte denken, meine Eltern lieben es, daß ich keinen Mann habe. Das meint auch meine Psychologin. Sie gibt mir immer Wörter, die meine Situation beschreiben, da war auch das Wort *Prostitution* dabei. Ich prostituiere mich bei meinen Eltern, damit meine Kinder Großeltern haben.

Es ist so anstrengend, eine Mutter zu haben, die mir sagt, was ich alles tun muß für meine Kinder, was ich lassen muß, was ich falsch mache. Meine Mutter lobt mich vor anderen über den grünen Klee – wenn wir allein sind, sagt sie mir, ich sollte doch bitte beherrscht sein, die Kinder…

Einmal dachte ich allerdings: Oho… Da hatte meine Mutter gesagt: »Du weißt ja gar nicht, was ich alles erlitten habe für die Kinder.« Sie war die Sekretärin von meinem Vater und wurde sozusagen von ihm wach geküßt. Dann wurde sie Hausfrau, hat ihm den Rücken freigehalten. Er war immer der Kreative, der Umtriebige, der Erfolgreiche – im Prinzip bin ich wie er. Ich habe alles das, was meine Mutter nie hatte.

Meine Kinder liebe ich so, wie sie sind, laut, zickig, ungezogen – aber sie sind auch cool, stur, nachtragend. Letztes sind Eigenschaften, die sie von ihrem Vater haben, ich finde die auch nicht schlecht, weil ich anders bin. Amélie ist so sehr ich – sie ist aber noch tougher, noch sturer als ich. Beide Kinder haben meine Emotionalität, meinen dicken Kopf geerbt. Dafür, daß die beiden auch etwas von ihrem Vater haben, muß ich ihn akzeptieren und wertschätzen.

Neulich ist ein großes, ein sehr großes schwarzes Auto an uns vorbeigefahren, und Konstantin meinte: »Solche Autos fahren nur Männer.« Es hat ihn wenig beeindruckt, daß wir ein kleines, tolles Auto fahren. Die geschlechtsspezifische Stigmatisierung ist einfach da: Amélie liebt rosa und Glitzer und Prinzessinnenkleider, Konstantin Auto-Ritter-Fußball-Pirat. Wenn ich Amélie mit ihren Puppen spielen sehe, denke ich: Wer so liebevoll ist, kann kein schlechter Mensch sein. Mir tut das gut, zu sehen, daß meine Kinder sich augenscheinlich ganz normal entwickeln.

Es gibt drei Sachen, auf die bin ich stolz: Erstens fange ich an stolz zu sein, daß meine Kinder fröhlich und unbeschwert sind, auch wenn ich selbst schlecht drauf bin.

Zweitens bin ich stolz, daß ich die Ehe mit Würde beendet habe, sie ist für mich nicht gescheitert, nur beendet. Lars hat heute eine Frau, mit der ich mich gut verstehe. Wenn ich mit ihm, vielleicht gleich zu Anfang als Ärztin, mit 27, ein Kind bekommen hätte, wäre alles anders geworden, mein Leben wäre ganz anders verlaufen. Ich hätte aufgehört zu arbeiten, vielleicht kurz vor der Oberärztin, ich hätte ein zweites Kind bekommen – und wäre vielleicht zu Hause eingegangen. Ich merke doch, wie wichtig mein Beruf für mich ist: Wenn ich meine Arbeit in den letzten Jahren nicht gehabt hätte ... Sie gibt mir Halt, sie baut mich auf.

Es gibt noch etwas Drittes, worauf ich richtig stolz bin: daß Anette und ich unsere Herzen füreinander geöffnet haben, und so unseren Kindern eine große Familie geschenkt haben. Hermann hat keinen Kontakt mehr zu seinen zwei Kindern von Anette, er wollte ja auch nicht, daß ich den habe. Als Amélie geboren war, habe ich ihnen die Geburtsanzeige nach Hause geschickt. Es dauerte nicht lange, und alle beide standen hier am Nachmittag auf der Matte und haben ihr Schwesterchen angeguckt.

Wir feiern jetzt alle Geburtstage zusammen, zwei Mütter, vier Kinder, zwei Hunde. Wir Mütter haben uns nämlich zum Wohle der Kinder angesehen und festgestellt: Hermann hatte einen guten Geschmack bei der Auswahl seiner Frauen, das ist doch eine ganze Menge bei dieser ganzen kaputten Familie.

Als die älteste Tochter vor kurzem 14 wurde, hat sie ihren Vater nicht eingeladen, aber uns. Als Konstantin, Amélie und ich in Anettes Garten zur Party kamen, hat ihre Verwandtschaft die Luft angehalten, das konntest du spüren, wir haben uns dann zu Anette und den anderen auf die Terrasse gesetzt und so ein schönes Fest gefeiert.

Dagmar, 48, Hausfrau

Ich wollte ein Familiennest
Oder: Es war nicht für ewig

Thomas ist erfolgreich im Beruf und ein toller Vater – aber als Mensch auch schwierig. Dagmar wollte ihren drei Kindern als Hausfrau und Mutter ein gemütliches Nest bieten. Ihre Kinder sagen ihr heute: » Das hast du geschafft.« Bis zur Silberhochzeit. Dagmar weiß, daß Bleiben für sie lange richtig war. Jetzt hat sie das alte Zuhause aufgegeben – für einen neuen Mann.

Vor zehn Jahren war ich das erste Mal bei einer Wahrsagerin. Nur aus Quatsch, ich wollte einfach mal wissen, was die so macht, ich habe mir gar nicht viel gedacht vorher. Ich wußte nur: Diese Karena ist in der Stadt, da laß ich mir jetzt mal die Karten legen. Und ich war verblüfft! Sie hat mir so viel Wahres gesagt, über mich, über meine Vergangenheit, meine Zweifel, die frühe Heirat, die drei Kinder, die Schwierigkeiten in der Ehe. Beim nächsten Mal war ich bei einer Wahrsagerin, die aus der Hand liest, die auch sehr bekannt ist – sie hat fast genau dasselbe gesagt.

Als ich dann vor zwei Jahren wieder zu Karena ging, hat die mir auf den Kopf zugesagt: » Sie sind in einer Beziehung.« Ich habe ihr meine rechte Hand mit dem Ehering vor die Nase gehalten – das war ja nun wirklich nicht so schwer, *so* hellzusehen. Da sagte sie aber: » Nein, das meine ich nicht, ich spreche von Ihrer außerehelichen Beziehung.« Meine große Tochter Marion hatte draußen auf mich gewartet, sie sagte: » Du siehst ja ganz blaß aus«, aber ich habe was erzählt von schlechter Luft im Wohnwagen.

Wie die Wahrsagerinnen das machen, weiß ich nicht, es ist ja auch egal, eigentlich glaube ich nicht an solche esoterischen Sachen. Aber offensichtlich gibt es Menschen, die mehr können, mehr sehen als wir. Die meisten Leute sagen ja: Ach, was *die* erzählen, trifft doch auf alle zu. Aber das stimmt nicht: Auf meine Schwester würde alles, was die Frauen gesagt haben, nicht zutreffen – und das mit meiner außerehelichen Beziehung hätte bei mir auch mehr als 20 Jahre nicht gestimmt, ich war meinem Mann immer treu.

Meine Kinder sind jetzt 26, 23 und 21. Man kann sagen: Sie sind schon groß. Aber trotzdem sind auch große Kinder eben *deine* Kinder. Menschen ohne Kinder wissen gar nicht, was ihnen entgeht. Wobei ich ja nie sagen würde, es ist ein Fehler, wenn jemand keine Kinder will, vielleicht ist es ja auch eine gute Entscheidung, keine Kinder zu haben, weil man wirklich nicht geeignet ist. Aber wie will man das vorher wissen? Nur aus Angst, aus Unsicherheit keine Kinder? Nein. Man ist länger alt als jung, da ist es doch schön, wenn man die Kinder hat, die einen kennen, die einen nicht allein lassen. Vielleicht sterben später alle um dich rum, deine alten Freunde, Bekannten – dann hast du niemanden mehr, mit dem du über früher reden kannst, über gemeinsam Erlebtes. Mit Kindern kannst du das. Und du behältst natürlich auch den Anschluß an die jüngere Generation. Noch mehr, wenn Enkel da sind. Darauf haben mein Mann und ich uns immer sehr gefreut. Aber eigentlich muß ich mein Exmann sagen. Ich hoffe ja, daß wir uns irgendwann, in ein paar Jahren, wieder gemeinsam freuen können, auch an Enkeln. Ich weiß nicht, wie sich das alles entwickeln wird.

Also: Ich wollte immer Kinder, auch immer *früh.* Mit 21 habe ich geheiratet – da kannten mein Mann und ich uns schon 15 Jahre, wir waren zusammen in die Schule gekommen. In unserem Bekanntenkreis haben alle früh geheiratet, gut, wir waren die allerersten, aber die anderen zogen nach, und es haben auch alle bald Kinder bekommen, wir mit 22.

Meine große Tochter hätte auch gern Kinder, eigentlich jetzt, sie ist 26, und ich meine: Warum nicht? Aber es geht nicht. Sie hat doch gerade erst angefangen im Krankenhaus, ihr Medizinstudium hat sie schon fertig. Es ist völlig klar: Wenn sie jetzt ein Kind bekommt, war alles umsonst.

Mir waren Beruf und Karriere nicht wichtig, aber ich habe auch nicht gerne gearbeitet. Ich hatte im Einzelhandel gelernt, da bist du eine billige Arbeitskraft, wo hätte ich mich schon hinentwickeln können mit meiner kaufmännischen Ausbildung? Und das Arbeitsklima war so mies, so ätzend.

Es war gut, daß die Kinder früh kamen und auch schnell hintereinander, so gab es für mich gar keine Versuchung, wieder anzufangen, noch nicht mal in Teilzeit. Vielleicht wäre es gegangen – ich wüßte nicht wie, Verwandtschaft wohnte nicht in der Nähe, und Kindergartenplätze gab's kaum. Aber ich habe mir keine Gedanken drum gemacht, mir war es wichtig, *nur* für meine Kinder da zu sein, ich wollte nicht, daß jemand Fremdes ihnen laufen und sprechen beibringt, ich wollte, daß jemand da ist, wenn sie aus der Schule kommen.

Natürlich habe ich auch damals durchaus mal überlegt: Was ist, wenn es mit der Ehe nicht klappt, wenn du plötzlich allein bist – dann bist du im Eimer. Aber ich habe die Bedenken beiseite geschoben, so war ich als junger Mensch, ich habe sehr positiv gedacht: Wird schon schiefgehen. Vielleicht war ich auch ein bißchen naiv.

Für mich war es ganz wichtig, für die Kinder Zeit zu haben, zu sehen: Wie sind sie? Das eine ist ein bißchen schüchtern, das andere sehr forsch oder vorlaut. Ich wollte sie zu Selbständigkeit und Verantwortung erziehen. Es ist hart, zu sagen: »Nein, das machst du jetzt mal schön selber«, aber anders geht es nicht.

Ich war sehr zufrieden mit meiner Familiensituation, mit uns allen als Vater, Mutter, Kinder. Niemals, wirklich *niemals,* wäre es früher für mich in Frage gekommen, etwas mit einem anderen Mann anzufangen, weder ernsthaft noch aus Spaß, wirklich: niemals.

Trennung, alleine leben mit den Kindern – gut, das ging mir schon manchmal durch den Kopf, *allein* mit den Kindern zu gehen. Da hätten sich alle gewundert: Wieso das denn, was ist denn bei Dagmar und Thomas los? Das hätte uns niemand zugetraut. Und es ist ja auch nicht passiert.

So toll Thomas als Vater war, so lustig und mitreißend er bei Bekannten und Freunden sein konnte – ich kannte auch seine andere Seite. Wenn er wenig gesprochen hat, sich zurückgezogen, zu viel getrunken hat. Anfangs habe ich das gar nicht richtig wahrgenommen. Wie gesagt, ich war vielleicht auch naiv. Daß mein Mann ein Alkoholproblem hatte, war mir wirklich lange nicht bewußt – es ist ja auch nie aufgefallen.

Er hat in der Firma eine glänzende Karriere hingelegt, jedes Jahr ging es eine Sprosse weiter nach oben. Wie gesagt: Wir waren ein tolles Team, ich konnte mich auf ihn verlassen, und doch wurde es eigentlich für mich immer schlimmer. Manchmal hatte ich abends Angst, wenn es später geworden war, er nicht kam und es klingelte: Es hätte die Polizei sein können, er hätte einen Unfall gehabt haben können. Irgendwie habe ich damit gerechnet. Aber er ist nie in eine Verkehrskontrolle gekommen, nie aufgefallen. Jedenfalls hab ich nichts davon gemerkt.

Mein Mann und ich wollten uns mal trennen, als die Kinder klein waren, Sandra war noch nicht in der Schule, Marion in der zweiten oder dritten Klasse. Wir hatten beide gemerkt, daß was nicht stimmt. Wir haben viel gezankt wegen nichts, konnten uns aber auch nie richtig aussprechen und herausfinden, woran es wirklich lag. Da wurde viel auf seine

Arbeit geschoben, die Überstunden, die er damals fürs Haus gemacht hat. Jedenfalls: Thomas und ich haben uns damals gegen Trennung entschieden, wegen der Kinder.

Manchmal habe ich mich auch später allein mit den Kindern gesehen. Aber die Angst davor: Was ist denn dann, du alleine mit den Kindern, ohne Beruf, ohne Betreuung für die Kinder, wovon hätte ich denn leben sollen? Nein, das kam nicht in Frage. Ich hab mir immer gesagt: Du wartest. Bis sie groß sind. Danis 18. Geburtstag, das war das magische Datum, der Geburtstag von unserem Jüngsten am 1. November. Das hat mir irgendwie Halt gegeben über die Jahre, ich dachte: Bis dahin wartest du.

Daß ein anderer Mann in meinem Leben auftauchen könnte, stand für mich nie zur Debatte. Ich meine: Wen lernt man denn auch schon kennen, wo kommt man denn groß hin? Schauspieler, Promis, ja, die lernen in ihrem Beruf dauernd neue Leute kennen, die lassen sich dann ja auch scheiden, heiraten wieder neu. Aber unsereiner? Es ist natürlich auch so: Erfolg und Geld machen schön – denken wir nur an Boris Becker, der hätte doch null Chance bei den Frauen, wenn er nicht so bekannt und erfolgreich wäre.

Bei mir drehte sich eigentlich immer alles um die Kinder, aber die wurden ja immer selbständiger. Bis der 18. Geburtstag von Dani näher rückte, habe ich mir immer wieder vor Augen gehalten, fast wie ein Mantra, gebetsmühlenartig: Es ist nicht ewig hin, es ist nicht die Hölle, es ist noch nicht mal unerträglich – wenn Dani 18 ist, kannst du dein Leben noch mal neu starten.

Leider kam dann Danis Abitur dazwischen. Er hatte sehr hart zu arbeiten, um einen guten Durchschnitt zu schaffen, da war also nichts mit Entscheidungen...

Aber ich habe dann vor zwei Jahren etwas getan, womit ich nie gerechnet hätte: Ich habe Männer kennengelernt. Gar nicht richtig, jedenfalls anfangs, nur im Internet. Wir

hatten so einen Anschluß zu Hause, mein Mann ist ja Inge-
nieur, für ihn gehört der Computer schon lange dazu. Für
meine Kinder ist es auch das Selbstverständlichste der Welt,
das Internet zu nutzen, alles mögliche zu googeln, online
Klamotten zu bestellen. Marion hat immer wieder gesagt:
»Mutti, ich zeig dir, wie das geht, laß uns doch mal…« Aber
ich wollte nicht. Ich hatte schon Angst, sie denkt, ich schätze
ihr Angebot nicht, aber so war's nicht, ich hasse einfach alles
Technische.

Ich hatte ja lange gedacht, ich brauch das nicht mit dem
Internet. Dann habe ich gemerkt: Dafür bist du zu jung, um
ohne Internet bis ins Alter klarzukommen – irgendwann
wird man nur noch *so* seine Fahrkarten kaufen, Überweisun-
gen erledigen. Ich hab mir das also von den Kindern und
meinem Mann, ja, ausgerechnet meinem Mann, erklären lassen und bin dann alleine rumgesurft.

Irgendwann ist es passiert, es war nur eine Frage der Zeit:
Ich habe mich in einem Flirt-Chat eingeloggt. Man merkt ja
sehr schnell, wer da schreibt, ob jemand ernsthaft ist. Du
merkst das daran, wie die schreiben, was die schreiben. Weil
Martin und ich uns ähnlich fremd in unseren Ehen fühlten,
sind wir uns in drei Monaten sehr, sehr nahe gekommen.
Wir haben uns in den ersten Wochen abends am PC unser
ganzes Leben erzählt, ich saß dabei in meinem Arbeitszimmer, mein Mann in seinem.

Ich war meinem Mann immer total treu gewesen. Wenn
wir ausgegangen sind, hat er manchmal gesagt: »Hast du gesehen? Der hat dich den ganzen Abend über angeguckt.« Ich
habe davon nie etwas mitbekommen. Weil ich es nicht mitbekommen wollte. Ich war nicht offen dafür, es war wie mit
Scheuklappen. Ich hätte es nicht gewollt, jemanden kennen-
zulernen, ich wollte meine Familie unbedingt gut durchziehen, es ging nichts darüber, daß da alles in Ordnung ist. Daß
das geklappt hat, habe ich auch meinem Mann zu verdanken,

er war der beste Vater, den man sich wünschen kann. Er ist, wie gesagt, ein unglaublich humorvoller Mensch, kinder- und tierlieb – wir haben immer einen Hund gehabt, immer zwei Katzen im Haus. Thomas war der lustige Papa, der alles mitmacht, dem nichts zuviel ist, der gute Stimmung verbreitet.

Unsere Familie als solche war klasse, wir haben tolle Sachen erlebt, den normalen Familienalltag, große Geburtstagsfeiern, schöne Weihnachten. Das hatte aber nichts vordergründig mit meinem Mann und mir zu tun, es war immer: *wir beide und die Kinder.* Und das ist etwas ganz anderes.

Eine Liebe, die bleibt ja nicht gleich, die verändert sich, Wunschträume funktionieren nicht, da darf man nicht enttäuscht sein, man sollte sich nichts vormachen. Wobei ich auch finde: Mit 22 muß man das nicht wissen, man kann das gar nicht so wissen wie mit Ende 40.

Als die Kinder etwas älter wurden, habe ich gemerkt: Thomas ist ein toller Vater, aber er ist ein schwieriger Mensch. Wenn ich zum Beispiel dran denke: seine Unfähigkeit, soziale Kontakte aufzubauen, zu pflegen, er hatte keine Freunde. Unsere Freunde waren meine Freunde, ich habe mich um die Treffen mit seinen Kollegen gekümmert …

Zu Hause war er ja immer zugeknöpfter als draußen gewesen, aber in den letzten Jahren hat sich das noch zugespitzt, gerade, wenn wir beide allein waren. Er wurde immer verschlossener, auch aggressiv manchmal – also nicht mit körperlicher Gewalt, aber es gab eben verbale Gewalt. Das reicht, um sich nicht wohl zu fühlen, auch um Angst zu haben. Du bist außerdem in einem Zwiespalt. Das erzählt man natürlich niemandem, die anderen würden auch komisch reagieren: Wieso denn Thomas, *der* ist doch immer so nett. Einzig die Hellseherinnen, die haben gesagt: »Ihr Mann ist anders, als er scheint. Er steht sich selbst im Weg.«

Wenn es so gewesen wäre, daß Thomas und ich ständig gestritten hätten, daß das Familienleben nicht gestimmt hätte, dann hätte ich mich getrennt – aber so war es nicht. Die Kinder sagen heute: »Es war immer nur schön.« Bis auf irgendwelche Kleinigkeiten, die sie mitbekamen, logisch. Ich zehre heute von diesem »Es war immer schön«, ich weiß, daß ich, daß wir da etwas unheimlich Wertvolles geschafft haben, etwas, das den Kindern etwas fürs Leben, auch fürs Leben mit ihren Kindern gibt. Mit unseren Enkeln, die hoffentlich irgendwann kommen werden.

Als ich es den Kindern gesagt habe, daß ich ihren Vater verlassen werde, waren sie überrascht. Sie sind nicht aus allen Wolken gefallen, das nicht, dafür sind sie erwachsen, sie haben auch nicht gesagt: »Aber du und Papa, ihr seid doch ein Traumpaar.« Sie wissen ja mittlerweile auch, wie das ist mit der Liebe, mit dem Partner. Trotzdem waren sie natürlich irgendwo enttäuscht, weil unsere Trennung natürlich auch die Vergangenheit ein bißchen in einem anderen Licht erscheinen läßt. Wobei ich deutlich sage: Es war in Ordnung so, daß ich mich nicht getrennt habe, ich würde es immer wieder so machen. Manche sagen ja: So eine Situation geht doch nicht, da lebt man doch in einer Lüge, aber so war es nicht, meine Wahrheit war für mich die intakte, heile Familie.

Wenn ich mir vorstelle, ich hätte mich früher getrennt: Da wären die Kinder wirklich enttäuscht gewesen, weil sie es nicht verstanden hätten. Und das ist eine häßliche Vorstellung, die Kinder zu enttäuschen, aus purem Egoismus, ich hätte das nicht fertiggebracht zu sagen: »Ich gehe jetzt, ich nehm euch mit.« Ihnen den Vater wegnehmen – nein, das wäre nie gegangen.

Die Trennung war so noch schlimm genug, sie bedeutete ja auch: Das Familien-Zuhause gibt es in *der* Form nicht mehr. Mein Mann und ich, wir hatten ja auch eine Vorstellung davon, wie es einmal sein würde, Großeltern zu sein, mit allen gemeinsam Ausflüge zu machen, den Enkeln in unserem kleinen Swimmingpool das Schwimmen beizubringen. Wenn ich durchgehalten hätte ...

Nein, das Familienleben war schön, selbst in unserer schlimmsten Zeit, mein Mann war perfekt auf seine Art, auch was Beruf und Karriere betrifft.

In den ersten Tagen nach der Trennung hat Thomas sich eingeschlossen und völlig betrunken, da ist er ja nicht der einzige, der so reagiert, sein Bruder hat ihn ins Krankenhaus gefahren, wo er erst mal entgiftet werden mußte. Thomas hat sich dann aber tatsächlich Hilfe bei der Suchtberatung geholt, das, was früher nie drin gewesen wäre, ging auf einmal. Jahrelang habe ich ihn immer wieder bedrängt: Geh mal zu den Anonymen Alkoholikern, laß dir helfen. Ich habe bei ihm hauptsächlich ein Alkoholproblem gesehen, das vielleicht gar nicht mal sooo groß war, vielmehr nur Ausdruck seiner Depressionen, aber wie die sich zeigen, daß eben die Stimmung schwankt zwischen Euphorie und totaler Niedergeschlagenheit, das wußte ich ja nicht.

Nun folgte er also dem Rat der Krankenhausärzte – spät, aber immerhin – und ging zu den AA, den Anonymen Alkoholikern. Er hat auch, wie es ja empfohlen wird, allen im Bekannten- und Freundeskreis und der Familie und bei der Arbeit gesagt, daß er alkoholabhängig ist, dadurch stand dann auch unsere Trennung für die meisten in einem ganz anderen Licht, viele haben das vorher ja gar nicht verstanden. Das ist ja oft so, daß die anderen sagen: Wieso habt *Ihr* euch denn getrennt? Gerade *Ihr*?

Durch sein Geständnis jedenfalls habe ich noch mehr Rückhalt bei den Kindern bekommen und auch bei unserer Umwelt, das war gut. Meine Tochter hat mich oft beruhigt: »Mama, du hast Papa eine richtige Familie gegeben.« Ja. Sie sagt auch: »Du hattest auch Glück mit ihm.« Ja, irgendwie.

Meine Mutter hat mir immer leid getan, die hat unter

meinem Vater gelitten, aber sie hat ihn immer verteidigt, das war eine andere Generation. Meine Töchter würden in so einer Situation nicht bleiben, denke ich. Aber sie haben ihr Studium ja auch noch nicht fertig, noch keinen Beruf, keinen Mann, keine Kinder. Sie wären egoistischer, also nicht im negativen Sinne, ich meine nur: Sie würden an sich denken, sie sind realistischer als ich. Wer weiß.

Ich habe immer noch die Hoffnung, daß unsere Trennung auch für Thomas ein Neuanfang sein kann. So ganz sicher weiß ich das nicht, denn ich höre nichts mehr von ihm. Das letzte war ein Anruf vom Flughafen: »Ich fliege nach Kanada, das wollte ich schon immer.« Stimmt, er hat immer davon gesprochen, daß er am liebsten in Kanada als Holzfäller arbeiten würde, ganz einfach leben, immer im karierten Hemd, das er im Fluß waschen würde, statt morgens in Schlips und Kragen zur Arbeit zu chauffieren. Es ist der Wahnsinn, er hat gekündigt, ich habe mich bei seiner Firma erkundigt!

Seit seinem Anruf haben wir nichts mehr von ihm gehört. Das ist ziemlich verrückt, aber ich kann nichts tun, ich bin für sein Leben nicht mehr verantwortlich.

Ich weiß nicht, was Alkoholsucht war, was Depression. Daß er immer so lustig war nach außen, hat für mich nie gepaßt zu möglichen Depressionen, das konnte ich mir nicht vorstellen, nun habe ich aber im *Spiegel* gelesen, daß Depressionen sich bei Männern anders äußern als bei Frauen, nicht so in Zurückziehen sondern oft auch in Aggression. Ich war erschrocken, wie das auf ihn paßt.

Meine Schwägerin arbeitet als Psychologin auch für die Kripo, sie hat gesagt, daß viele Männer ja durchdrehen, wenn sie verlassen werden, die bringen ihre Frau dann um. Na ja, ich kann mir das schwer vorstellen – aber das konnten sich die Opfer wahrscheinlich auch nicht vorstellen, sonst hätten sie sich doch nicht in Sicherheit gewiegt. Manche Männer wiederum bringen ja nicht ihre Frau um, sondern sich... Ich bin froh, daß mein Mann nur so etwas Verrücktes gemacht hat wie wegzugehen. Ich habe mich schon oft gefragt, wie er wohl reagiert hätte, wenn ich ihn doch vor zehn Jahren verlassen hätte. Hab ich ja aber nicht.

Manchmal denke ich, es ist viel einfacher, sich im Internet in jemanden zu verlieben als real, durch diese schöne Anonymität gibt man mehr von sich preis. Trotz oder gerade wegen der Anonymität ist es eine sehr intime Sache. Und auch zerbrechlich: Man könnte ja, wenn man wollte, einfach den Computer ausmachen. Man will auch nicht unbedingt ein Foto sehen von dem anderen. Wie wäre denn das – du findest jemanden nett und das Foto dann blöd? Was dann?

Martin und ich haben erst eine Woche vor unserem ersten Treffen das erste Mal miteinander telefoniert. Bedenken hatten wir wohl beide, aber wir haben eine Woche lang dann stundenlang telefoniert. Wir wußten praktisch alles voneinander, als wir uns das erste Mal getroffen haben. Ich wußte, daß er seine Frau schon lange nicht mehr liebt, nur wegen der Familie geblieben ist, und bei mir war es ja letztlich genauso.

Er hat auch große Kinder, das ist natürlich ein Riesenvorteil – wenn sich zwei kennenlernen und einer hat keine Kinder, ist es schwer, dem anderen klarzumachen, wo die eige-nen Bedenken liegen, daß man es sich nicht vorstellen kann, 20 Jahre seines Lebens wegzustreichen.

Damals war ich ja noch mit meinem Mann zusammen. Ihm habe ich von meiner ersten Verabredung mit Martin nichts gesagt. Wie auch. Ich kann doch nicht sagen: Da ist einer, den treffe ich, vielleicht ist es ja nichts. Das Vertrauen wäre weg, das sollte man nie tun, *es sagen*. Natürlich kommt man sich in so einer Situation mies vor. Es ist dann ja auch die Frage, ob etwas daraus wird.

Ich wollte Martin wirklich nicht als Rettungsanker haben, so nach dem Motto: Den nehme ich jetzt, der holt mich hier raus. Ich kenne mittlerweile Frauen, die das können und praktizieren. Diese Frauen habe ich im Internet kennengelernt, ich habe da richtige Freundschaften geschlossen.

Ich wollte es meinem Mann sagen, daß ich gehe. Aber da kam das Auslandsstudium von Sandra dazwischen, meiner kleinen Tochter. Sie sagte mir eines Abends, daß sie kurzfristig ein Studienjahr in den USA hätte, ab August. Da wollte ich warten, bis sie weg ist, sie mußte das, was dann vielleicht kommen würde, ja nun nicht hautnah miterleben, vielleicht wäre sie dann gar nicht gefahren. So, wie es sich entwickelt hat, wäre sie wohl wirklich hiergeblieben. Als ich bei meinem Mann mit der Sache rausgerückt bin, habe ich ihr alles am Telefon erklärt. Daß sie dann die nächste Gelegenheit genutzt hat, mit einem Billigflug herzukommen, um mit uns zu reden, ist was ganz anderes.

Mein Mann hat mir nach meiner Offenbarung das erste Mal seit 15 Jahren gesagt, daß er mich liebt. Was sollte ich nun damit anfangen? Das hat mir komischerweise unendlich weh getan. Er liebt mich, er liebt mich – wahrscheinlich hat er nur das Leben mit mir geliebt, und in dem Moment, als ich sagte: Ich gehe, gemerkt, daß es das nun so nicht mehr geben wird. Außerdem verliert man in so einem Moment ja auch ein Stück von der eigenen Vergangenheit: Wir kannten uns seit der ersten Klasse, er hat praktisch mein ganzes Lebens miterlebt, umgekehrt ist es genauso. Und mir war klar: *Du* hast einen neuen Partner, aber Thomas ist gar nicht in der Lage, sich auf jemand neuen einzulassen.

Es ist schon komisch, daß durch die Trennung dann rausgekommen ist, daß unsere Ehe eben nicht so gut war, wie sie nach außen immer ausgesehen hat. Oberstes Gebot war ja immer Schweigen. Das hat mein Mann nie gesagt, das wußte ich von alleine. Es war bei uns in der Gegend nicht üblich, daß man sich scheiden läßt, das ist bis heute so. Ich habe auch nie wirklich mit Freundinnen über meine Ehe geredet, das höchste der Gefühle, auch bei den anderen, war, daß eine mal gesagt hat: »Bei uns ist es nicht so dolle.« Dann wissen die anderen schon Bescheid. Eigentlich kenne ich nur ein Ehepaar, wo sich beide wirklich noch lieben, also nicht nur mögen. Ich möchte alles im nachhinein nicht anders haben, unser Nest hat mich für alles entschädigt, über die Jahre ja auch bestärkt, weiterzumachen. Man sagt sich, das Problem haben andere auch, und das Leben ist kein Wunschkonzert.

Das, was ich jetzt mit Martin erlebe, das ist einfach Glück, es ist schön. Wir haben uns zusammen eine Wohnung genommen – daß er bei seiner Frau ausgezogen ist, war reine Formsache, sie hatten schon nicht mehr viel miteinander zu tun, seit einem halben Jahr hat sie auch wieder einen neuen Freund, der halb bei ihr wohnt. Martin und Angelika werden trotzdem vorläufig verheiratet bleiben, schon wegen der Steuer und so ein paar Sachen, aber das ist okay. Wenn Thomas sich mal meldet, muß ich auch mit ihm über diese Frage sprechen – er war immerhin so fair, vor seinem Verschwinden nach Kanada unsere Finanzen wohlsortiert in einem Ordner auf den Schreibtisch zu legen, ich muß mir keine Sorgen machen, daß mein Geld nicht reicht, daß ich die Kinder nicht im Studium unterstützen kann – Dani macht Zivildienst in einer anderen Stadt, ich habe unser Haus gut vermietet.

Ich lebe also nach richtigen Turbulenzen jetzt recht ruhig. Das mit Thomas wird sich finden. Meine Freundin hat gesagt: »Frag doch die Wahrsagerin, was wird.« Aber das will ich nicht. Die Wahrsagerinnen sagen es ja in der Regel nicht, wenn sie etwas wirklich Schlimmes sehen, dafür haben sie zu viel Menschenkenntnis, sind sie zu sehr Psychologinnen. Und ich habe momentan kein Interesse, in die Zukunft zu sehen, meine Lebensumstände sind im Moment in Ordnung.

Julia, 43, Lehrerin

Drei Kinder – drei Väter
Oder: Werd endlich selbständig

Einmal Mutter, immer Mutter. Oder? Gewiß, aber sind Mütter ein Leben lang fürs Wohlergehen ihrer Kinder verantwortlich? Sie fühlen sich zumindest verantwortlich, wobei Verantwortung auch heißen kann zu sagen: Du bist erwachsen, du mußt für dich selbst sorgen. Oder nicht? Julia hat drei Kinder von drei verschiedenen Vätern.

Wenn die Leute kritteln: »Ihr Sohn ist jetzt aber schon lange zu Hause...«, dann sage ich: »Der hat psychische Probleme.« Dann sagen die Leute: »Gott, die arme Frau.« Julian ist ja nicht der einzige mit Depressionen, das ist doch eine richtige Volkskrankheit. Ich finde es besser, nicht herumzulügen – ich könnte auch was vom Pferd erzählen: »Er bereitet sich auf eine Prüfung für die Uni vor.« Aber warum? Wenn's hintenrum rauskommt, was bei dir wirklich los ist, wird doch noch mehr getratscht, gerade in einer Kleinstadt.

Letzten Monat war ich mit Julian zusammen beim Arbeitsamt – er hat jetzt endlich den Antrag für Hartz IV abgegeben. Aber nur, weil ich ihn massiv bedrängt habe: »Wir fahren jetzt zum Amt.« Ich möchte, daß er hier aus dem Haus auszieht, sobald wir eine Wohnung für ihn gefunden haben. Das ist aber im Moment schwer, die kleinen Wohnungen sind alle weg, wegen Hartz IV. Aber er soll jetzt einfach raus – du mußt dich auch als Mutter irgendwann trennen können. Man muß die Kinder notfalls wegbeißen, wie bei den Tieren auch. Ich würde mich nicht als dominante Mutter bezeichnen, ich habe Julian wirklich eine Menge nachgesehen – aber irgendwann ist Schluß. Er ist jetzt 25, jeder Mensch ist ab einem gewissen Alter für sein Gesicht selbst verantwortlich.

Ich habe drei Kinder. Alles Wunschkinder, 25, 21 und 17. Ich wollte immer drei Kinder, ein Haus und einen Mann. Das mit dem Mann war nicht so vordringlich – der Mann, den ich acht Jahre lang hatte, ist mir vor vier Jahren wieder abhanden gekommen und mit ihm unser Zuhause...

Aber nun lebe ich ja hier in meinem eigenen Haus...

Wer hätte das gedacht...

Daß ich drei Kinder wollte, wußte ich schon lange, schon mit elf, zwölf war mir genau klar: Ich will zwei Jungs und ein Mädchen. So ist es gekommen.

Ich wollte meine Kinder sicher auch, weil ich eine problematische Beziehung zu meiner Mutter habe. Zu meinem Vati nicht, er ist jetzt schon länger tot. Ich dachte wohl, daß ich mich mit einem Kind aus Dingen raushalten kann, die mir aufgedrängt wurden. Speziell von meiner Mutter: Abitur, Studium, einen Doktortitel, groß rauskommen – meine Mutter wollte unbedingt eine akademische Laufbahn für mich! Sie hat sich in alles mächtig reingehängt, ich habe aus ihrer Sicht immer alles falsch gemacht.

Ich dachte: Wenn du hier rauswillst, mußt du zum Studium weggehen. Ich wollte aufs Lehramt studieren, als Fächer Mathe und Physik. Meine Mutter hatte immer so rumgeredet: »Du bist zu verrückt, du bist zu dick, du kriegst nie 'nen Mann.«

In der zwölften Klasse wurde ich schwanger, ich war 18. Für meine Mutter war das ein Drama. Mein Vater hat meinem Bruder und mir gegenüber immer Toleranz gezeigt, er hat gesagt: »Da machen wir das Beste draus.« Ab September hatte ich einen Studien- und Wohnheimplatz in Berlin, Weihnachten wurde Julian geboren.

Ich hab damals sogar ganz ordentlich geheiratet. Ich war aber mehr oder weniger alleine mit dem Kind – mein Mann fuhr weiter zur See, er war eigentlich selber noch ein Kind mit seinen 24 Jahren. Julian und ich haben zusammen bei meinen Eltern gewohnt, aber ich hatte auch weiter mein Wohnheimzimmerchen.

Julian war immer viel mit seinem Großvater zusammen, auch später, das war toll für beide, sie haben viel zusammen gemacht.

Als Julian drei Jahre alt war, bekam ich endlich einen Betreuungsplatz für Julian in Berlin. Nicht so, wie ich mir das gewünscht hatte, die Krippe an der Uni war voll, für meinen Sohn gab es nur einen Platz im *Kinderheim*. Das Kinderheim war ja hauptsächlich für Kinder ohne Eltern, für Waisen, da gab es einen geregelten Ablauf. Obwohl ich um die Ecke wohnte, war es organisatorisch nicht möglich, daß ich Julian abends zu mir hole und morgens wieder bringe. Ich habe ihn also Montag morgens gebracht und Freitagnachmittag abgeholt, wir waren nur am Wochenende zusammen. Manchmal wurde erlaubt, daß ich ihn auch in der Woche sehe.

Die Geschichte mit der Wochenkrippe hat mich schwer mitgenommen, weil ich nicht wußte, wie es meinem Kind geht, wenn es da nachts sein mußte. Natürlich hat er gesagt, er will lieber bei mir bleiben.

Mein Sohn war ein richtiges Mutterkind, wenn wir zusammen waren, kam er immer ins Bett kuscheln, das war sehr schön, er war so ein liebes, nettes Kind. Ich hatte ein schlechtes Gewissen, aber ich mußte froh sein, daß ich diesen Platz hatte. Ich wollte schließlich für mich und Julian das Beste! Ich wollte zu Hause raus – und das ging nur mit dieser Variante. Im nachhinein weiß man alles besser – aber trotzdem war das damals für mich richtig, ich hätte es nicht anders machen können.

Nach einem Jahr haben wir dann einen normalen Kindergartenplatz bekommen. Mein Kind war immer ganz stolz, wenn es mittags alleine nach Hause gehen konnte. Das waren nur zehn Meter – wir wohnten ja in einem Mütterwohnheim.

Julian war ein tolles Kind, er war sehr außergewöhnlich, immer wollte er alles wissen, er hat sich für alles interessiert, das wirkte schon manchmal altklug.

Mein Mann und ich kriegten dann doch eine Wohnung in Stralsund, die natürlich ich besorgt hatte. Wenn mein Mann nicht auf See war, bin ich immer von Berlin aus nach Hause gefahren. An anderen Wochenenden sind wir manchmal die Großeltern in Potsdam besuchen gefahren.

Einmal kam ich mit der Eisenbahn nach Stralsund, war umgestiegen mit Julian an der Hand, das ganze Gepäck dabei... Ich komme in die Wohnung, mein Mann ist da, macht die Tür auf und sagt: »Schön, Mutti, daß du kommst. Machst du uns Abendbrot?« Das war für mich der Auslöser! Ich war nicht seine *Mutti*. Und überhaupt: Ich komme mit Kind und Gepäck nach Hause – hätte er mich nicht wenigstens vom Bahnhof abholen können?

Ich hab mich dann mit der Trennung befaßt. Ich wußte ja: Wenn ich mein Studium zu Ende habe, kann ich arbeiten, ich werde mein eigenes Geld verdienen, ich bin selbständig. Es waren keine Probleme zu erwarten, wie ich als alleinstehende Mutter angesehen würde. Ich machte mir also keine großen Sorgen.

Trotz der Trennungsüberlegungen: Ich wollte, nicht, daß Julian allein bleibt. Ich hab's also drauf angelegt, noch ein zweites Kind zu bekommen. Es gab damals einen Studienkollegen, mit dem hatte ich was. Es war klar, daß da nichts weiter ist – er hatte auch eine Freundin, die war dann ulkigerweise auch schwanger von ihm, als ich schwanger wurde. Ich hatte ihm das gesagt, daß ich ein Kind will, ich hatte ihm auch gesagt, daß ich nie auf ihn zukommen werde wegen Unterhalt oder so...

Ich bin damals mit dem dicken Bauch zu Gericht wegen der Scheidung. Mein Mann sagte: »Wenn du bleibst, erkenne ich das Kind als meins an.« Aber ich brauchte keinen Versorger. Anfang des Jahres war ich geschieden, im Februar wurde mein zweites Kind geboren. Es war schon irgendwie ganz putzig: Im Wohnheim und bei meinen Eltern in der Straße wurde gerätselt, wer der Vater ist. Logisch... – ein Kind, gleich nach der Scheidung.

Julian hatte sich auf sein Geschwisterchen gefreut. Es lief alles gut in meiner Erinnerung. Er hat sich sehr gekümmert, so, wie sich ein kleiner vierjähriger Junge eben kümmern kann, es gab keine Neid- oder Haßgefühle. Ich hatte erst gedacht, auch der Name vom zweiten Kind sollte mit J anfangen, Juliane, Julian, dazu vielleicht Johannes und Jon, aber dann sind wir bei Niklas geblieben. Was heißt wir? *Ich* bin bei Niklas geblieben.

Niklas hatte lange einen Ausschlag am ganzen Körper. Das muß häßlich gewesen sein, aber für mich war er das schönste Kind der Welt. Für meine Mutter war es schrecklich, daß mein zweites Kind nicht von meinem Mann war. Sie hat Niklas immer anders behandelt als Julian. Für meinen Vater war es egal, von wem das Kind war.

Vielleicht sind damals Spannungen entstanden, Julian war ein echtes Mutterkind. Niklas war ganz anders, er ließ sich nie drücken. Ich kenne das, ich mochte das als Kind auch nicht. Julian war so ein kleines, feingliedriges Kind. Niklas dagegen war ein richtiger Proppen. Er hat alles gegessen, so sah er auch aus. Er war aber nicht fett, er war einfach richtig kernig. Er hat sich ganz früh hingestellt, das war noch in seinem Wagen. Ich hatte den Wagen schön mit einem Netz abgedeckt, und er meinte, er müßte da mal rüberkucken. Er war halt ein ganz anderes Kind als Julian. Julian war ruhig und bedächtig. Er konnte stundenlang sitzen und Klötzchen stapeln.

Man muß ja Kinder nicht gleich erziehen. Erziehen ist sowieso so ein blödes Wort, man erzieht Kinder ja nicht wirklich, man lebt mit ihnen, so, wie sie sind. Ich lebte mit meinen beiden in einem Zimmer im Wohnheim. Es war schön
mit den beiden in einem Raum, wir haben uns gut verstanden. Ich begreife es immer nicht, wenn Eltern ein ganz kleines Kind haben, dann in einem Bett zusammen schlafen,
und das Kind muß alleine im Zimmer nebenan liegen.

Die Gemeinschaft im Wohnheim war sehr schön, es gab
den Kindergarten für Julian, die Krippe für Niklas. Ich hatte
das Gefühl, daß man sich um meine Kinder dort gut kümmert. Julian ist Linkshänder, das heißt, er ist beidhändig. Wir
haben uns im Kindergarten geeinigt: Schreiben mit rechts,
weil das für unsere Schrift ja wirklich besser ist, alles andere
mit links. Er hätte auch mit links schreiben dürfen, der Kindergarten hat wirklich immer versucht, die Kinder zu fragen,
sie einzubeziehen.

Es war diese angenehme Situation im Osten: Man hatte
Sicherheit. Während des Studiums hatte ich ein Stipendium,
das hatten ja alle Studenten für ihren Lebensunterhalt. Es
war klar: Ich werde Arbeit finden. Heute hätte ich sicher nur
ein Kind bekommen. Aber wer weiß – vielleicht würde ich
mich heute ja auch trauen.

Mein Professor hat mich dann jedenfalls durch eine Prüfung fallen lassen – er konnte Mütter im Studium nicht leiden. Da habe ich dann noch ein Jahr rangehängt und es dann
geschafft.

Ich fing an, als Lehrerin zu arbeiten. Mein Beruf hatte den
großen Vorteil, daß ich mittags fertig war. Die Kinder waren
gut untergebracht, haben viel gelernt. Mittags habe ich die
Kinder abgeholt, und in der Zeit, die wir dann hatten, konnten wir intensiv etwas zusammen machen.

Mir war damals nicht bewußt, daß unsere Situation etwas
Besonderes war. Letztes Jahr hat mir bei einem Studientref-

fen eine ehemalige Kollegin gesagt: »Du hast schon immer
dein Ding durchgezogen.«

Wieso bin ich so, wie ich bin? Das hab ich mich oft gefragt. Mein Vater hatte einen Sohn und eine Tochter. Er war
der Auffassung: Mann und Frau sind gleich viel wert. Ich
hab mich immer auch für alle Jungssachen interessiert, also
Elektro, Holz, und er hat mir alles erklärt. Als ich geschieden
war, habe ich mir sofort eine Bohrmaschine gekauft. Ich
habe ein Händchen fürs Handwerkliche. Ich kann meine
Zimmer selber tapezieren, da muß ich keinen fragen, und
damit ich nicht immer jemanden bitten muß, mir ein Loch
in meine Betonwände zu bohren, hab ich mir mittlerweile
auch noch eine Schlagbohrmaschine zugelegt.

Meine Mutter ist 1938 geboren. Bei ihr zu Hause ging's
sehr prüde zu. Mein Vater hatte acht Geschwister. In seiner
Familie waren mehr oder weniger alle Lehrer, also alle
machten etwas Pädagogisches, manche waren auch Erzieher. Mein Großvater war Schnitter, aber blitzgescheit. 1916
wollte ihn jemand studieren lassen, aber er mußte in den
Krieg. Mein Vater hatte Glück, er konnte eine richtige Ausbildung machen.

Ja, was man vererbt gekriegt hat, ist doch wichtig, ich kann
das beurteilen, weil ich drei verschiedene Kinder habe, also
von drei verschiedenen Vätern. Wenn ich meinen Großen
angucke: Der ist immer zur Selbständigkeit angehalten worden. Von mir hat er die Neigung, viel nachdenken zu müssen, leider auch die Depressionen. Und vom Vater hat er be-
dauerlicherweise die Antriebsarmut.

Meine Kinder kannten es nicht anders, als daß ich alles alleine gemacht habe, sie fanden das normal. Für den Vater
von Julian war die Scheidung ja ganz furchtbar gewesen, was
hatte er nicht alles gesagt, wie er sich kümmern wollte, aber
dann war da *gar nichts,* er hat noch nicht mal eine Geburts-
tagskarte geschrieben.

Meine Kinder hatten das Glück, mit dem Großvater eine männliche Bezugsperson zu haben.

Und es gab eine ältere Nachbarin, die war für mich wie eine zweite Mutter, die hat sich viel um meine Kinder gekümmert. Das war überhaupt alles sehr selbstverständlich, jeder hat sich um die Kinder des anderen mitgekümmert im Haus, das war normal. Genauso normal war, daß kein Mann bei uns war... Ich hatte doch während des Studiums diese Wohnung in Stralsund errungen, da wohnten lauter anständige Familien mit im Haus, also: Vater, Mutter, Kinder. Allerdings fuhren die meisten Männer zur See, so daß die Frauen und Kinder auch meist ohne Mann waren – so wie ich jetzt in Berlin.

Das war schon alles ganz gut und richtig so damals. Das heißt: Bei meinem zweiten Sohn habe ich vielleicht doch ein bißchen einen Fehler gemacht, also heute würde ich sagen, daß es falsch war. Ja. Ich habe Niklas nämlich gesagt, daß sein Vater tot ist. Und es war ja auch irgendwie ein bißchen so, mir erschien es ja, als wenn sein Vater nicht existent wäre. Es war ein Fehler, das zu sagen, ja, aber ich hab's gemacht. Ich dachte, es wäre am einfachsten so. Ich habe Niklas dann die Wahrheit gesagt, als er 14 war, also mitten in der Pubertät. Das hat ihn verletzt damals, das ist mir schon klar, unserem Verhältnis hat das lange geschadet. Ich habe Niklas gesagt, daß er versuchen kann, Kontakt zu seinem Vater aufzunehmen. Er wollte das erst nicht, hat es dann probiert, aber der Vater hat nicht reagiert.

Heute verstehen Niklas und ich uns gut, ich glaube, für ihn ist mein Verhalten von damals wenigstens nachvollziehbar. Er ist ja jetzt 21, macht Zivildienst in Nürnberg, sobald Probleme auftauchen, hängt er sich ans Telefon und klingelt durch, er weiß, daß ich die Person bin, die immer 'ne Antwort hat. Er sucht richtig nach Familie, er kommt auch oft her.

Als letzte ist meine Tochter Jana geboren, vor 17 Jahren, kurz vor der Wende. Mit meiner Tochter ist alles ein bißchen anders. Sie ist eine richtige Frau, sie hat es auch nicht leicht mit dem Lernen, aber sie lernt für ihr Abitur, obwohl sie weiß: Studieren will sie nicht. Sie weiß, was sie möchte und was sie nicht möchte.

Ihren Vater habe ich beim Tanzen kennengelernt. Ich ging ja kaum aus, aber an diesem Wochenende waren die Kinder bei meinen Eltern, eine Freundin überredete mich: »Ich geh aus, komm doch mit.« Wir haben uns in der Bar einen Platz erkämpft. An dem Abend war da auch eine größere Gruppe Männer – eine Handelsdelegation aus Skandinavien, wie sich rausstellte. Morten kam aus Oslo – um Mitternacht sind wir mit dem Taxi zu mir nach Hause gefahren. Zwischen zwei und sechs ist dann meine Tochter entstanden.

Ich habe Morten geschrieben, daß ich schwanger bin. Er hat auch sehr nett zurückgeantwortet. Morten und ich haben uns weiter geschrieben, alles sehr nett.

Irgendwann kamen die Briefe zurück mit dem Stempel: *Empfänger verstorben.* Ich brauchte ja wenigstens eine Sterbeurkunde, ich habe mich also ans Amt gewendet. Und es stellte sich raus, daß Morten in keinster Weise tot war – er arbeitete mittlerweile im Postministerium und hatte sich da wohl den Stempel besorgt, *Empfänger verstorben.* Heute hört sich das lustig an, wenn man das so erzählt…

Ich nehme an, er war verheiratet.

Das Ende vom Lied war jedenfalls für ihn, daß er wegen Urkundenfälschung belangt wurde, und seinen Job wird er auch verloren haben. Da diese Geschichte nun amtlich war, klemmte sich ein Anwalt hinter den Unterhalt, ohne daß ich das gewollt hätte. Unterhaltsangelegenheiten wurden in der DDR sehr ernst genommen. Zahlte ein Vater zu DDR-Zeiten den Unterhalt nicht, wurde in Null Komma nichts das Gehalt gepfändet. Mütter, die alleine lebten, die sich von ihren Männern getrennt hatten und Unterhalt bekamen, waren in einer anderen Situation als heute. Es gibt wohl kaum etwas, das bei Gericht so verschleppt wird wie Unterhaltssachen, da können Frauen jahrelang hinterherlaufen.

Wir bekamen jedenfalls dann am Ende keinen Unterhalt aus Norwegen – das Verfahren schlief nach der Wende ein und ist auch nicht wieder aufgewacht.

Mit Jana war ich anderthalb Jahre zu Hause, dann habe ich wieder angefangen zu arbeiten. Die Großen waren neun und fünf, wir wohnten jetzt in einer Dreiraumwohnung, hatten eine gute Hausgemeinschaft, ich hatte Arbeit und an Ort und Stelle einen Krippenplatz für Jana.

Ich war die Mutter und der Chef der ganzen Bande. Auch als die Kinder größer wurden, haben wir gut zusammengelebt. Es gab Spielregeln, daß man zum Beispiel nicht allzuspät ins Bett ging. Es gab auch die Regel: Wenn ich aus der Schule komme, brauche ich meine Ruhe. Jeder hat erst mal eine halbe Stunde nur für sich, dann kann man wieder was miteinander machen.

Obwohl ich einen Mann nicht unbedingt brauchte für mein Leben, hab ich versucht, mich zu verlieben, aber so geht das nicht. Vor zehn Jahren, mit Mitte 30, habe ich dann einen Mann getroffen – die Hormone sind einfach rotiert. Das passiert mir nicht noch mal, das kannste wissen. Aber damals war ich nur verliebt und schnell bereit, mit Kindern und Gepäck in Herberts altes Fachwerkhaus hier im Ort zu ziehen.

Ich habe teilweise meine Kinder vernachlässigt, so sehe ich das heute – ich habe mich viel um Herbert kümmern müssen, in Haus und Garten war auch viel zu machen.

Acht Jahre lang habe ich mein Geld und meine Kraft in dieses Haus gesteckt. Als ich einzog, war der Garten eine Wüste, als ich auszog, blühten überall Blumen, Wein rankte an der Fassade, und den alten Jägerzaun hatte ich durch eine

Wildsträucherhecke ersetzt, die im Herbst Früchte trägt. So ein schöner Garten...

Aber es ging nicht mit Herbert und mir. Ich hatte am Ende das Gefühl: Ich habe nicht drei Kinder und einen Mann – ich habe vier Kinder. Er hat sich im Zusammenleben als richtiger Pantoffelheld entpuppt. Irgendwann fiel mir auf, daß er immer am Tisch saß, frühstückte, Zeitung las – ich war schon fertig und fing an, die Spülmaschine einzuräumen. Ich habe zu Hause *alles* gemacht – und wir waren *beide* berufstätig. Mein Ex war in der Schulverwaltung, dadurch hatten wir uns kennengelernt.

Wir sind sogar noch zu einer Partnerberatung gegangen. Es ist schnell klargeworden: Ich bin abhängig in dieser Beziehung. Ich hatte mein ganzes Geld und meine Kraft in dieses Haus gesteckt – er stand aber allein im Grundbuch. Der Berater hat sehr geholfen, wir haben es hingekriegt, uns zu einigen – Herbert mußte mich auszahlen.

Ich habe damals auch lange mit einer Beraterin in der Diakonie gesprochen, ich wußte, daß es richtig ist für die Familie, wenn wir ausziehen.

Ich weiß aus eigener Erfahrung, Depressionen sind schlimm. Nach der Trennung von meinem Lebensgefährten war ich deswegen auch beim Psychologen. Das hab ich auch offen erzählt, das war mir nicht peinlich, ich hab gesagt: »Das ist jetzt so, und ich brauch das jetzt.« Ich bin sehr gläubig, ich bin auch bei uns im Kirchengemeinderat. Da sind viele ältere Damen. Die haben mich sehr unterstützt in der Trennungszeit, mit Zuspruch: »Sie schaffen das.«

Der Gedanke, nach dem Leben in diesem schönen Haus, diesem schönen Garten, wieder in eine Etagenwohnung zu ziehen, war mir ein Graus. Schon wegen der Katze und meinem Hund, einem Golden Retriever, der ist uns zugelaufen.

Ich hatte ja nun gut 50000 Euro in bar, überall entstanden damals so neue, kleine Siedlungen. Ich fragte mich, ob ich nicht auch bauen kann. Die Bank hat gesagt, 50 000 Euro Kredit würde ich kriegen, dazu Eigenheimzulage, Baukindergeld...

In einem neuen Siedlungsgebiet habe ich ein kleines Grundstück gekauft, dann bin ich zu einem Bauunternehmer hin und habe den gefragt: »Was können Sie mir für die Summe × hier hinstellen?« Er hat mir zwei Häusertypen gezeigt, die passen würden, alles komplett mit Wasserhähnen, natürlich aus dem Baumarkt. Da sitzen wir jetzt drin. Drei Kinder, ein Haus... Ein Mann war ja auch nicht das vordringlichste.

Es ist zwar eigentlich alles okay gelaufen mit den Kindern, aber manchmal hat man doch Zweifel, gerade wenn ich meinen Ältesten betrachte. Daß andere ihn für einen Versager halten, ist mir egal – er ist benachteiligt, weil er zu viel denkt. Er war schon früh ein Einzelgänger, das fiel auf. Er kommt nur aus sich raus, wenn er etwas geschafft hat. Mit sozialen Beziehungen kommt er nicht gut klar.

Ich war früher auch so. Aber Leute, die früher Abitur gemacht haben, wurden an die Hand genommen, heute löst sich der Klassenverband doch schon ganz früh auf. Ich hatte ab der dritten Klasse bis zur zehnten einen festen Klassenverband, wir haben zusammengehalten.

Nach der Wende ist Julian zu meinen Eltern nach P. gezogen, weil er da auf ein bestimmtes Gymnasium sollte. Diese Schule war gut, die war zur Wendezeit fertig strukturiert. Es war allerdings schon ein Problem, daß er bei den Großeltern gewohnt hat, weil er bei meiner Mutter oft genauso angeeckt ist wie ich früher.

Am Wochenende kam er nach Hause, das Wochenende hatten wir dann für uns. Da war er immer sehr aufgeschlossen. Unsere Wochenenden waren immer sehr intensiv, mit Julian konntest du Musik hören, in Konzerte gehen, Ausstellungen besuchen.

Niklas ging dann später auch auf dieses Gymnasium, aber er kam mit meiner Mutter nicht klar. Er ist dann lieber jeden Morgen mit der Straßenbahn in die Innenstadt gefahren. Er hatte es schwerer vom Lernen her, er mußte sich auf den Hintern setzen, aber das war für ihn nicht so problematisch. Niklas geht auf Leute zu. Er ist ein richtiger Mann, wie man sich das so vorstellt. Er ist groß, gut gebaut, und das weiß er auch, die Mädels rennen ihm die Bude ein.

Das Abi hat Julian geschafft. Er hatte einen Traum: Physik zu studieren. Er hatte mit elf die Relativitätstheorie besser verstanden als ich. Aber er ist auf die Dauer nicht klargekommen. Sein Problem war immer der Kontakt zu anderen. Er ist der Typ, für den die Vereinzelung an der Schule oder noch mehr an der Uni nicht gut ist. Wir hatten an der Uni eine feste Seminargruppe, wir haben zusammen gelernt, uns gegenseitig mitgezogen.

Auch wenn heute, gerade im Westen, viel geredet wird über das Studium in der DDR: Es hatte Sinn und Verstand, es gab einen klaren Aufbau. Wir hatten regelmäßig Prüfungen: Du wußtest immer, wo du gerade stehst. Du hast selbst gemerkt: Vorsicht, da bin ich hinten dran, da muß ich was machen. Es gab Patenschaften, also ältere, die sich um jüngere gekümmert haben, auch um ausländische Studenten. Ich habe eine Zeitlang mit einer jungen Mutter aus Mosambik gelernt, die hat mir gesagt: »Mit dir macht das Lernen viel mehr Spaß als mit den anderen, die sagen immer: Das und das müssen wir noch machen. Du sagst immer: Das und das haben wir schon geschafft.«

Nach dem Abitur hat Julian angefangen, Physik zu studieren, aber dann hat er es abgebrochen. Er kam nicht klar. Ich denke, er war damals kurz vorm Selbstmord, das habe ich gemerkt. Ich habe dann dafür gesorgt, daß er eine Ausbildung zum Wirtschaftsassistenten machen konnte, wo er unter Leute kam. Das hat ihm gutgetan, ich hatte das Gefühl, jetzt ist er auf dem Weg… Aber als die Ausbildung fertig war: Ende Gelände. Die anderen hatten einen Praktikumsplatz – er nicht.

Ich habe ihm dann ein zweites Studium aufs Auge gedrückt, BWL, Betriebswirtschaft. Manchmal, wenn er abends in der Stadt noch auf eine Fete gehen wollte, habe ich gesagt: »Mensch, bleib doch da, schlaf bei einem Kumpel, das ist doch viel praktischer.« Aber er wollte partout nicht.

Dann war da die Sache mit dem Bafög-Antrag. Er hätte Bafög bekommen für sein zweites Studium, das war klar. So dicke hatte ich es nun auch nicht, daß er aufs Bafög hätte verzichten können, also war ich ein bißchen hinterher, daß er den Antrag auch abgibt. Irgendwann habe ich beim Amt erfahren: Es lag gar kein Antrag vor…

Er hatte ihn nicht abgegeben!

Und ich hatte ihm immer Geld vorgeschossen. Er war einfach nicht in der Lage zu ganz normalem Sozialkontakt. Bei Behörden war es besonders schlimm: Er konnte sich nicht überwinden, seine Ansprüche anzumelden. Dann hat er sich fürs zweite Semester nicht eingeschrieben, weil er ja kein Geld für die Einschreibgebühren hatte! Er hockte nur noch zu Hause, schlich durchs Haus. Irgendwann war er weg, er blieb zwei Wochen verschwunden.

Irgendwann hörte ich von Nachbarn: Sein Auto steht am Park, da drückte er sich rum. Ich bin dann hingefahren und habe ihm gesagt: »Entweder du kommst jetzt mit nach Hause, oder du verschwindest ganz aus unserer Gegend. Entweder, du machst jetzt eine Therapie – oder du gehst.«

Wir haben ein Jahr gekämpft. Ich habe auch für einen Kontakt zur Sozialarbeiterin gesorgt, die hat beim ersten Gespräch mitgekriegt, was Sache ist, daß er psychologische Behandlung braucht. Sie hat auch mich beruhigt, hat gesagt, daß ich nicht für immer und für alles verantwortlich bin, man ist ja doch unsicher. Aber offenbar war Julians Leidensdruck noch nicht groß genug, er ging einfach nicht mehr hin. Eine Zeitlang hat er viel im Haus gemacht. Damit er Sozialhilfe bekommt, habe ich zu viel verdient, genau 30 Euro.

Dann hatte ich das Glück, einen entfernten Cousin zu treffen, der hat eine Ferienanlage an der Ostsee, der suchte ein Mädchen für alles. Julian ist hingefahren und dageblieben. Er hat ordentlich gearbeitet und schien auch zufrieden.

Irgendwann kam Post von der Landesjustizkasse. Ich habe die aus Versehen aufgemacht und las: Soundsoviel Euro sollten zwangseingetrieben werden, keine große Summe. Ich habe Julian angerufen, er kam sofort. Und blieb. Er fuhr nicht mehr zurück zur Arbeit. Er ging auch nicht zum Sozialamt, was ich wollte, damit er Unterstützung kriegen kann und vielleicht auszieht. Ich sagte: »Stell einen Antrag.« Irgendwann war klar: Er tut es nicht.

Ich meine, wenn man Probleme hat, kümmert man sich doch drum, daß man Hilfe kriegt.

Er macht das nicht.

Letzten Monat habe ich gesagt: »Ich geb dir 50 Euro, und du fährst zurück zur Arbeit an die Ostsee – oder wir gehen morgen zusammen zum Arbeitsamt.« Er hat zugestimmt, daß wir hinfahren. Er saß am Steuer, er wußte immerhin, wo das Amt ist!

Er hatte aus meiner Sicht nur eine letzte Wahl: allem zuzustimmen, wenn er vorerst sein Dach über dem Kopf hier behalten wollte. Ich will, daß er endlich selbständig wird, mit eigenem Geld, und sei es mit Sozialhilfe.

Im Moment geht es, dadurch, daß er Geld kriegen wird. Das hilft komischerweise. Er liest jetzt wieder viel, nicht Pillepalle, sondern Philosophie oder Naturwissenschaften. Ich sehe das, wenn ich in sein Zimmer komme. Trotzdem: Wenn wir die Wohnung finden, ist Schluß. Möbel, Geschirr ist alles da, kann er alles mitnehmen, das sage ich ihm auch. Auch, daß wir uns dann gerne zum Kaffee treffen können.

Christine, 39, Bankkauffrau

Showdown im Badezimmer
Oder: Ich bin Mutter – und Mensch

Sind die süß, denken Nachbarn über Christines kleine Töchter. Sind sie. Aber auch die niedlichsten Mädchen können manchmal kleine Biester sein und die Geduld der Großen gnadenlos testen... Ralf ist die Woche über meist 500 Kilometer weit weg für seinen verantwortungsvollen Marketingjob, Christine hat sich in ihrem Rund-um-die-Uhr-Kinder-Alltag im gemütlichen Reihenhaus humorvoll eingerichtet...

Ich hab Kinder schon gemocht, bevor ich selbst welche hatte. Wenn Frieda und Luise nicht meine Töchter wären und ich uns in manchen Situationen sehen würde, würde ich denken: Hat die's nicht im Griff? Ich habe schon mal die Fenster zugemacht, weil Frieda derart geschrien hat, daß ich dachte: Die Nachbarn müssen glauben, hier ist sonstwas los. Frieda hat geschrien, als wenn man sie an die Wand genagelt hätte, wie den Gekreuzigten.

Was war passiert?

Eigentlich nichts, ich hatte meiner Tochter das Brot *durchgeschnitten*, in zwei Hälften!

Frieda konnte sich schon immer gut wehren. Inzwischen hat sich das ein bißchen abgeschwächt, auch das Schreien.

Apfelschorle eingießen – da *muß* für Frieda *erst* das Wasser eingegossen werden, *dann* der Apfelsaft. Jetzt kann sie wenigstens erklären warum, sie sagt: »Sonst vermischt es sich nicht richtig, man schmeckt den Apfelsaft nicht.« Als mal jemand anderes *falschrum* eingegossen hat, ist Ralf blitzschnell davorgesprungen und hat das verdeckt. Ralf und ich gießen – auch wenn Frieda nicht dabei ist – Apfelschorle nur noch richtig ein. Manche würden sagen: Sag mal, spinnen die? Aber ich gönn ihr diese Marotte. Ich grinse richtig über mich, wenn ich Schorle eingieße.

Was ich persönlich schon immer unmöglich fand: Wenn Kinder sich im Supermarkt auf den Boden werfen und brüllen.

Frieda macht das nicht! Aber neulich wollte ich *nur schnell* in den Supermarkt eine Kleinigkeit holen, ohne Wagen, nur schnell durchrennen. Das ist natürlich illusorisch, mit zwei Kindern, vier und zwei Jahre alt, ohne Wagen – da *bist* du nun mal nicht schnell. Und Luise besteht natürlich drauf, auch zu laufen, wenn ihre große Schwester läuft. Wenn wir Zeit haben, ich ganz entspannt bin, gönne ich ihr das ja auch, obwohl du mit zwei Kindern ja immer unter Strom stehst: Räumen die jetzt ein Regal aus? Kippt was um? Und überhaupt: Wo sind die Kinder? Plötzlich siehst du sie nicht mehr, Luise ist 85 Zentimeter groß. Man kann auch tolle Spielchen machen, »Huhu, such mich, ich bin hinterm Regal«, aber da setzt sich Mama dann durch.

Was überhaupt nicht geht: Diese kleinen Einkaufswagen, möglichst noch jedes Kind mit einem eigenen.

An diesem Tag jedenfalls: Na ja, Luise blieb plötzlich vor dem Joghurtregal zurück und rührte sich nicht vom Fleck, einen Erdbeer-Joghurt im Blick. Ich will sie energisch an der Hand wegziehen, da merke ich, wie sie schon ein bißchen in den Knien einknickt, sie war nicht zu bewegen. Ich hab genau gemerkt, wie sich die Situation zuspitzt, aber das wollte ich nicht. Ich habe sie mir also unter den Arm geklemmt und bin mit der zappelnden Wurst zur Kasse. Ich hatte mir schon vorgenommen: Wenn sie gar nicht aufhört, stelle ich die paar Sachen ab, bringe Luise raus ins Auto und bezahle dann. Aber sie hat sich dann wieder beruhigt.

Man hat ja so seine Idealvorstellungen, wenn man Kinder bekommt: nicht schreien, nicht schimpfen, man kann alles in Liebe erklären. Als Frieda zweieinhalb war und Luise noch ganz klein, fand ich mich eines Tages das erste Mal schreiend im Kinderzimmer. Frieda hat, wie gesagt, viel Energie, sie hatte eine Stunde lang geschrien und geschimpft, das war extrem.

Mein Mann war damals für ein halbes Jahr in Frankfurt, ich habe Luise noch gestillt, ich war sicher ungeduldig, ich war so müde und kaputt.

Luise trank immer sehr langsam, es dauerte eben. Ich erinnere mich noch genau, oft waren wir gerade mit Stillen beschäftigt, da kam Frieda, sagte, sie muß aufs Klo. Eigentlich konnte sie das schon alleine, aber sie *wollte* nicht alleine. An einem Nachmittag habe ich ihr gesagt, daß sie dann eben einen Moment warten muß – sie hat dann vor der Klotür in die Hosen gemacht. Da denkst du dann: Herrje, wieso nun auch noch das?

Es gab damals Situationen, die eskaliert sind, sicher auch manchmal, weil *ich* zu laut war. Ich hatte ja immer gedacht, daß mir nie die Hand ausrutschen könnte, aber einmal hat Frieda auch einen Klaps bekommen, wir hatten uns im Kinderzimmer angeschrien. Da dachte ich: Das paßt doch gar nicht zu dir. Ich habe dann überlegt: Was mußt du ändern? Ich habe auch viel mit Ralf geredet. Und dann bin ich in der nächsten Zeit in solchen Situationen, die laut und lauter wurden, einfach zurückgetreten, bin auf Abstand gegangen, habe gesagt: »Frieda, ich finde das jetzt gar nicht mehr schön.«

Sie wurde dann überraschend schnell ruhig und hat gesagt: »Ja, Mama, ich finde es auch nicht schön.«

Ich gehe schon lange alles gelassen an, auch ein Thema wie das Aufräumen. Kinder haben ja so ihre eigene Welt. Wenn ich sehe, wie ausdauernd Frieda in einem Babyborn-

oder Playmobil-Prospekt blättert, bei Luise fängt das auch schon an. Frieda hat einen Playmobil-Prospekt, der ist schon ganz zerfleddert, er fällt bald auseinander. Neulich hab ich gefragt, ob der nicht weg kann. »Nein«, hat sie da gesagt, »das ist eine ganz wichtige Post, die muß mit auf den Stapel.« Ralf und ich haben einen Stapel für wichtige Sachen, da hat sie ihren Prospekt mit raufgelegt.

Frieda ist ein komplettes Opfer der Mädchenindustrie, Glitzer und Rosa findet sie superschön. Dabei ist sie durchaus der lebhafte Typ, sie hat auch Autos und einen Werkzeugkoffer von Bosch, aber der Arztkoffer ist ihr noch lieber. Das Schminkset haben wir bisher erfolgreich abgewehrt …

Aber dieses Blättern im Babyborn-Prospekt: »Ich brauche noch dies und das und das.« Das kriegt sie natürlich nicht alles. Neulich hat sie ernsthaft gemeint, sie bräuchte einen Badeanzug, eine Taucherbrille und einen Schnorchel für ihre Puppe. Ich dachte: Bevor die Puppe das kriegt, kaufe ich doch erst mal einen Badeanzug für meine Tochter. Sie hatte bisher nur eine Badehose und natürlich auch keine Taucherbrille.

Es muß irgendwas in den Genen sein. Also, *ich* war nicht die Puppenmutti, ich war immer die schnellste, wenn's darum ging, über einen Baum aufs Dach zu kommen. Einmal hat mich eine Schulfreundin mit dem Puppenwagen abgeholt, den haben wir dann rumgeschoben, aber ich fand's schrecklich langweilig. Bis zur ersten Klasse hat meine Mutter mich in Kleider gesteckt, danach ist ihr das nicht mehr gelungen, ich habe nur ab und zu Mädchensachen angezogen.

Wobei ich ja zugebe, daß ich Frieda schon gerne Kleidchen anziehe, so lange sie sich das noch gefallen läßt. Wenn sie sich richtig schick machen möchte, zieht sie ihr Schleifenkleid an. Irgendwann stand ich mal da, wollte los, meine hübsch angezogenen Töchter an der Hand, und ich dachte: Jetzt ist es soweit, deine Kinder sind schicker als du.

Neulich hat Luise von ihrer Patentante eine große Puppe geschenkt bekommen, größer als Friedas, außerdem kann die Puppe auch noch lachen. Frieda wollte sich die sofort unter den Nagel reißen, mit allen Tricks: »Komm, ich trag dir die Puppe nach oben.« Und: »Ich halt sie nur mal, ja?« Luise hat das erfolgreich abgewehrt.

Frieda ist dominant, das muß man sagen. Wenn ich sehe, was sie so mit ihrer besten Freundin Marie macht. Frieda nimmt ihr was weg, die andere heult Rotz und Wasser, aber bei Frieda beißt sie trotzdem auf Granit. Ich sage mir oft: Wir sind jetzt beim Wir-lernen-durchs-Leben. Irgendwann wird vielleicht keiner mit ihr spielen wollen, wenn sie sich so verhält, dann muß sie sehen, was sie macht.

Frieda und Marie haben sich in der Spielgruppe kennengelernt, als sie anderthalb waren. Die haben sich gesucht und gefunden, sich gleich umarmt und richtig gekuschelt.

Ich weiß ja, wie sie sind, dominant die eine, nachgiebig die andere. Neulich hatte Frieda eine neue Schultafel, beide Mädchen sind da, ich kann mir denken, was passiert. Also ziehe ich in der Mitte der Tafel einen Strich und sage: »Frieda malt links, Marie rechts.« Die artige Marie fängt an rechts zu malen, Frieda mault: »Ich will aber rechts.« Eigentlich klar: Sage ich rot, sagt sie blau. Die brave Marie führt dir arg vor Augen, wie lebhaft dein eigenes Kind ist. Ich fragte mich: Warum kann sie nicht einfach auf ihrer Seite malen wie Marie?

Da fragst du dich: Warst du nicht konsequent genug? Warst du zu nachlässig?

Ja.

Frieda hatte mal eine Phase, da hat sie Geschenke, die sie gekriegt hat, volle Lotte in den Boden gehauen. Die anderen müssen gedacht haben: Was ist das für eine Mutter? Meine Nachbarin hat ihr ein Plüschhäschen geschenkt, das schläft heute bei Frieda im Bett, aber: Erst mal wurde es auf den Boden geschmissen. Ich habe versucht, Frieda Sinn und Zweck von Geschenken zu erklären: »Da hat sich jemand *Gedanken* gemacht, er will dir eine *Freude* machen, da kann man ruhig artig danke sagen und muß nicht um sich schmeißen.« Es war ja nicht so, daß Frieda die Geschenke nicht gefielen. Sie war wohl einfach mit der Situation, ein Geschenk zu kriegen, überfordert. Es wurde dann besser.

Einmal brachten Gäste ihr Kinderschokolade und ein Paket Schulkreide mit, mit der man auf dem Pflaster malt. Frieda sagte: »Ich mag keine Schokolade, und Kreide habe ich schon.« Wenn ich diese Antwort von anderen Kindern gehört hätte oder das Schmeißen beobachtet hätte, hätte ich gedacht: Wie erziehen die ihre Kinder?

Eine Freundin hat neulich ein Mordstheater gemacht, weil ihr Kind sich für ein Geschenk nicht bedankt hat. Ich dachte: Wären wir nur schon soweit, daß sie nur nicht danke sagt.

Als ich Frieda bekommen habe, war ich fast 35. Beim zweiten Kind merke ich, wie entspannt das Leben mit Kind sein kann. Luise ist anders als Frieda. Frieda ist ein Stern am Himmel, der funkelt, er kann aber auch alles verglühen lassen, was zu dicht rankommt.

Unsere Ehe ist ja für Ralf wie für mich schon die zweite. Das erste Mal habe ich ganz jung geheiratet, mit 20. Hast du neulich abend im Fernsehen das Bibelquiz gesehen, mit Thomas Gottschalk? Da hat Baden-Württemberg gewonnen. Alle dachten ja, Bayern gewinnt, aber mir war schon klar, daß es nur Baden-Württemberg sein kann. Da ist nämlich der Bibelgürtel, ein Landstrich, der durch und durch pietistisch ist. Ich komme aus einem schwäbischen Dorf, ich bin heute noch gläubig und eben groß geworden mit strengen Wertvorstellungen.

In wilder Ehe zu leben, wäre für mich damals nie in Frage gekommen. Mir war klar, daß ich bis an mein Lebensende mit Mark, dem großen, großartigen Mark, zusammenbleiben würde, er würde mein Einziger sein. Ich fand mich so erfahren damals. Wir waren verknallt, so verliebt, warum sollten wir da nicht heiraten, warum noch warten, wenn sowieso alles klar war? Es gab keinen Druck von den Eltern, meine Mutter hätte es vielleicht sogar gut gefunden, wenn wir noch ein bißchen abgewartet hätten. Aber da war dieser konservative Freundeskreis, besonders die Schwester von Mark, die hat ganz deutlich gesagt, daß sie dieses gemeinsame Übernachten in einem französischen Bett, unverheiratet, völlig unmöglich findet.

Wir haben geheiratet, ich hatte meine Banklehre fertig, fing an zu arbeiten, Mark hat studiert. Wir wollten noch keine Kinder. Mit seinem Staatsexamen war's vorbei – wir haben uns nach fünf Jahren scheiden lassen. Ich habe zu hören bekommen: »Der hat dich doch ausgenutzt, du hast sein Studium finanziert«, aber so sehe ich das bis heute nicht, es war alles in Ordnung damals, ich hätte es nicht anders machen können, auch die Scheidung nicht. Er war wirklich meine erste große Liebe.

Nach der Scheidung habe ich meine Arbeit gekündigt, meinen Resturlaub genommen und bin erst mal nach Kanada in Urlaub gefahren. Kanada, Australien, das waren immer so Traumländer von mir. Ich wäre gern zum Arbeiten ins Ausland gegangen, aber Französisch, Italienisch konnte ich nicht gut genug, und wer nimmt einen in Australien oder Kanada mit einer popeligen Banklehre. Nach dem Urlaub hab ich meine ganzen Sachen in ein Auto gepackt und bin nach Hamburg raufgefahren, ich wollte etwas ganz Neues.

Meine allererste Liebe – das war wirklich nur so Knutschen hinterm Busch – hatte in Hamburg eine Werbeagentur und hat mir einen Job angeboten, Büroorganisation. Das hat mir viel Spaß gemacht. Ich bin dann bald in die Personalabteilung von einem internationalen Unternehmen gewechselt, das war alles toll. Ich war euphorisch. Ich war damals sowieso meistens entweder himmelhoch jauchzend oder zu Tode betrübt.

Wenn ich dran denke: Ich könnte nächstes Jahr auch schon 20 Jahre verheiratet sein... Undenkbar mit Mark.

Ich mußte gut 30 werden, bis ich bestimmte Sachen wirklich begriffen habe, daß ich eben auch bei mir was überprüfen mußte. Warum ich zum Beispiel immer Beziehungen angefangen habe, in denen eine Familie sich dann als undenkbar herausgestellt hat. Ich habe manchmal gedacht: Wenn ich wirklich noch mal Kinder haben will – geht das mit *dem*? Dann hätte ich doch *zwei* Kinder zu Hause.

Vor acht Jahren habe ich dann Ralf kennengelernt, *richtig* kennengelernt ist besser, denn begegnet waren wir uns schon mal, als er noch verheiratet war und ich einen Freund hatte.

Ralf und ich haben uns langsam angenähert, wir haben uns oft zum Frühstück getroffen, viel geredet, auch lange telefoniert. Wir waren uns bei einer gemeinsamen Freundin beim Geburtstag wiederbegegnet, fanden uns nett, er wollte meine Telefonnummer haben.

Ralf war mittlerweile geschieden, ich hatte gehört, daß seine Frau ihn verlassen hatte – meine Freundin war darüber so schockiert, daß *so etwas* überraschend passieren kann, daß sie fast ihre eigene Hochzeit abgesagt hätte.

Gut, Ralf und ich trafen uns, wieder und wieder. Nach Monaten des Redens habe ich mich gefragt: Wieso telefonierst du dauernd mit Ralf, wieso redet ihr so viel? Zu meiner Freundin habe ich gesagt: »Mensch, der Ralf, der hat ein geregeltes Leben, das ist jemand, auf den man sich verlassen kann – wieso kann ich mich nicht mal in so einen Mann verlieben?« Da wurde mir einiges klar – es war schon passiert.

Mit Ralf habe ich gemerkt, daß so richtige Weibchen-Eigenschaften in mir hochgekommen sind: Will ich *wirklich* mit den Kindern zu Hause bleiben? Ja, wollte ich. Könnte er uns alle versorgen? Ja, könnte er. Im nachhinein sehe ich:

Das war Schicksal. Ich hatte gemerkt, was Ralf wichtig ist im Leben, daß wir in den Basics übereinstimmen. Wir teilen die gleichen Werte: Wie wir mit uns oder mit anderen umgehen wollen, Ralf teilt meinen Glauben und steht genauso hinter einer christlichen Erziehung wie ich. Über Urlaubsziele müssen wir uns nicht streiten, wir können uns auch problemlos auf Filme einigen, die wir gemeinsam ansehen, wir brauchen also keine zwei Fernseher.

Wenn ich dran denke, wie ich vor 20 Jahren über die Liebe und das Leben gedacht habe ... Ich habe einfach dazugelernt, ich habe gelernt, daß Kompromisse nichts Schlechtes sind. Mit 20 hab ich geglaubt, daß es einen ewigen siebten Himmel gibt – würde man das überhaupt aushalten? Heute weiß ich, ein Leben ist auch *einfach normal,* es ist mal langweilig *und* mal spannend, aber das ist in Ordnung! Ich weiß, was mir wichtig ist.

Vor 20 Jahren wäre ich nie so entspannt gewesen. Ralf und ich, wir können uns auch lassen in unserer Beziehung, wir müssen nicht gegenseitig alles durchleuchten bis zur letzten Gehirnwindung. Natürlich hatte ich anfangs eine Wunschliste an Eigenschaften, die ich ihm auch hergebetet habe – er ist aber nicht der Typ, der immer sagt: » Christine, wie toll!«, Kompliment hier, Kompliment da. Hätte ich gern gehabt, geb ich zu. Er sagt: Er *lebt* das eben, ich müßte das *spüren.* Ich habe mich da umstellen müssen. Heute mache ich mir klar, was ich an Ralf schätze, seine Verläßlichkeit, seine Souveränität, die Qualität unseres gemeinsamen Lebens. Wir haben beide unseren Part, ich bin mehr die, die mit den Kindern tobt, er ist mehr der, der Zusammenhänge erklärt, Schiffchen bastelt, » Kommt, lesen wir noch ein Buch ...«, die intellektuelle Ebene.

Am Wochenende waren wir bei alten Freunden, die haben drei Kinder, zwischen fünf und elf, beide Eltern arbeiten Teilzeit. Der Mann ist fürs Mittagessen und fürs Einkaufen zuständig. Es war ein richtig netter Nachmittag, und wir sind dann auch noch zum Abendbrot geblieben. Die Frau ging in die Küche, um was vorzubereiten, da ruft der Mann aus dem Wohnzimmer: »Du, unten im Kühlschrank ist auch noch Aufschnitt!«

Der wußte genau, was im Kühlschrank liegt!

Was man als *Hausfrau* eben so weiß.

Mir ist das sehr aufgefallen. Das liegt bei dieser Familie natürlich daran, wie sie sich alles aufgeteilt haben. Bei uns zu Hause ist alles ziemlich deutlich auf mich aufgeteilt, aber da hadere ich nicht mit. Es ist klar, daß sich das so entwickelt, wenn der Mann arbeitet und unter der Woche meistens in einer anderen Stadt ist.

Es gibt natürlich Sachen, auf die ich supergut verzichten könnte, zum Beispiel den Showdown im Badezimmer, die letzte halbe Stunde vorm Schlafen, wenn das letzte Aufbäumen stattfindet. Auch wenn Ralf da ist: »Nein, Mama soll das machen, Mama soll Zähne putzen!« Machen wir das nicht, höre ich aus dem Bad bald lauten Protest. Da bin ich dann besser gleich dran.

Gestern war Ralf zu Hause, und ich bin so was von leicht und vergnügt um kurz vor sieben aus dem Haus geschlichen, zum Bastelabend im Kindergarten. Um halb neun war ich mit dem Basteln fertig. Ich dachte: Halb neun – soll ich nach Hause gehen? Da lauf ich vielleicht ins offene Messer, wenn die Kinder noch wach sind … Und diese Wahrscheinlichkeit erschien mir nicht klein – Frieda war mir am Nachmittag im Auto eingeschlafen. Ich bin dann noch mal in die anderen Gruppen gegangen, hab geguckt: Was basteln die denn da? Hab hier noch ein kleines Schwätzchen gehalten und da … Als ich nach Hause kam, war Ruhe und Frieden, ein schöner Abend, die Tage sind eh immer lang genug.

Frieda hat immer schon ein Stündchen länger geschlafen. Als sie klein war, haben wir sie um acht hingelegt, um acht war sie dann wieder wach. Ich hätte es damals als Folter empfunden, wenn sie um sieben wach geworden wäre. Luise fand lange, halb sechs ist die ideale Zeit zum Aufstehen. Wir haben irgendwann ihren Mittagsschlaf verkürzt, jetzt steht sie halb sieben, sieben auf, das ist auch okay. Da kann man mal sehen, woran man sich gewöhnt.

Um acht geht unser Tag jetzt richtig los, zwischen acht und neun sollte Frieda im Kindergarten sein – um zwölf muß ich sie ja schon wieder abholen. Die Mittagszeit brauche ich einfach manchmal für mich, Luise leg ich hin, Frieda muß sich dann ein bißchen selbst vergnügen, oder sie kann sich auch hinlegen und sich ein Liedchen singen. Frieda ist so ein Kind, das würde sich freiwillig nie runterfahren, aber ich muß irgendwann eben auch mal Dinge für mich erledigen – meine E-Mails checken, der Versicherung schreiben. Ich bin ja auch noch ein Mensch, nicht nur Mutter!

Wenn Ralf nicht da ist und um acht endlich Ruhe ist, schalte ich mir die Tagesschau ein, damit ich auch mitkriege, was den Tag über so passiert ist, und wenn die Nachrichten vorbei sind, will ich oft eigentlich gar nicht mehr aufstehen vom Sofa.

Ich merke allmählich: Es sind jetzt fünf Jahre rum, jetzt tickt's wieder. Nach fünf Jahren entscheidet man, glaub ich, ob man wieder arbeitet, tut man es zu diesem Zeitpunkt nicht, bleibt man kleben. Nach fünf Jahren wird man komisch. Das hat neulich auch eine Nachbarin zu mir gesagt, sie meinte, sie sei so gluckig geworden, sie weiß nicht genau, ob sie das überhaupt noch kann, einen anderen Weg als den zwischen Haustür und Kindergartentür gehen. Ich weiß genau, was sie meint.

Wenn ich berufstätig werde, muß ich die Kindergartenzeit für Frieda ausweiten, für Luise brauche ich dann auch einen Platz. Ich denke schon, daß das gehen wird. Unser Kindergarten hat jetzt, meine ich, von halb acht bis fünf geöffnet.

Wir haben auch eine Gruppe für 20 Kinder, die ganztags betreut werden, ich glaube aber, die Gruppe ist gar nicht voll, ich bin überrascht, wie wenige Frauen das also nutzen können, wollen, müssen. Im Kindergarten hat sich einiges geändert in letzter Zeit, die nehmen neuerdings auch Kinder unter drei Jahren. Ich möchte ja nächstes Jahr wieder einsteigen im Job, ich bin gespannt, wie flexibel ich dann mit dem Kindergarten sein kann. Wenn ich Teilzeit arbeite, reichen doch vier Stunden Betreuung nicht, man hat doch meistens eine Stunde Anfahrt, eine Stunde Rückweg.

Ich bin überhaupt gespannt, wie ich mich wieder in die Arbeit reinfinden werde. Aber erst mal haben wir noch eine große Reise vor. Mein Bruder lebt in Neuseeland. In zwei Monaten fliegen wir hin, die Kinder, meine Mutter und ich. Wir bleiben ein Vierteljahr, Ralf kommt nach, und wir beide werden dann mit Frieda und Luise nach Australien fliegen, drei Wochen mit Freunden, die dort leben, durchs Land fahren.

Man muß das mal ganz deutlich sagen: Ralf ist richtig ein Opfer meiner Australien-Begeisterung geworden. Mit 21 habe ich das erstemal da Urlaub gemacht, und ich fand das Land so toll, vor allem die Leute, es haben sich Freundschaften ergeben, die bis heute halten. Australien, das ist so ein Fieber in mir, von dem ich denke, es könnte ja weggehen, wenn ich nur oft genug hinfahre, aber es ist nicht so, ich war jetzt schon fünfmal da, dreimal davon mit Ralf, einmal war auch Frieda mit.

Ich weiß ja: Wenn ich wieder arbeite, kann ich mir eine dreimonatige Reise abschminken, darum mach ich's jetzt noch mal im großen Stil, und daß das mit Ralf auch klappt, obwohl er gerade den Arbeitsplatz gewechselt hat, ist natürlich auch klasse. Ich habe mir irgendwann geschworen, daß ich die Elternzeit hemmungslos ausnutze für Sachen, die mir wichtig sind.

Also: Ich hab immer gerne gearbeitet, ich habe mich 100prozentig engagiert, das hat mir Spaß gemacht. Aber Elternzeit ist eben auch 100 Prozent. Ich weiß noch, die erste Zeit mit Frieda hab ich wirklich mit einem *Job* verglichen, ich habe überlegt: Was gefällt mir, was ist besser, schlechter als früher. Und ich fand: Es ist ein klasse Job – nur total bescheuert bezahlt.

Am Anfang, nach Friedas Geburt, war das Gefühl von Freiheit viel stärker da, ich hatte gerade aufgehört zu arbeiten, Frieda war ja noch klein, ich konnte mein kleines Bündel überall mit hinnehmen, ich konnte frei entscheiden, gestalten, wie mein Tag aussieht. Das hat sich natürlich geändert, aber ich bin mit Begeisterung bei meinen kleinen Kindern.

Der Vorteil von Geschwistern ist: Die haben einen Heidenspaß miteinander – ich wäre echt arm dran, wenn ich nur ein Kind hätte. Die beiden kloppen sich natürlich auch, sie streiten sich, sie schreien sich an.

Vorgestern standen sie vor unserer Tür, Frieda schrie: »Luise, du bist kacke!« Luise schrie zurück – und sie schreit lauter als Frieda, wahrscheinlich ist das bei ihr so, weil sie die jüngere ist und sich behaupten muß, sie schrie jedenfalls: »Frieda, du Kackascheiße.« Luise liebt diese Wörter, die Frieda aus dem Kindergarten mitbringt. Ich dachte nur: Es ist kalt heute, wahrscheinlich haben alle Nachbarn Fenster und Türen zu.

Luise hat schon ihre eigene Persönlichkeit, aber es erschüttert mich manchmal doch, in welchem Maße sie Frieda kopiert. Wenn Frieda beim Essen den Löffel überm Teller kreiseln läßt, macht Luise das auch. Legt Frieda den Kopf auf den Tisch, macht Luise das auch. Und wenn Frieda ihr Essen wegschiebt: »Igitt, das mag ich nicht«, quiekt Luise auch: »Igitt, mag ich nich!« Ich bin überzeugt: Luise würde das alles von allein nicht machen. Ich habe Frieda schon vorm Essen beiseite genommen, wenn ich vermutet habe, da ist wieder was, das ihr nicht schmeckt: »Hör mal Frieda, auch wenn es dir nicht schmeckt: Ich möchte diesen und jenen Satz einfach nicht hören, ja?« Sie hat sich das dann tatsächlich verkniffen.

Sie sind unglaublich, die beiden. Neulich hat Frieda mich echt fast zu Tränen gerührt. Ich hatte zu ihr gesagt: »So, du mußt jetzt noch mal deinen Popo ein bißchen in die Badewanne schwingen.« Da sagt sie: »Aber Luise muß mit! Das macht mir sonst keinen Spaß.«

Inka, 37, Krankenschwester

Man muß halt zurückstecken
Oder: Und wer streichelt mich?

Sie hätte nicht mit ihm tanzen dürfen. Dann hätte sie sich nicht ver-
liebt. Die Begegnung mit einem besonderen Mann öffnete Inka die
Augen für das, was ihr 15 Jahre gefehlt hatte. Die überraschende Liebe
dauerte ein Vierteljahr. Noch immer versucht Inka, mit sich ins reine
zu kommen. Noch immer wünscht sie, ihr eigener Mann wäre richtig
herzlich, auch zu den drei Jungs...

Meine Mutter hat mir früher manchmal Vorhaltungen gemacht: »Du spinnst doch, was du rummeckerst – du hast
doch alles: drei tolle Kinder, einen guten Job, ein Haus, einen Mann, der Arbeit hat...« Sie hat nicht verstanden, was
mir fehlt. Ich habe mich sehr gewundert, daß sie zu der Tu-
nesienreise nichts gesagt hat, auch keine blöden Bemerkun-
gen über meine Tanzerei machte. Ich hab sogar mitgekriegt,
wie sie zu meiner Schwiegermutter gesagt hat: »Nun laß
Inka doch, sie braucht auch mal was, das sie für sich macht,
sie hat es doch nicht leicht mit ihrer Krankheit.« Aber mit
der Krankheit hat das für mich ja gar nichts zu tun. Egal. Jetzt
steht meine Mutter mir bei, das hätte ich ihr früher nicht zugetraut. Aber über das, was mich in den letzten Monaten
wirklich beschäftigt, darüber kann ich mit meiner Mutter
nicht reden.

Das hat auch mit meinem Vater zu tun: Der hat immer
ganz gerne nach anderen Frauen geguckt – vielleicht liegt
das in den Genen, und ich hab das von ihm, daß das jetzt
durchkommt? Mein Vater hat mal zu mir gesagt: »Für mich

zählte immer die Familie.« Ja. So ist es letztlich auch für mich.

Als ich im Sommer so bekümmert war, hab ich mich wie früher zu meinem Papa in die Hängematte gequetscht, ich hatte Angst, daß die Apfelbäume nachgeben. Er hat mich in den Arm genommen und gesagt: »Du bist doch immer noch meine Kleine, du hast mich immer noch lieb.«

Ich bin doch so froh, daß ich die Kinder hab, und da muß man halt auch mal zurückstecken.

Meine Kinder waren nicht geplant, sie sind also keine Wunschkinder, also Wunschkinder in Anführungsstrichen. Ich kannte meinen Mann zwei Jahre, als das erste unterwegs war, wir waren ja noch jung, ich 22, Ulf 25. Wir haben nicht zusammengewohnt, aber sind drei-, viermal die Woche zusammen ausgegangen, Disko, Kino, mit Freunden. Wobei die Freunde hauptsächlich meine waren, ich hatte damals einen großen Freundes- und Bekanntenkreis, er hatte nur einen Freund, mit dem er loszog.

Ich kannte vor Ulf nur unsere Landdisko, Ulf ist immer gerne in die Stadt gefahren, da war mehr los, und er konnte mir da alles so'n bißchen zeigen, Diskos, auch Kino, das Theater. Ich habe damals meinen Bekanntenkreis sehr vernachlässigt, verkleinert – das würde ich heute nicht mehr machen. Ich habe erst in den letzten zwei Jahren wieder einen neuen Freundes- und Bekanntenkreis, nur für mich – ich muß nicht immer alles mit meinem Mann gemeinsam machen.

Letzten Monat war ich ohne Familie in Tunesien – meine Freundin Birgit hat das alles organisiert, sie und zwei andere Frauen fahren schon seit Jahren zusammen und haben mich immer bedrängt, ich sollte doch mal mitkommen. Das hat mich ganz schön Überwindung gekostet, zuzusagen. Mein Mann meinte prompt: »Meiner Mutter können wir ja sagen, du fährst zu einer Fortbildung.« Wie bitte, dachte ich. Sie soll nicht wissen, daß ich *alleine* in den Urlaub fahre? Ich komm dann sonnengegebräunt wieder und sage: »Ooch, die hatten da 'ne Sonnenbank im Fortbildungsheim, die konnte man umsonst benutzen.« Wohl kaum, oder? Plötzlich fiel mir auf, daß Ulf, wenn wir bei seiner Mutter sind, immer zum Nachbarn geht, um heimlich eine zu rauchen.

Seine Mutter hat mich bis heute nicht richtig akzeptiert, eigentlich ist es noch schlimmer geworden, seit ich wieder mehr eigene Wege gehe. Seine Mutter sagt Ulf immer Sachen wie: »Daß du das erlaubst, daß Inka alleine tanzen geht.« Das mit meinem Fitneßtraining gefällt ihr auch nicht – ach, eigentlich gefällt ihr sowieso nie was.

Die Familie, also seine und meine, auch die Bekannten, haben also erfahren, daß ich mit den Mädels nach Djerba fahre. Da war vielleicht was los: Damenkränzchen, Lesbentour, Sextourismus, das sind noch harmlose Zusammenfassungen. Das fand ich schon ein starkes Stück, andererseits: Sonst fahren eben immer alle paarweise oder mit Kindern ans Meer oder zum Wintersport.

Es ist nicht so, daß mein Mann mir nichts gönnt. Ulf ermuntert mich eher – er selbst sitzt aber am liebsten mit einem Bierchen auf der Couch, was mich manchmal irre macht. Früher war er derjenige, der was unternehmen wollte, was erleben, heute kriege ich ihn nicht mal mit ins Kino, er sagt dann: »Ach, ruf doch Birgit an.«

Ich hatte gar nicht an Kinder gedacht, damals. Ulf war nicht begeistert, als ich es ihm gesagt habe, seine Schwester meinte: »Die will dir doch nur ein Kind anhängen.« Das war natürlich Unsinn. Aber ich hatte schon zu lange im Krankenhaus gearbeitet, da zu oft mitbekommen, wie es den Frauen nach Abtreibungen geht. Du weißt: Das kleine Herz klopft schon – ich hätte das gar nicht abtreiben können. Meine Eltern waren damals auf meiner Seite, sie haben spontan ein großes Essen für die Familie veranstaltet und gesagt: »Das Kind kriegen wir schon groß.«

Ulf habe ich damals nicht die Pistole auf die Brust gesetzt, im Gegenteil, ich habe gesagt: »Ich akzeptiere deine Sicht, du mußt nicht bei uns bleiben, ich werde nie Unterhaltsansprüche stellen.« Komischerweise hat er dann gesagt: »Gut, dann kriegen wir es eben.« Auch als Robert dann da war, haben wir nicht zusammengewohnt, ich blieb bei meinen Eltern. Und Ulf war dann ein Jahr auswärts auf Montage, es ergab sich so, daß er einen guten Job hatte, er kam nur am Wochenende und wohnte dann schön gemütlich bei seiner Mama. Die hat ihm abends den Pyjama auf die Heizung gelegt und heiße Milch mit Honig gekocht.

Na ja, als er dann ganz wieder da war, sind wir zusammen in ein altes Haus im Dorf gezogen, gegenüber vom Hof meiner Eltern. Mein Papa hatte es für mich gekauft und modernisiert, wir, Ulf und ich, haben dann auch noch viel daran gemacht.

Für Ulf war das fremd, mit so viel Familie auf einem Haufen, das Bauernhaus hat 500 Quadratmeter Wohnfläche, da wohnten außer meinen Eltern noch mein kleiner Bruder, mein großer Bruder mit seiner Frau und ein Cousin von meiner Mutter mit Frau und fast erwachsenen Töchtern.

Ulf ist fast wie ein Einzelkind großgeworden, seine Schwester ist viel älter als er. Wenn in unserer Familie Geburtstag gefeiert wird, sind wir mindestens 30 Personen, bei seiner Mutter passen alle Gäste an den Wohnzimmertisch.

Den Robert haben meine Eltern größtenteils erzogen. Ulf war ja nicht da, und ich habe nach dem Mutterschutz wieder angefangen in der Klinik zu arbeiten, richtig im Schichtdienst wie die anderen.

Robert war damals das einzige kleine Kind in der Familie, und alle haben ihn vergöttert. Als er ein Baby war, kamen gleich beim ersten Schrei alle angelaufen und haben gewetteifert, wer ihn hochnehmen darf. Hat er sein Bäuerchen nicht gemacht, blieb er so lange auf dem Arm, bis er Bloab machte, und wenn das eine Stunde gedauert hat.

Auch als er größer wurde, stand er zu Hause immer im Mittelpunkt. So gut das gemeint war, sosehr war es auch zuviel für Robert. Irgendwann saßen wir mal zehn Mann hoch im Garten, Robert muß knapp drei gewesen sein. Er hatte seine Bauklötze mit rausgenommen und einen Turm angefangen. Er kam nicht dazu, den fertigzubauen!

Ich habe einfach mal dagesessen und still zugeguckt. Erst kam mein Vater und hat ihm den Turm fertiggebaut, ihn dann wieder kaputtgemacht, um Robert zum Lachen zu bringen. Der hat auch gelacht. Als er alleine weitergebaut hat, kam Tante Jule: »Robi, komm, Ball spielen.« Kegelt den Ball gegen den Turm, und dann haben sie Ball gespielt, bis Robert sich wieder auf die Decke mit den Klötzchen gesetzt hat. Dann kam Omi und brachte ein Eis. Tante Jule sagte: »Mit den Klebefingern jetzt aber nicht an die Klötzchen, nein, nein, nein.« Ich hab ihm dann schnell die Finger mit einem Erfrischungstuch abgewischt. Als der Turm fast fertig war, setzte sich wieder mein Vater dazu: »*So* mußt du bauen.« Da habe ich gesehen, daß Robert zwischen Lachen und Weinen hin- und hergerissen war, er blieb aber ganz freundlich und hat weiter mitgespielt, doch da war was nicht in Ordnung – er wollte einfach nur *ganz alleine* so bauen, wie er dachte. Ich fand damals: Das sind zu viele Erwachsene für ihn, der wird überbespielt und muß auch noch dankbar sein. Und an allem bist du schuld, weil du arbeitest, vor allem abends und am Wochenende. Da ging's mir echt schlecht. Andererseits: Wie hätte ich es anders machen sollen? Der einzige, der nicht in Roberts Turmbau rumgefuhrwerkt hat, war Ulf – aber nicht, weil er den Jungen in Ruhe lassen wollte, das war mir klar. Schon damals hat mich Ulfs Verhalten gewurmt, daß *er eben nicht* mit Robert Türmchen baut, kein richtiges Interesse zeigt.

Ich glaube ja, daß wir alle dazu beigetragen haben, daß Robert heute so schwer zur Ruhe kommt. Also, er ist kein Kind mit ADS, diesem Aufmerksamkeitsdefizitsyndrom, worüber man heute so viel liest, aber er ist schon überdurchschnittlich intelligent, sehr mobil, und als die Zwillinge kamen, mußte er sein Verhalten dann ja umstellen, um nicht völlig unterzugehen neben den beiden neuen süßen Kleinen.

Ja, als Robert gerade in die Schule gekommen war, wurde ich wieder schwanger. Ich hatte die Pille gewechselt und irgendwas muß falsch gelaufen sein, ich wurde jedenfalls schwanger. Ich hatte gedacht, daß Ulf sagt: »Nein, auf keinen Fall.« Ich hätte mich vielleicht sogar auf einen Abbruch eingelassen, ich weiß nur, daß das das Ende unserer Beziehung gewesen wäre. Ich wäre nie damit klargekommen, und das hätte sich ausgewirkt, bestimmt. Aber Ulf hat gesagt: »Ein zweites Kind stört mich nicht.«

So ist er. Er kann nicht sagen: »Ich freue mich.« Zum letzten Valentinstag hat er mir gesagt: Ich hätte dir beinahe Blumen gekauft. Warum tut er's nicht? Ich finde das Gewese um diesen Tag ja auch nicht richtig, aber wenn er mir Blümchen mitgebracht hätte – ich hätte mich gefreut. Statt dessen sagt er mir: »Beinahe hätte ich…«

Bei den Zwillingen – daß es welche werden, erfuhren wir im vierten Monat – hatte ich mir vorgenommen: Das machst du diesmal anders. Wenn sie kein Bäuerchen gemacht haben, war da eben keins, sie wurden nicht bei jedem Quieks gleich hochgenommen. Als sie abgestillt waren, nach sechs Monaten, fand ich auch: Sie sollten jetzt nicht mehr bei uns im Schlafzimmer schlafen. Die beiden haben schon, als sie ein Vierteljahr alt waren, durchgeschlafen, von der letzten Mahlzeit bis morgens.

Max und Janis haben mit zweieinhalb Jahren ganz friedlich auf dem Boden gesessen und mit den Playmobil-Rittern gespielt, wenn sie mal nach mir gerufen haben, dann war es kein Problem, wenn ich nicht gleich angeflitzt kam, sie haben dann weitergespielt.

Die Kinder zur Tagesmutter zu geben, war für mich schon schwer. Der Große hing mir richtig an den Beinen, als ich weg wollte, er war erst zwei. Die Tagesmutter mußte ihn richtig von mir wegreißen. Bei den Kleinen ging es leichter. Wenn ich aus dem Gartentor war, standen sie immer am Fenster und haben mir nachgewunken, nicht traurig oder so, aber auf mich hat das trotzdem komisch gewirkt. Du läßt die Kinder da, hoffst, daß es ihnen den Tag über gutgeht, dann steigst du ins Auto, fährst los und denkst den ganzen Tag nicht mehr an sie. Nachmittags wurden sie von Oma und Opa oder Ulf abgeholt. Da hab ich mich manchmal gefragt: Wollte ich Kinder, um sie dann tagsüber nicht zu sehen? Aber es war schon in Ordnung so.

Ich bin im nachhinein froh, daß wir Jungs haben. Lebhaft und temperamentvoll sind sie alle, aber die Gründe dafür sind unterschiedlich: Die Kleinen wollten neben dem Großen nicht untergehen, und Robert will sich gegen die Erwachsenen behaupten.

Die Erziehungsmethoden von meinem Mann, wie er mit den Kindern umgeht, das macht mich schon lange total unzufrieden. So oft habe ich zu Ulf gesagt: »Kannst du dich nicht mal richtig mit den Kindern beschäftigen, sie auch mal loben oder einfach Unsinn machen mit den beiden?« Er fragt: »Wie denn?« Wenn er nach Hause kommt, hängt er erst mal den Overall in die Besenkammer, das ist ja auch in Ordnung. Meinetwegen auch noch duschen. Aber dann: Statt mit der Zigarette auf der Bank vor der Tür zu sitzen, könnte er doch auch mit den Kindern was machen, Fußball spielen, an den Computer, was weiß ich, mit ihnen reden. Er sagt da nur: »Nee, was sollen wir denn reden?«

Wenn ich sehe, wie andere Väter mit ihren Kindern umgehen, wie sie die Kinder auf der Schaukel anschubsen, sie auf den Schultern spazierentragen dann wird mir ganz eng ums Herz, das zerreißt mich fast.

Als der Große mal traurig war, weil er sich mit den Freunden gestritten hatte, nicht mitspielen durfte, hat mein Mann gesagt: »Dann spielste eben mit anderen Kindern.« Ich finde das herzlos.

Meine größte Angst ist, daß meine Jungs mal so werden wie ihr Vater. Er ist so verschlossen den Kindern gegenüber, die kennen's gar nicht anders. Und die Kinder und der Vater sind sich schon ähnlich, darum vertragen sie sich auch nicht so gut.

Ich selbst hatte eine wunderschöne Kindheit. Ich bin ja bei meinen Großeltern groß geworden, meine Eltern hatten in der Woche nur den Hof und das Geschäft. Am Wochenende war's anders: Da sind wir früh zu den Eltern ins Bett, haben getobt, gespielt. Jedes Wochenende sind wir an die See gefahren, im Winter waren wir Schlittschuh laufen. Es war alles schön, auch wenn wir Kinder Aufgaben hatten wie: Ich räume den Laden auf, meine Brüder fegen den Stall aus. Wenn ich meinen Vater heute mit meinen Kindern rumalbern sehe, denke ich immer: Ich wünschte, *ihr* Vater täte das.

Wenn ich bei Ulf quengle: »Geh doch mal mit den Jungs zur Kirmes, zeig ihnen doch mal, wo du als Junge im Graben geangelt hast«, sagt er nur: »Die haben doch zu nichts Lust oder Ausdauer.«

Eine Weile dachte ich ja, es kommt doch alles anders. Erstaunlicherweise haben mein Mann und ich uns nämlich die Erziehungszeit für die Zwillinge geteilt. Das war naheliegend, ich habe damals im Krankenhaus mehr verdient als Ulf, der gerade bei meinem Onkel in der Lackier-Werkstatt angefangen hatte. Jetzt beginnt mein Mann in 14 Tagen in einer großen Baufirma – die Bewerbungen dafür hatte ich heimlich geschrieben, weil ich gemerkt habe, das war ihm über die Jahre zu eng, mit dem Onkel werkeln, auch wenn die sich nie gestritten haben. Mit der Bewerbung hat es sofort geklappt, was mich nicht wundert, Ulf kann ja was. Er ist ja eigentlich kein Lackierer, sondern Gas- und Wasserinstallateur.

Die drei, Ulf und die Zwillinge, haben damals jedenfalls ein sehr gutes Verhältnis zueinander gehabt. Wenn ich abends gearbeitet hatte und nach Hause kam, lagen oft beide Kinder im Ehebett – sie konnten sonst angeblich nicht einschlafen. Es ist nicht so, daß Ulf sie da übermäßig beschmust hat, das kann er ja gar nicht, aber er hat auch erlaubt, daß Robert mit seinen neun Kuscheltieren ins Bett dazukommt.

Als Ulf und ich unsere schlimme Phase hatten, dachte ich: Wenn du das durchstehst, dann heiratest du ihn. Das war, als Robert geboren war, Ulf auf Montage. Ulf hat damals mit einem Kollegen eine Wohnung geteilt, wenn ich ihn da besucht habe, waren sein Zimmer und sein Bad immer super aufgeräumt und akkurat. Wahrscheinlich nervt es ihn, daß wir zu Hause immer unsere Sachen verteilen, er regt sich ja auch immer unheimlich auf, wenn die Kinder beim Essen krümeln oder sie die Spaghetti so einsaugen, daß die Soße auf den Teller kleckert, und wenn's mal neben den Teller geht, verliert er fast die Fassung. Na ja, es sind doch Kinder, sie lachen so gerne beim Essen. Es passiert dann, daß er sagt: »Ich möchte doch nur ein bißchen Ruhe.« Ich sage dann nichts, aber er weiß, daß ich anderer Meinung bin – es sind Kinder, keine Erwachsenen, und Ruhe können wir noch lange genug auf dem Friedhof genießen.

Als es in dem Montage-Jahr ganz schlimm war, stand uns beiden ins Gesicht geschrieben: Gott sei Dank hat ein Wochenende nur 48 Stunden. Montag früh fuhr er ja wieder arbeiten, und Robi und ich hatten die Woche alleine vor uns. Nach seiner Montage-Zeit haben wir dann geheiratet.

Letzte Woche, an unserem Hochzeitstag, gab es einen

richtigen Eklat. Die Kinder saßen alle an einem Tisch, ich merkte schon, daß da rumgekabbelt wurde, die Eltern haben sich auch eingemischt. Plötzlich ist Robert aufgesprungen und weggelaufen, dabei hat er eine Fanta-Flasche umgekippt, die offen rumstand, der ganze Inhalt schwappte meiner Nichte übers Kleid, die fing an zu heulen. Es war eigentlich nicht schlimm, aber trotzdem, diese Stimmung... Ich stand gerade in der Ecke mit dem Geschenke-Tisch und habe mich weggedreht, weil mir die Tränen kamen.

Mein Vater ist dann hinter Robert her und hat ihn quasi am Kragen wieder zu den anderen geschleift, wo Robert sich dann bei dem Mädchen entschuldigen sollte. Hat er nicht getan, woraufhin mein Vater dann ausgerastet ist. Ich bin heulend aus dem Raum – das sollte mein Hochzeitstag sein! Mein Mann hat einfach getan, als wäre nichts und weiter das Spanferkel gedreht. Irgendwann fing die Musik an, und ich bin wieder zu den anderen und hab mich um Robi gekümmert.

Er ist so sensibel. Einmal hat er heulend auf dem Bett gelegen, ich wollte ihn beruhigen und wissen, was los ist, es war irgendwas mit einem verlorenen Pulli, alles nicht schlimm, aber er hat gesagt: »Ich bring mich um.« Es war nicht ernst gemeint, bestimmt, aber ich denke, er wußte genau, daß er mich *damit* total trifft. Ich kann schwer in diesen Jungen reingucken. Neulich habe ich mich drei Stunden immer wieder an ihn rangepirscht, bis ich rausgekriegt hatte, was los war, er war wieder schlechter Laune und niedergeschlagen. Man hatte ihm im Schwimmbad die Tasche mit seinen Badesachen geklaut. Was keiner wußte, was er mir nach drei Stunden gesagt hat: In der Tasche war auch ein Foto von dem Mädchen drin, in das er verliebt ist, sie hat es ihm geschenkt.

Der arme Kerl, er hat solche Probleme mit sich, er ist noch Kind, will schon Mann sein, nun ist er gerade auch ein bißchen zu wenig gewachsen für das, was er in letzter Zeit zugenommen hat.

Sein Schulfreund, der manchmal hier ist, ist ganz anders als Robert. Wenn Große dabei sind, auch am Tisch: Flori ist immer höflich, zuvorkommend, benimmt sich perfekt. Wenn du ihm den Rücken kehrst, zieht er über alle her, lästert und macht alle schlecht. Als die Lehrerin wissen wollte, wer in der Pause hinter der Turnhalle geraucht hat, hat er die anderen verpfiffen. Robert hat nichts gesagt. Und dafür dann einen Anpfiff kassiert. Ich bin ja froh, einerseits, daß er so ist, so geradeaus und standhaft und so sensibel. Andererseits macht er es sich schwer.

Durch den Urlaub in Tunesien bin ich mit mir wieder im reinen, ich bin wieder ausgeglichener, vergnügter.

Ich habe da jemanden kennengelernt.

Hussein war völlig ausgehungert... Jeder Abend war wie ein Geschenk. Er lebt da ja ganz ruhig mit seiner Familie, hat das Haus schon fertig, in dem später mal seine Frau wohnen soll. Er hat mir sehr viel Liebe rübergebracht. Ich muß aber auch sagen: Man hat gemerkt, daß er kaum Erfahrung hat.

Als ich in Tunesien war, rief kurz nach sechs immer meine Familie an. Die ersten beiden Tage fand ich das toll, dann habe ich gemerkt: Das fesselt mich an mein Zimmer. Ich mochte das nicht, ich habe gemerkt: Eigentlich brauche ich diese Anrufe gar nicht. Da dachte ich: Bist du jetzt 'ne Rabenmutter? Aber wir hatten so viel Spaß mit der Volleyballtruppe am Strand, ich wollte mitspielen, statt aufs Telefon zu warten.

Ich kriege jetzt jeden Tag SMSe, Hussein schreibt mir auf deutsch, auf englisch: Du fehlst mir. Es ist so schön, zu merken: Ich werde gemocht.

Vorm Urlaub habe ich oft gedacht: Den Tag mußt du überstehen. Heute, auf dem Weg hierher, habe ich mich dabei ertappt, wie ich ein Lied im Radio mitgesungen habe, das mir vorm Urlaub die Tränen in die Augen getrieben hätte. Das muß ich ein bißchen länger erklären.

Ich hol mal ein bißchen aus, ja?

Seit die Kleinen geboren waren, lief zwischen meinem Mann und mir immer weniger. Ulf hat meine Dessous manchmal so komisch angeguckt – also: Ich ziehe so was ja nicht nur für ihn an, sondern auch für mich. Ich bin im Bett manchmal mit der Hand rübergerutscht, aber: nichts.

Vor zwei Jahren hab ich die Diagnose Rheuma bekommen, keiner kann sagen, wie sich das entwickeln wird, das hängt von den Schüben ab, vielleicht kann ich bis zur Rente arbeiten, vielleicht werde ich vorher im Rollstuhl sitzen. Aber nach der Diagnose hab ich den Kopf nicht in den Sand gesteckt. Im Gegenteil, ich habe mich zum Flamenco-Kurs angemeldet. Daß mein Mann da nie mitmachen würde, war von Anfang an klar.

Beim Flamenco sind wir eine bunte Truppe. Und wir gehen auch regelmäßig zu einem Folkloreabend in einem griechischen Lokal, wo alles mögliche getanzt wird zu Livemusik. Meine Freundin meinte eines Abends: »Du, der Gitarrist frißt dich ja mit den Augen auf.« Mir war er auch schon aufgefallen in seinem weißen Hemd und mit den schwarzen Haaren.

Ich habe dann von ihm geträumt! Ich bin schweißgebadet aufgewacht, ich hatte ihm im Traum gesagt, daß mein großer Sohn von ihm ist und solche Sachen!

Na ja, und an einem Abend dann, als schon Musik vom Band läuft, kommt er und sagt: »Jetzt tanzen wir mal.« Ich wollte mich gerade wieder zu unserer Truppe an den Tisch setzen, bin dann aber doch mitgegangen. Das war ein Tanz, mittelschnell, mit anfassen, mir war ganz schwummerig, ich konnte ihm kaum in die Augen sehen. Am Ende hat er mich so an sich gedrückt. Meine Freundin meinte: »Mensch, paß bloß auf.«

Andi und ich haben dann noch zusammen am Tresen einen Wein getrunken, er sagte: »Nächste Woche tanzen wir wieder.« Da habe ich gesagt: »Nee, bestimmt nicht.« Er hat mich so entsetzt angesehen. Ich hab' ihm erklärt: »Es sind doch Schulferien.« Da wußte er, daß ich Kinder habe, er hatte offensichtlich keine, sonst hätte er das ja gewußt mit den Ferien. Na ja, er ist ja auch jünger als ich, 30. Er hat dann jedenfalls sein Handy rausgeholt: »Gib mir deine Telefonnummer. Wir müssen telefonieren.«

Ich war kaum zu Hause, da kam eine SMS, wir haben dann die halbe Nacht getextet. Mittags haben wir uns zum Spazierengehen im Wald getroffen. Ich hatte ihn gefragt, ob er keine Probleme mit seiner Frau kriegt, die singt in der Band, aber er hat gesagt, das zwischen ihnen sei nur noch auf dem Papier, eigentlich seien sie schon getrennt. Er wohnt auch alleine. Da sind wir dann gelandet.

Ich bin in den nächsten Tagen noch öfter als sonst zu meinem Mann rübergerutscht, aber er hat das wie immer abgeblockt, er hat mich regelrecht zur Seite geschoben. Ich dachte, ich könnte Andi aus meinen Gedanken drängen, wenn ich meinem Mann wieder näher bin.

Aber es kam anders: Ich wollte dann in den nächsten Wochen auch nichts mehr von meinem Mann. Andreas hat mir gesagt: Er will nicht mein Liebhaber sein, ich sollte mich entscheiden und meinen Mann verlassen, mit den Kindern zu ihm kommen.

Am Valentinstag hat er gefragt: »Willst du meine Frau werden?« Das war schon schön, aber ich hab ihm gesagt: »Frag mich das in sieben, acht Jahren noch mal.« Dann sind die Kinder groß.

Vier Monate ging das mit Andi.

Da sagt dir einer, wie schön du bist, wie begehrenswert. Dann kommst du nach Hause, und keiner merkt, daß du ein neues Kleid anhast.

Er hat Schatz zu mir gesagt, Liebling! Das würde meinem Mann nie einfallen!

Da kriegst du eine SMS, während du gerade Pizza für die Kinder in den Ofen schiebst: Überleg dir, was du wirklich willst. Du hast Aufmerksamkeit und Liebe und Zärtlichkeit verdient – oder möchtest du so monoton weiterleben?

Andi hat mir gesagt, ich soll einen Weg finden, mich zu trennen, zur Beratung gehen, mit meinem Mann sprechen. Ich habe nur gedacht: Mein Mann hat das nicht verdient, nach allem, was er für uns getan hat. Er hat uns ein Zuhause gebaut, sein ganzes Geld reingesteckt in ein Haus, das ich mal von meinen Eltern erben werde.

Irgendwann hat Andi für mich entschieden, er hat mir gesagt: »Lieben heißt auch, loslassen zu können. Ich lasse jetzt los.«

15 Jahre hatte ich meinen Gefühlen nie nachgegeben und bin gut damit gefahren... Das Ende mit Andreas hat mich in ein wochenlanges Chaos gestürzt: Hinterhertelefonieren, SMSe schicken, es nicht wahrhaben wollen. Ich habe oft nachts wach gelegen, neben mir schlief mein Mann, und ich habe gegrübelt. Viele Nächte habe ich nur vier, fünf Stunden Schlaf bekommen. Die Gedanken waren immer dieselben: Hast du einen Fehler gemacht? Kannst du das Rad zurückdrehen? Hat es Sinn, es jetzt noch zu versuchen?

Am nächsten Morgen habe ich mit Mühe die Brote für die Kinder geschmiert, auf ihre Fragen kaum geantwortet – ich kam mir vor wie eine grottenschlechte Mutter.

Als alles schon vorbei war, habe ich Pläne entwickelt, wie es gehen könnte: Ich hätte montags nach der Arbeit Abendbrot für die Kinder gemacht und wäre dann zu Andi gefahren. Dienstag hätte Ulf das machen müssen, Mittwoch nachmittag wäre ich wieder nach Hause gefahren. Am Freitag wäre ich dann fürs Wochenende wieder zu Andi gefahren, vielleicht auch nur jedes zweite. So ungefähr.

Aber es war zu spät. Für so etwas hätte ich mich am Anfang entscheiden müssen.

Wie oft war ich den Tränen nahe, meine Gedanken krei-
sten um Andi, wenn ich nach Hause kam und die Kinder
gleich mit ihren Problemen auf mich zugestürzt sind. Ich
konnte nicht richtig zuhören, da hab ich mich als Rabenmutter gefühlt. Nein, ich möchte nicht wissen, was für eine Mutter ich in den letzten Monaten war. Jedenfalls nicht so eine
wie vorher. Ich merke, daß meine Jungs mehr Zeit als sonst
bei Oma und Opa verbringen – die mögen sie zwar sonst
auch, aber ich denke, daß ihnen meine schlechte Laune,
meine Anspannung nicht verborgen geblieben sind.

In Roberts Klasse haben sich jetzt die Eltern eines Jungen
scheiden lassen. Der ist in der Schule völlig abgerutscht, er
kommt auch oft zu spät, fängt Streit an. Robi sagt, daß dieser
Felix ihm leid tut. Ich habe versucht ihm zu erklären, daß die
Eltern eben nicht mehr miteinander leben konnten, weil sie
sich nicht mehr geliebt haben – die Frau ist mit ihrer Tochter
zu ihrem neuen Freund gezogen. Mein Sohn sagt, daß er das
ganz schlimm findet, daß die Eltern sich nicht mehr lieben,
und so was doch nicht passieren kann.

Robi hat feine Antennen entwickelt in den vergangenen
Monaten, er hat öfter gefragt: »Wieso streitet ihr jetzt so
oft?« Natürlich frage ich mich, ob er Angst hat, daß wir uns
trennen.

Seit Tunesien geht es mir besser, vorher habe ich oft nur
rumgehangen, mich krank gefühlt, ich kam mir vor wie ein
gefangenes Tier im Käfig.

Ich habe in einem Vierteljahr gefühlsmäßig so viel erlebt
wie in 15 Jahren nicht. An guten Tagen sage ich mir: Was für
ein Glück, daß du das erleben durftest, dann fällt wieder alles
in sich zusammen und mir kommen die Tränen. Andreas hat
einmal gesagt, er merkt, daß ich um meinen Mann kämpfe.
Wahrscheinlich ist das so.

Oder nein. Wahrscheinlich ging es doch mehr um die Kinder. Ich hab nicht zwischen zwei Männern entschieden, sondern zwischen Andi und den Kindern. Allein wenn ich mir vorstelle: Ich lasse die Kinder bei Ulf – und sie bekommen nicht die Liebe, die ich ihnen geben kann, der Große bekommt kein Verständnis, die Kleinen haben niemanden zum Kuscheln. Das konnte ich nicht, einfach nur an mich denken. Für mich sind Rabenmütter die, die das durchziehen, die egoistisch nur an sich denken, die sich trennen.

Ich hab ja schon ein schlechtes Gewissen, wenn ich am Freitagabend zum Fitneßtraining gehe, obwohl einer von den Kleinen noch spielen will, weil ja am nächsten Tag ausschlafen angesagt ist. Dann piekt es mich, wenn ich nein sage, andererseits ist das nun einmal die Zeit in der Woche, zu der das Training für mich am besten paßt.

Man muß immer das richtige Maß finden, auch mit der Schule. Ich frage mich manchmal: Kümmere ich mich zuwenig um alles? Ich finde das ja eigentlich nicht, aber trotzdem plagt dich da das schlechte Gewissen. Der Große will mal Naturforscher oder Entdecker werden, das sagt er schon, seit er klein ist, neuerdings ist noch Umweltminister dazugekommen. Er ist jetzt 13, er weiß, daß er für sein Wunschstudium gute Noten braucht. Ich sage ihm: »Da kannst du dir in den Bio- und Mathearbeiten keine Vier leisten, tu was!« Ich kümmere mich aber nicht groß drum, denn er *kann* das alleine, intelligent genug ist er, er muß nur lernen.

Bei Max ist es ein bißchen anders, da denk ich manchmal: Er stellt sich dumm, damit ich ihm helfe, bei ihm sitze. Das sind dann Textaufgaben, und er wiederholt stur: Ich weiß nicht, was die meinen. Ich sage: Was könnten die denn meinen? Und so tasten wir uns ran. Manchmal behauptet er auch, er kann sich nicht konzentrieren. Neulich saßen wir schon eine Stunde, da hat er gemerkt, daß in zehn Minuten Fußball im Fernsehen kommt – und plötzlich ging alles schwuppdiwupp. Ich bin ihm deswegen aber nicht böse, ich hab schon begriffen, warum er sich so begriffsstutzig stellt.

Mein Mann hatte im Winter, bevor das mit Andi passiert ist, eine Knie-OP und war danach zur Reha, vier Wochen. Da habe ich gemerkt: Es geht sehr wohl ohne ihn, es läuft alles ruhiger. Ihm hat das auch gefallen, ohne uns, das habe ich gemerkt. Als er wieder da war, habe ich viele Sachen einfach weiterhin so gemacht wie vorher ohne ihn, da hat er sich beschwert: »Warum sprichst du das nicht mit mir ab?« Na, weil ich gemerkt habe, es geht auch so, und zwar so, wie ich es richtig finde. Hm, ja. Wenn der Große am Tisch so mit dem Stuhl wackelt, daß die Beine auf den Fliesen klackern, da sag ich nichts – mein Mann wird laut und böse. Mein Sohn testet das aus: Wie weit geht meine Mutter, wie weit geht mein Vater? Ich denke: einfach ignorieren, dann hört er auf. Sitzt mein Mann nicht mit am Tisch, habe ich dieses Problem nicht.

Ich weiß ja, daß der Große einfach Aufmerksamkeit haben will, egal wie, ich denke: Laß ihn kippeln... Aufmerksamkeit kann er auch anders kriegen. Es kommt ja auch noch dazu: Die Jungs schaukeln sich gegenseitig hoch, kippelt der eine, sagt mein Mann was, sagt Janis oder Max was, und schon hast du Streit. Mir ist es so wichtig, daß wir alle zusammen essen, aber friedlich!

Ich habe das Gefühl, nur ich kämpfe um diese Beziehung, denke manchmal aber auch: Vielleicht bin ich blind, sehe Ulfs Bemühungen gar nicht. Das ist wohl so, mir ist, wenn ich richtig drüber nachdenke, schon aufgefallen, daß er in letzter Zeit in der Küche nichts mehr stehenläßt, oft sogar die Spüle putzt, den Geschirrspüler von sich aus ausräumt, auch staubsaugt.

Mein Mann versucht durchaus manchmal, mit mir zu reden, er sagt: »Ich habe keine Probleme mit dir. Mit den Kindern, ja, mit meiner Mutter, ja. Aber mit dir? Nö.«

Neulich meinte er: »Ich weiß ja, das hängt alles mit deiner Krankheit zusammen.« So erklärt er sich, was ihm komisch vorkommt, was er nicht versteht. Sicher auch, wie sich das bei uns sexuell entwickelt hat – immerhin haben wir nach meinem Tunesienurlaub wieder miteinander geschlafen.

Im letzten halben Jahr hab ich manchmal Tränen in die Augen gekriegt, wenn ich auf Station gesehen habe, wie ein Ehemann bei seiner sterbenskranken Frau sitzt, ihr über den Arm oder den Kopf streichelt. Du denkst manchmal unwillkürlich: Wer würde dich so streicheln?

Im Moment nehm ich alles so hin, wie es ist. Trotzdem frag ich mich manchmal: Wie lange will ich das noch so machen? Deine Beziehung ist Mist, das, was dein Mann mit der Kindererziehung macht, ist Mist, du kriegst bei der Arbeit kaum ein Dankeschön, wie geht das mit deiner Krankheit weiter – es ist ja durchaus ein bißchen so: Jetzt kann ich noch, jetzt will ich. Andererseits habe ich schon immer gedacht: Du lebst nur einmal.

Diese ganzen Überlegungen – kein Wunder, daß ich oft so im Zwiespalt mit mir bin.

Manchmal denk ich: Wären uns die Kinder nicht passiert – Ulf und ich wären nicht mehr zusammen. Dann ermahne ich mich sofort: Du bist undankbar. Neulich hatten wir eine 44jährige Frau auf der Station, die war nach ihrer vierten Fehlgeburt da, sie hat keine Kinder und wünscht sich so sehr welche…

Manchmal stelle ich mir vor, ich gehe nach Indien oder nach Afrika. Da könnte ich so sinnvoll helfen, noch mal etwas richtig Neues, Wichtiges tun – aber ich werde ja hier auch gebraucht. Mal sehen, in sieben, acht Jahren vielleicht…

Nächstes Jahr möchte ich jedenfalls erst mal wieder nach Tunesien.

Cornelia, 42, Sozialpädagogin

Rabenmutter fürs halbe Kind?
Oder: Plötzlich sind wir Vorbild

»Um Gottes willen, das arme Kind.« Es dauerte eine Weile, bis Cornelia bei solchen Kommentaren ihrer Umgebung auf Durchzug stellen konnte. Cornelia und Ulrich wählten nicht den üblichen Weg für ihren Sohn: Sie gaben Sebastian in die Krippe... Sie arbeiteten beide... Als sie sich trennten – da war Sebastian drei – organisierten sie, was sie für den Fall der Fälle immer vorhatten: daß sie beide weiter Eltern bleiben, Sebastian also halb bei Mama halb bei Papa wohnt. Heute ist Sebastian ein wohlgeratener 18jähriger, und die anderen sagen: »Wie habt ihr das bloß gemacht?«

Ich kam zur ersten Schwangerschaft wie die Jungfrau zum Kinde. Also, Jungfrau war ich natürlich nicht mehr. Aber die Schwangerschaft war unbeabsichtigt, ich war ja auch superjung, Anfang 20. Ich habe Ulrich getroffen, wir haben uns verliebt, und gleich nach dem ersten Mal war ich schwanger.

Wir sahen beide keine andere Lösung: Wir haben einen Abbruch machen lassen. Ulrich war mit dabei. Es ging so ähnlich wie heute: Wir hatten eine soziale Indikation, das Beratungsgespräch bei Pro Familia. Der Abbruch war okay für mich. Ich hab Ulrich damals das Versprechen abgenommen: Das machen wir nie wieder. Es war nicht so, daß ich danach ewig getrauert habe. Vom Gefühl her, muß ich sagen, ich hätte schon ein Kind gewollt. Aber es ging zu dem Zeitpunkt eben nicht.

Ein halbes Jahr später war ich wieder schwanger, trotz Diaphragma. Wir haben gesagt: Okay, das ist es, scheinbar soll es so sein, das machen wir. Ich bin zur Frauenärztin gegangen.

Das Prickelnde war dann: Die Krankenkasse hat die Unterlagen, Mutterpaß und so, zu mir nach Hause geschickt. Ich war zwar volljährig, der Brief ging auch an meine Adresse, das war aber noch meine alte bei meinen Eltern. Und meine Eltern haben meine Post aufgemacht. Ich habe ja damals schon in Freiburg studiert, kam aber am Wochenende oft nach Hause, Wäsche waschen, die Eltern besuchen.

Die haben mich schon an der Haustür empfangen wie die Furien. Mein Vater war gar nicht so, aber meine Mutter – das war für mich ein Alptraum. Ich hätte kotzen können. Sie haben den Ulrich per Telegramm herbeizitiert, der studierte ja auch in Freiburg. Und dann haben sie auf uns eingeredet: »Die Verantwortung... Wie wollt ihr das finanzieren? Ihr habt ja noch gar keine Zukunft...«

Dabei hatten wir uns sehr wohl Gedanken gemacht. Wir wollten die Erziehung gemeinsam angehen, denn es war klar: Wir werden *beide* Eltern. Nach dem Abbruch hatten wir einige Sachen grundsätzlich geklärt: Wir wollten Kinder, wir wollten gemeinsames Sorgerecht, für uns war das völlig selbstverständlich.

Wir sind dann im Streit von meinen Eltern weggefahren, zurück nach Freiburg.

Meine Mutter hat bestimmt gedacht, das ist alles gegen sie gerichtet, ich mache das mit Absicht. Sie hat mir später auch mal Sachen gesagt wie: »Du ziehst dich ja nur so und so an, weil du weißt, daß mich das ärgert.« Aber das ist doch Quatsch.

Für das, was Ulrich und ich vorhatten, gab es keine Beispiele in unserer Umgebung. Unter den Studenten kannten wir keine Eltern. Aber man kann da ja reinwachsen.

Auf der Rückfahrt von meinen Eltern habe ich Bauchschmerzen bekommen – am nächsten Morgen hatte ich meine erste Fehlgeburt. Ich war im Krankenhaus deswegen, und da hab ich mir dann die Spirale einsetzen lassen, das war damals das Mittel der Wahl.

Ulrich und ich hatten beide Studienaufenthalte in Schottland beantragt, die bekamen wir bewilligt. Das war vor 20 Jahren im Herbst, ja. Wir fuhren hin – im Dezember war ich wieder schwanger. Trotz Spirale. Ich bin natürlich zum Arzt, einem Allgemeinmediziner, der hat gesagt, alles okay, kein Problem. Sicherheitshalber bin ich auch noch in die infirmery, ins Krankenhaus, klar, ich hatte ja schon die Fehlgeburt gehabt. Die im Krankenhaus haben aber auch gesagt: »*Don't worry*«, kein Grund zur Sorge.

Weihnachten war ich in Deutschland und bin zu meiner Frauenärztin, sicherheitshalber. Die Spirale konnte man jetzt nicht mehr ziehen, das wäre zu gefährlich gewesen, sie mußte also drinbleiben. Meine Frauenärztin guckte mit bedenklichem Gesicht, aber sie meinte dann: »Machen Sie, fahren Sie auch ruhig wieder zurück nach Schottland, die Gynäkologen da sind gut.«

Ostern hatte ich meine zweite Fehlgeburt.

Ich hatte schon alles gespürt! Die Bewegungen, das Leben. Das war richtig satt, da hab ich echt lange geheult... Da war 'ne Person dagewesen im sechsten Monat! Wir haben ihm einen Namen gegeben und ihn auch richtig beerdigt.

In dieser Zeit danach hat unsere Partnerschaft gelitten. Wir haben viel geredet, natürlich, aber in der Partnerschaft kommst du an einen Punkt, wo man nicht noch mehr reden kann, es dreht sich nur alles im Kreis. Ulrich war damals in jeder Hinsicht für mich da. Das ist eine Trauer, die begleitet einen ein Leben lang. Er wäre jetzt 19!

Wir sind im nächsten Sommer zurück nach Deutschland und haben beschlossen: Jetzt gönnen wir uns mal richtig was. Wir sind nach Italien, haben einen Sprachkurs gemacht, Fahrradtouren. Und wir dachten: Wir lassen's drauf ankommen. Da war ich schon wieder schwanger. Diesmal bin ich aber ganz anders rangegangen. Es gab einen Nachrichten-stop in jeder Richtung, keiner hat etwas erfahren, auch die Eltern nicht, nur meine beste Freundin.

Ich habe geraucht, also nicht viel, aber geraucht, ich hab auch in der Kneipe mal ein Bier getrunken. Ein bißchen ein schlechtes Gewissen hatte ich schon, aber es hat am Ende nicht geschadet. Das Thema Schwangerschaft war einfach ta-bu. Es war, als sollten die Schicksalsgötter nichts merken. Bei Ulrich und mir war die Angst immer im Hintergrund: Packen wir's? Im 5., 6. Monat gab es diesen Tag, da wußte ich plötzlich: Es wird ein Junge. Wir haben dann auch nur einen Jungennamen ausgesucht. Sebastian. Da habe ich es auch mei-ner Mutter gesagt, sie hatte es natürlich schon längst gemerkt und gewartet, daß ich damit endlich rausrücke.

Ulrich mußte in den letzten Monaten der Schwanger-schaft immer das Ohr an meinen Bauch legen und nach den Herztönen hören, wenn ich dachte, es bewegt sich nichts. Im Juli sind wir dann Eltern geworden von dem Knilch ne-benan, jetzt ist der schon 18.

Sebastian kam per Kaiserschnitt – er war ein Brummer, drei Komma sieben Kilo, großer Kopfumfang, der *mußte* per Kaiserschnitt kommen. Ich lag danach drei Tage im Bett. Ulrich mußte das Baby baden, wickeln. Er hatte also einen guten Vorsprung, als ich wieder aufstehen konnte. Er konnte mich in der Pflege unterweisen. Nur das Stillen, das konnte er nicht.

Bei Ulrich ging es aufs Ende des Studiums. Und ich habe nach drei Monaten wieder die Uni besucht, für drei Semi-nare war ich eingeschrieben und richtig glücklich, da hin-zukönnen. Ich habe meine Zeit also geteilt: Babybetreuung und Studium. Es war herrlich, an der Uni zwei Stunden lang etwas ganz Abgefahrenes, Theoretisches machen zu können, da habe ich keinen einzigen Gedanken an Pflege, Schreien oder so gehabt, es ging mir gut. Was nicht heißt, daß es mir mit dem Baby nicht gutging. Ich weiß aber genau: Nur alleine mit dem Kind zu Hause, wäre ich die Wände hochgegangen. Komisch, viele Frauen haben bei diesem Thema ja so eine Schere im Kopf, ich weiß gar nicht, wie man es nennen soll, ob das nun *politisch korrekt* sein soll oder *moralisch*, also ich meine diese Mutterrolle, das Bild von der Mutter, das Leben als ewige Versorgerin.

Als Sebastian 14 Monate alt war, kam er in die Krippe, in so einer Elterninitiative, Ulrich und ich waren ja beide politisch aktiv, wir waren undogmatische Linke, haben im *Asta* mitgearbeitet – dadurch hatten wir Kontakte. Von neun bis eins wurden die Kinder in der Krippe betreut. Die Eingewöhnung hat Ulrich gemacht. Gott sei Dank. Sebastian hat geplärrt… Ich war froh, daß ich da nicht dabeisein mußte, vier, sechs Wochen ist Ulrich jeden Tag mit hin, wenn er ging, hörte Sebastian keinesfalls sofort auf zu weinen, das haben uns die Kindergärtnerinnen gesagt. Nach sechs Wochen fühlte Sebastian sich dann pudelwohl. Er hat heute noch Kontakt zu anderen Kinderhäuslern!

Ulrich schrieb an seiner Magisterarbeit in Geschichte, da kam unsere Beziehung ins Schliddern. Ich will das gar nicht genauer ausführen, es ist schon kompliziert, was alles dahintersteckte, letztlich sind die Gründe ja auch gar nicht so wichtig. Aus heutiger Sicht kann ich das wesentlich gelassener sehen. Wegen *Sebastian* hatten wir jedenfalls nie Probleme gehabt.

Also: Plötzlich haben wir uns nur noch gezofft – Sebastian hat nichts mehr gegessen, er wollte abends nicht ins Bett, er hat gesagt: »Dann streitet ihr euch!« – Da war er knapp drei!

Ich dachte irgendwann: Das geht so nicht weiter, es muß Schluß sein. Ich bin dann relativ schnell ausgezogen. Mit einem halben Sebastian. Ulrich und mir war immer klar: Diese Wochenend-Elternschaften sind nichts für uns. Sebastian war also die halbe Woche bei mir, die andere Hälfte bei Ulrich. Der Fixpunkt war der Kindergarten, da änderte sich für Sebastian gar nichts, wir wohnten beide in der Nähe.

Von den Erziehern kriegten wir ja immer Feedback, wie Sebastian drauf war. Im Kindergarten hat er beim Essen reingehauen, was ja kein Wunder war, aß er doch zu Hause schlecht. Er hat im Kindergarten auch völlig normal gespielt. Das war schon beruhigend für uns. Daheim hat Sebastian nämlich Druck gemacht: Er hat uns gesagt, wir sollten wieder zusammenziehen. Bis er vier war, hat er immer wieder gefragt, wann wir das endlich tun, dann hatte er es kapiert.

Ulrich und ich hatten eine Vereinbarung: Wenn das Kind nach dem anderen fragt, müssen wir den Kontakt möglich machen, und wenn es nur telefonisch ist. Das wichtigste war am Anfang die Organisation: Wo sind die Klamotten, wer bezahlt was – das klappt, wenn man sich darauf konzentriert. Wir haben neutrale Übergabepunkte ausgemacht, meist den Kindergarten, wo wir uns auch gar nicht begegnen mußten, der eine hat dann morgens Sebastian mit der gepackten Tasche samt Kuscheltier hingebracht, der andere hat Sebastian mit Tasche abgeholt.

Wir hatten zum Teil starre Regeln wie Pünktlichkeit, Uhrzeiten, zu denen wir uns trafen. Das mußte so sein, denn wir haben uns vier Jahre nach der Trennung immer noch gezofft – wenn es um etwas anderes ging als konkret um Sebastian.

Als Sebastian klein war, hatte ich oft das Gefühl, mir wird von meiner Umgebung systematisch ein schlechtes Gewissen eingeredet. Das erste Mal, als wir Sebastian in die Krippe gaben. Dann, als wir uns trennten. Ich wurde ständig gefragt: Wie macht ihr das? Es wurde kommentiert: Um Gottes willen, das arme Kind!

Ich dachte aber: Was wissen die, wie es meinem Kind geht? Wie können die urteilen? Ich hatte durchaus ein schlechtes Gewissen, weil ich einen Weg ging, der nicht der übliche war, das verunsichert, klar. Aber irgendwann war ich innerlich an einem Punkt, wo ich mich nicht mehr gefragt habe: Bin ich eine schlechte Mutter?

Es war damals eine ganz feine Sache, diese Kontrolle im Kindergarten zu haben, diese Rückmeldung: Mit deinem Kind ist alles in Ordnung, es verhält sich in keinster Weise auffällig oder so.

Mit diesem Halbe-Woche-hier-halbe-Woche-da lief alles, bis Sebastian fünf war. Die Schule rückte näher, Sebastian war ein Kann-Kind, er konnte mit fünf eingeschult werden, mußte aber nicht ... Da kam sein Vater auf die Idee, nach Finnland zu gehen. Im Mai hat er uns das erzählt, im Juni hat Sebastian gesagt: »Ich will mit.« Ulrich hat gesagt: »Ich muß dich natürlich fragen.« Ich habe gedacht: Dann hat er ihn ja ganz – ich war panisch.

Sebastian war das Reisen ja gewöhnt. Und Ulrich hatte schon Pläne, wie alles genau gehen könnte. Sebastian sollte in eine *International Playschool* gehen, dort Englisch lernen. Ich habe Ulrich gesagt: »Gib mir 24 Stunden, ich muß drüber nachdenken.«

Ich habe für mich überlegt: Wo hängt's denn? Am nächsten Tag habe ich Ulrich ganz nüchtern gesagt: »Ein Jahr – das ist *sooo* lange!« Ulrich konnte das verstehen. Er sagte dann: »Wir schreiben regelmäßig, wir schicken Bilder, wir telefonieren. Und du kannst uns ja im November besuchen kommen.« Ich habe ihm das Versprechen abgenommen, daß er nicht versucht, mir Sebastian zu entfremden.

Ich mußte dann sogar notariell bestätigen lassen, daß Ulrich das Recht hatte, Sebastian mit nach Finnland zu nehmen. Wir hatten zwar gemeinsames Sorgerecht, aber für Auslandsreisen gelten besondere Regeln, ich hab ihm also die Genehmigung gegeben. Da hab ich mich als Rabenmutter gefühlt: Ich dachte: Du läßt dein Kind mutterseelenallein in ein fremdes Land ... Gegenüber meiner Umgebung war ich trotzig, aber gelitten hab ich genug. Wenn Sebastian am Telefon war – Heimweh hatte er schon. In der Firma konnte ich ins Ausland telefonieren, ohne daß es auffiel – Auslandsgespräche haben ja damals noch richtig Geld gekostet. Wenn ich da saß, freitags, wenn wir zum Telefonieren verabredet waren, mußte ich wie ein Häuflein Elend wirken auf die Kollegen. Sebastian sagte anfangs Sachen wie: »Ich vermiß' dich so. Wann kommst du?« Mit dem Englischsprechen war es am Anfang auch schwer.

Ende November habe ich die beiden dann besucht. Es war eisig kalt, ganz Helsinki lag in Winterstimmung, es war wunderbar. Und Sebastian hat mich in seiner Playschool vorgeführt – daß ich Englisch spreche, hat ihn erstaunt.

Da ging's mir besser, als ich da war: Mein Sohn!!! Das erlebt zu haben, wie er da mit britischem Akzent Englisch sprach! Das war richtig klasse. Aus jedem Land war da ein Kind an dieser Schule, toll. Sebastian spricht heute fließend Englisch, schriftlich ist er 'ne Niete, aber was macht das. Ich bin erleichtert aus Finnland wieder abgefahren. Es war klar: Weihnachten kommt er zu mir nach Deutschland. So war es dann auch, und danach war alles ganz problemlos für mich.

Ich hatte das nie gekonnt, meine Verlustängste unter Kontrolle zu bekommen, das war schwer. Ich habe damals gelernt: Ich kann mein Kind gehen lassen. Ich spüre ja das Muttertier in mir, ich scheiß' Sebastian heute noch zusammen, wenn er weg ist und sich nicht meldet. Er hat natürlich Freigang, er muß nicht um acht zu Hause sein, aber ich möchte wissen, wo er ist. Ich bin froh, wenn er ausgezogen ist, dann muß ich mir nämlich keine Gedanken mehr machen, wann er heimkommt.

In den ersten Jahren nach der Trennung bin ich alle zwei Jahre umgezogen. Ulrich ist in unserer alten Wohnung geblieben, bis er zu Henrieke gezogen ist vor drei Jahren. Die Entfernungen von unseren Wohnungen waren aber immer ungefähr gleich, gleich nah. Die Grundschule war in Ulrichs Nähe. Als Sebastian zum Gymnasium kam, klappte das schon mit der Busfahrkarte, Sebastian ist allein gefahren ab der 5. Klasse. Wir haben Sebastian immer in Entscheidungen mit eingebunden, daß er aufs Gymnasium geht, haben wir auch schon zusammen entschieden.

Seit einigen Jahren kommt von allen Seiten: Klasse, wie ihr das gemacht habt. Echt klasse. Ihr seid ein Vorbild. Als Sebastian in der dritten, vierten Klasse war und dann mit Supernoten aufs Gymnasium kam, ging es eigentlich schon los. Er konnte Englisch, er ist auch überzeugend in seiner Art bei anderen, aber es ist ja sowieso immer so, daß Kinder sich bei anderen viel besser aufführen als zu Hause.

Sogar von meiner Mutter kam: klasse. Das hat mich besonders gefreut. Denn als Sebastian sechs, sieben Jahre war, hatte ich mit meiner Mutter Superzoff. Wir hatten dann ein Jahr Funkstille, ich habe den Kontakt abgebrochen.

Diese Zeit hat die Beziehung zwischen Ulrich und meiner Mutter erheblich verbessert. Um ihren Enkel zu sehen, mußte sie sich mit Ulrich nämlich gut stellen. Ulrich war bei unserer Trennung für meine Mutter natürlich der Buhmann gewesen, klar hielt sie zu ihrer Tochter.

Als mit mir Funkstille war, ging ihr der Arsch auf Grundeis – Sebastian war ihr einziger Enkel damals, heute hat sie vier. Dieses Jahr hat wirklich Wunder bewirkt. Ulrich kommt ja auch aus dem Emsland, er hat Sebastian dann oft bei meinen Eltern vorbeigebracht, wenn er hochgefahren ist.

Meine Mutter war mit vier Kindern überfordert gewesen, denke ich, das wollte ich für mich nie. Als Sebastian da war, war klar: Das isses. Mit den Fehlgeburten vorher ist das ja auch nachvollziehbar. Das Ganze also noch mal? Lieber nicht.

Meine Mutter hatte sich lange gewünscht zu arbeiten. Das ging dann, als wir alt genug waren, ich glaube, ich war so 13, 14. Sie hat zweimal die Woche in der Bibliothek gearbeitet, das hat sie glücklich gemacht. Familie ist definitiv harte Arbeit.

Meine Mutter hat ihre Wünsche und Ziele auf mich projiziert, ich sollte das erfüllen, was sie nicht konnte. Erstens sollte ich Karriere machen. Und zweitens sollte ich einen Doktor heiraten. Sie hat mich genervt: »Geh doch mal mit dem und dem weg«, wenn sie einen im Visier hatte. Sie wollte akademische Würden für mich, aber auf *diesem* Weg…

Ich habe mit meinem Verhalten ihre Ziele gestört. Das hat sich aber widersprochen: Einerseits wollte sie mich zu einer unabhängigen, selbständigen Frau erziehen, und gleichzeitig wollte sie mir erzählen, was ich zu tun habe. Das ist die klassische Doppelbotschaft.

Das Blöde mit meiner Mutter war früher immer, ob beim Telefonieren oder im persönlichen Gespräch, daß ich sehr leicht hochgegangen bin, sie hat mich auch manchmal wirklich drangsaliert… Als ich anfing zu arbeiten, hat sie hartnäckig, drei-, viermal versucht, mir eine Mikrowelle aufzuschwatzen: »Hier, die kannst du behalten.« Ich habe gesagt: »Ich will nicht, einfach nur auf ein paar Knöpfe drücken, und in Windeseile ist das Essen warm, das kann nicht gut sein.« Das wollte ich überhaupt nicht. Ich glaube fast, meine Mutter hat die Mikrowelle dann selbst genommen, ich denke, sie hatte vorher selbst gar keine – ich brauchte aus ihrer Sicht natürlich dringend eine, weil ich ja wieder anfing zu arbeiten und Sebastian in die Krippe gab.

Heute haben wir ein klasse Verhältnis, aber das war durchaus ein langer Weg. Dieses eine Jahr Pause zwischen uns hat den Gesprächen danach geholfen. Die Beziehung Mutter-Tochter ist nichts Statisches. Meine Mutter ist heute auch anders als früher. Sie ist nicht mehr so dominant, früher mußte sie alles kontrollieren, was um sie herum geschah. Meine Mutter hat mich heute als erwachsene Frau akzeptiert, und ich weiß für mich, daß mein Weg gut ist.

Das Komische ist, daß ich im Laufe der Jahre komplette Sätze von meiner Mutter bei mir wiedergefunden habe. Zum Beispiel, als Sebastian ganz klein war: »Nun ist ja gut, ich bin ja da.« Es waren nicht nur die Sätze auch die ganze Art und Weise.

Wir sind Muttertiere, meine Mutter und ich, wir müssen unsere Leute füttern. Wenn die Familie kommt, wird bei meiner Mutter erst mal aufgetischt. Und ich bin eigentlich genauso. Es geht nichts über gutes Essen, seine Familie satt und zufrieden sitzen zu sehen. Das ist ein richtiger Trieb, dazu stehe ich. Vielleicht könnte ich ihn unterdrücken, aber das wäre ungesund. Weiter gibt es so Sachen wie: gegessen wird gemeinsam am Tisch, da hat kein Fernseher zu laufen. Es wird geredet, man darf auch lachen…

Sebastian geht in die gleiche Richtung, das merke ich. Manchmal wartet er schon nach der Schule auf mich, damit wir zusammen was kochen, er hat dann schon alles vorbereitet… Heute hat er Pfifferlinge eingekauft, einen ganzen Korb, die ersten in diesem Jahr. Ich erzähle Sebastian ja auch immer, daß das die Frauen mögen, wenn ein Mann kochen kann. Essen bewirkt Lebensqualität. Nachher kommt Christian, mein neuer Lebenspartner – na ja, neu, es gibt ihn auch schon vier Jahre –, und wir essen zusammen.

Christian, ja. Es ist lustig: Christian und Ulrich sind sich ganz schön ähnlich – nur ist Christian überhaupt nicht eifersüchtig, hat keine Kontrollsucht. Beide sind Perry-Rhodan-süchtig, und Pünktlichkeit ist ihrer beider Sache nicht.

Sebastian und Christian kommen Gott sei Dank gut miteinander klar. Christian spielt nicht den Papa, ist er ja auch nicht. Er darf sich einmischen, er sollte immer Verantwortung übernehmen. Sebastian akzeptiert ihn als Freund, das klappt. Von Christian nimmt Sebastian auch Rat entgegen, den er von mir oder Ulrich nie annehmen würde.

Ulrich hat auch seit fünf Jahren eine neue Freundin. Ich

mag sie, ich konnte auch völlig unbelastet sein, nach der langen Zeit... Ulrich ist mit in ihr Haus gezogen. Sebastian hatte damals eine harte Zeit: Er pubertierte schwer, er war sitzengeblieben, er zog sich zurück. Henrieke hat auch dazu beigetragen, daß er wieder aus sich rauskam.

Ich sage mir manchmal: Das hast du schon alles ganz richtig gemacht. Es macht Mühe, ja. Und du brauchst einen gehörigen Vorschuß an Vertrauen. Ich bin überzeugt, es gibt keine bösen Väter, die so drauf sind, daß sie den Müttern die Kinder entreißen wollen, da können die Mütter ganz gelassen sei. Ich glaube, Ulrich hat so etwas umgekehrt nie befürchtet wie: ich könnte ihm den Sohn wegnehmen. Damit hätte ich mir ja auch ein Ei ins Nest gelegt, hätte ich das vorgehabt.

Ulrich und ich sind uns nicht in den Rücken gefallen. Mit der Pünktlichkeit ist das zum Beispiel so eine Sache bei Ulrich. Ich weiß das, darum habe ich ihn vor Sebastian auch immer in Schutz genommen, wenn wir eben warten mußten. Ich habe Sebastian gesagt: »Du mußt ihn so akzeptieren.« Später hat Sebastian einen Deal mit Ulrich gemacht: Fürs Zuspätkommen gab's Überraschungs-Eier, er hat eine ganz hübsche Sammlung zusammenbekommen. In so einer Situation, der Vater kommt zu spät, könntest du jetzt deinem Kind hinterm Rücken des Vaters ein schlechtes Gefühl hinterlassen. Ich habe Ulrich aber nicht vor Sebastian runtergemacht, sondern signalisiert: man muß ihn nehmen, wie er ist.

Ich habe schon manchmal gedacht, wenn's möglich gewesen wäre für Ulrich, nur der schöne Papa zu sein, also nicht den Alltag mit Kind zu haben, dann hätte ihm das wohl gefallen. Aber so war es ja nicht, Ulrich war und ist nicht der Vorzeigepapa, der Wochenendpapa, sondern wir haben alles geteilt. Das ging natürlich auch nicht zuletzt deswegen, weil wir beide meist Teilzeit gearbeitet haben.

Ich bin sehr dankbar, daß es so hingehauen hat. Sebastian hat oft genug versucht, uns übern Tisch zu ziehen. Er hat gesagt: »Ja, aber bei Ulrich darf ich das und das, der gibt mir das aber.« Oder: »Du bist ja viel lieber als der Ulrich und kaufst mir bestimmt das...«

Wir haben darüber geredet und das abgeschafft. Das führte auch zu der perversen Situation, daß Sebastian ein Taschengeldbuch geführt hat. Ich wußte manchmal nicht, hab ich ihm jetzt schon Taschengeld gegeben, wenn er gesagt hat, er hat noch keins. Und Ulrich wußte es auch nicht genau, Sebastian hat das ausgenutzt und doppelt kassiert. Da mußte er dann das Buch führen und sich das Taschengeld abzeichnen lassen, wir haben regelmäßig in diesem Buch unterschrieben. Auf solche Situationen muß man kreativ reagieren.

In der achten Klasse hatte er schlechte Noten. Die erste hat er dem Ulrich verschwiegen, dann hat er weiter geschwiegen. Er fand das erst 'ne klasse Idee. Und später, als alles raus war, hat er zu mir gesagt: »Dem Ulrich hab ich's aber gesagt.« Zu Ulrich sagte er, ich hätte die Zensuren gekannt. Er pubertierte, wie gesagt, schwer. Ich habe allen Leuten vorgejammert, wie schlecht er in der Schule ist. So eine Phase gibt's bei jedem Kind.

In dieser Zeit haben wir dann das Ritual der Familienkonferenz eingeführt, immer in der Öffentlichkeit, einem Café oder so – da streitest du nicht. 'ne Weile haben wir das alle drei Monate gemacht, dann nur noch bei einem konkreten Anlaß.

Wir hatten noch eine schwierige Situation: Sebastian wurde zu Hause unleidlich, er hat auch »halt's Maul« zu mir gesagt, woraufhin ich dann aus der Küche gegangen bin. Ich habe überlegt, was ich tun sollte, ich kam mir total hilflos vor. Christian hat mich darin bestätigt, Sebastian konsequent die rote Karte zu zeigen. Ich habe gesagt: »Sebastian, wir leben hier zusammen, du mit mir, hier gelten Regeln, an die wir uns beide halten. Wenn du dich nicht an die Regeln hältst, will ich dich hier nicht mehr sehen, dann ziehst du ganz zu Ulrich.« Da wurde er weiß um die Nase. Ulrich wollte damals mit Henrieke zusammenziehen. »Ich will dich nicht mehr sehen« – wenn du das aussprichst, fühlst du dich als Rabenmutter.

Ich glucke schon, eigentlich. Ich konnte das mit dem Ausziehen erst sagen, als ich wußte, ich kann konsequent sein. Aber es kam nicht dazu, daß ich es wirklich durchziehen mußte. Sebastian war schon wieder auf dem Weg nach oben.

Das war ein guter Schritt mit dem gemeinsamen Sorgerecht, das sollte viel mehr genutzt werden. Anfangs ging es nur darum, wer wäscht die Wäsche, hat Sebastian genug frische Socken im Schrank? Was gibt es zum Mittagessen? Aber man muß ja auch Entschuldigungen schreiben, wenn das Kind krank ist, und so was fällt eben nur an, wenn das Kind wirklich die halbe Zeit hier ist, die andere Hälfte da. Wir haben es so geregelt, daß Ulrich mit Sebastian zum Augenarzt geht, er hat auch schlechte Augen. Und ich habe den Zahnarzt übernommen. Weil ich nicht wollte, daß sich Ulrichs Angst vorm Zahnarzt auf Sebastian überträgt.

Früher verlief ein Treffen so: Das und das ist zu machen, das und das muß bezahlt werden, die Hosen werden knapp, wer kauft neue? Inzwischen wird auch geklönt. Weil wir uns gut verstehen. So, wie wir das gemacht haben, das müßte mehr geübt werden. In den Schulen könnte es doch Beziehungskunde geben. Oder in Sozialkunde lernt man: Wie löse ich einen Streit? Wie gehe ich mit Konflikten um? Es gibt so viele ethische Problem: Wie unterhalten wir uns? Wie ist das mit Familie, Kinder haben, wollen wir das, was, wenn wir uns trennen?

Auch wenn es sich verrückt anhört, ich würde wieder heiraten. Ich sehe die Hochzeit nicht als Sicherheitsriegel, den man sozusagen über die Ehe legt, so funktioniert das nicht. Man kann aber auch gar nicht heiraten und mit lieben Menschen jedes Jahr ein Beziehungsfest feiern, für mich hätte das die gleiche bindende Wirkung.

Wir sitzen Weihnachten alle zusammen, Sebastian, Christian, Ulrich und Henrieke und ich – vor fünf Jahren wäre das noch nicht denkbar gewesen. Also das ist kein Weihnachten mit Weihnachtsbaum, Geschenke gibt es bei uns nicht, nur Raclette, das muß sein, und dann wird gezockt. Wir feiern immer am zweiten Weihnachtstag, dann können wir gleich in meinen Geburtstag reinfeiern. Und im Sommer spielen wir Doppelkopf im Hof. Ich freue mich so darüber, daß das so klappt. Nach unserer Trennung hatten sich auch unsere Freundeskreise getrennt, ich habe zu vielen den Kontakt verloren, wovon jetzt ein Teil wiederkommt. Das ist auch schön.

Ulrich und ich haben uns damals allein gefühlt mit unserer Entscheidung. Selbst die Scheidungsrichterin fragte: »Ja, wie machen Sie das denn mit dem Kind?« Sie war eine alte, strenge Person, sehr herrisch, sie wirkte nicht so, als hätte sie Kinder, sie sagte: »Das geht aber nicht. Spätestens wenn Ihr Sohn in die Schule geht, muß er einen einzigen Wohnort haben.« Das war damals die Haltung. Wir haben niemanden gekannt, der das so gelöst hat wie wir. Die vom Jugendamt fanden's toll: Endlich mal Eltern, die gemeinsam rangehen.

Also, ich finde Sebastian heute jedenfalls echt gut gelungen. Er ist erwachsen. Wenn er mir von Ulrich erzählt, sagt er nicht mehr Papa, er sagt Ulrich. Wenn er ganz normal zu Dritten von mir spricht, sagt er auch Cornelia. Es ist je nach Situation: Wenn er etwas von mir will, sagt er Mama. Wenn er lieb ist, sagt er Nelli, wenn er mich ärgern will Mamsi. Und zu den Eltern von anderen Kindern spricht er im Spaß von mir als *seiner ehrenwerten Frau Mutter*. Ich wollte nie Mama heißen. Da ist mir die Persönlichkeit zu sehr auf die bloße

Funktion reduziert. Für die enge Familie habe ich den Namen Nelli: für Brüder, Eltern, Sebastian, Christian. Und nur die dürfen mich so nennen, manchmal hat das schon jemand anders aufgeschnappt, aber ich bin da empfindlich, ich kann richtig pampig werden, ich sage dann: »Du weißt doch, daß ich Cornelia heiße.« Ulrich sagt inzwischen auch wieder Cornelia zu mir. Und ich nenne ihn auch nicht mehr Ulli.

Ich war voll beschäftigt mit Muttersein
Oder: Sie brauchte Nähe, Nähe, Nähe

Lange galt für Astrid: ein Kind? Jetzt nicht. Dann konnte sie mit ihrem Mann Klaus ja sagen zum Baby. Astrids überraschendem Gefühlsrausch nach der Geburt folgte die Erkenntnis: Janas großes Bedürfnis nach Nähe und Geborgenheit frißt mich auf. Hilfe brachte die Antwort auf die Frage: Was ist mir wirklich wichtig?

Nach Janas Geburt bin ich etliche Monate in die Klinik zum Stilltreff gefahren. Einerseits war es schön, mit anderen Müttern und Babys zusammenzusein, andererseits war es verunsichernd. Ich habe da immer ein Bild skizziert bekommen, wie toll das alles ist mit Baby, wie unkompliziert. Ich kam mir manchmal vor wie ein Freak, wie die einzige, die ihr Kind zwar innig liebte, diese Zeit aber trotzdem als verzehrend und anstrengend empfand. Irgendwann fragte ich mich: Wird hier die Wahrheit gesagt? Meine Freundinnen hatten damals kaum Kinder, nur wenige Menschen, die mir nahe waren, hatten Kinder. Seit Jana mehr und mehr als selbstbewußtes Persönchen im Leben steht, weiß ich, daß ich schon alles ganz richtig mache. Ich bin autark geworden, ich mach', was ich für richtig halte. Jedes Kind, jede Familie hat ihren eigenen Weg.

Jana wird im September fünf, ich bin jetzt 40. Ich war 34, als ich schwanger wurde. Das galt schon als Risikoschwangerschaft. Mein Frauenarzt war vernünftig, deshalb fand ich: Wenn er mir sagt, daß in diesem Alter das Risiko erhöht ist, ein behindertes Kind zu bekommen, ist das schon in Ordnung, er muß ja über alles informieren. Ich dachte damals auch: Natürlich würde es uns sehr mitnehmen, ein behindertes Kind zu bekommen. Doch wenn wir zum Beispiel nach einer Fruchtwasseruntersuchung erfahren, das Kind wird mongoloid – würden wir es dann abtreiben? Nein, war für uns die Antwort, würden wir nicht. Dann kann man auf die Untersuchung auch verzichten. Ich hatte außerdem eine tiefe, innere Gewißheit: Diesem Kind geht es gut, da ist alles in bester Ordnung – und darauf vertraue ich, ganz gleich, ob mich die anderen deshalb für verrückt erklären. Und nach der Ultraschalluntersuchung, als ich das erste Mal dieses zappelnde Etwas gesehen hatte, konnte ich mir noch weniger vorstellen, daß man in die Fruchtblase reinstechen kann, ohne das kleine Wesen zu treffen. Ich dachte: Das ist allein unsere Entscheidung, ob es eine Fruchtwasseruntersuchung gibt. Und es gab keine.

Was Kinderkriegen anbelangt, hatte ich lange Zeit das Gefühl: Man soll ja nie nie sagen. Ich dachte lange: Vielleicht irgendwann ... Aber ganz sicherlich *jetzt* nicht. Mir war klar: Entweder es kommt schließlich dieses Gefühl und ich will Kinder – oder eben nicht. Ich wußte für mich: Es muß von innen raus kommen.

Mein Mann und ich kennen uns seit neun Jahren. Er war damals frisch getrennt, er brauchte Zeit, um das zu verarbeiten. Ich war gerade dabei, beruflich Fuß zu fassen. Allmählich lockerte sich das Jetzt-nicht-Gefühl. Ich muß mal ein bißchen klamüsern – März, nein April vor sechs Jahren, genau, da war es, da hat sich für mich wirklich etwas geändert. Für mich gehörte zu dieser Entscheidung ganz wesentlich die innere Entwicklung, man kann das auch *Heilung* nennen.

Vor zehn Jahren war ich durch Körper-Arbeit draufgekommen, daß ich als Kind sexuell mißbraucht worden bin. Ich hatte das komplett verdrängt. Ich habe mich dann damit auseinandergesetzt, unter anderem durch Trauma-Arbeit.

Und danach merkte ich: Jetzt werde ich offener für das Thema Heirat, überhaupt ja zu sagen zu einem Mann und vielleicht auch zu einem Kind.

Doch zu dem Zeitpunkt sagte mein Mann: Eigentlich schon, also: Heirat – aber jetzt noch nicht.

Wir haben dann zusammen eine *Familienaufstellung* gemacht, das hat alles geändert. Familienaufstellung geht ja kurz gesagt so: Derjenige, der das Ganze leitet, führt ein kurzes Vorgespräch mit demjenigen, der aufstellt, die anderen in der Gruppe hören zu. Du erfährst Basisfakten, also von mir, daß ich Mutter, Vater, einen jüngeren Bruder habe, dann wird noch gefragt, ob es gravierende Zwischenfälle in der Familie gab wie: Es ist ein Kind früh gestorben, so was beeinflußt natürlich die ganze Familie, gerade wenn es um nicht geleistete Trauerarbeit geht.

Ja, und dann wird aufgestellt. Ich suche mir jemanden, ohne großartig nachzudenken, und frage: Würdest du meine Mutter sein – und du, du bist jetzt mal ich? Ich stelle sie auf, setze mich hin, und kucke, was passiert. Die Leute sagen dann vielleicht so etwas wie: Mich stört es, daß ich die anderen nicht sehen kann, mir fehlt der Kontakt. Oder es kann sein, daß einer sagt, sein Rücken tut ihm weh – dann stellt sich womöglich raus, daß das entsprechende Familienmitglied, das er darstellt, tatsächlich unter schweren Rückenproblemen gelitten hat, es ist verblüffend.

Eigentlich ist jede Familie in Unordnung, es gibt immer und überall etwas, was das System durcheinanderbringt und was dafür sorgt, daß die Liebe nicht fließen kann.

Für mich und meinen Mann war dieses Wochenende total irre, es war nichts Großes, aber es ist ein Knoten geplatzt. Ich weiß noch, am Sonntagabend saßen wir zusammen auf der Terrasse und haben geredet und alles nachwirken lassen. Am Montag sind wir zum Standesamt gegangen und haben einen Termin für die Hochzeit gemacht. Innerhalb von vier

Wochen haben wir geheiratet. Und es hatten alle Zeit! Egal ob sie aus Wien oder Berlin waren, es kamen alle, die wir eingeladen hatten.

Und mit der Entscheidung zur Hochzeit wußten wir: Jetzt sind wir auch offen für eine Elternschaft. Ich habe die Pille zum nächstmöglichen Termin abgesetzt. Ich bin jemand, der mit Anfang 20 reihenweise Eileiterentzündungen und deswegen auch eine Bauchspiegelung hatte. Da hat man mir gesagt, daß es möglicherweise mal problematisch werden könnte, wenn ich Kinder will … Mein Mann hatte in seiner ersten Ehe auch eine Untersuchung, wo festgestellt wurde, daß er nicht sonderlich fruchtbar ist … Trotzdem dauerte es gerade mal vier Monate – im Dezember war ich schwanger. Als *Mummelgreisin*, aus der Sicht der Gynäkologen.

Es war aber alles total stimmig. Ich bin sicher, daß es auch genau darum so unkompliziert lief. Bis auf drei Monate bleierner Müdigkeit am Anfang der Schwangerschaft. Nachmittags um halb drei ging es los, daß ich kaum noch die Augen aufhalten konnte. Ich war so dankbar, daß wir einen milden Winter hatten und daß ich bei meiner Müdigkeit nicht auch noch mit den Straßenverhältnissen kämpfen mußte.

Ich war damals Pressereferentin in der Öffentlichkeitsarbeit eines großen Unternehmens. Als ich in den Mutterschutz ging, gab es schon Vorzeichen für Veränderungen in der Firma. Als ich weg war, änderte sich viel, leitende Mitarbeiter verließen die Firma, andere kamen. Ich ging Mitte Juli, mit Resturlaub und Mutterschutz. Im Mai darauf kam ich mit Jana die Kollegen besuchen. Meine Nachfolgerin war fest eingestellt worden, es sah also nach Erweiterung aus – aber ihr wurde dann betriebsbedingt gekündigt. Ich dachte: Wenn ich jetzt nicht in der Elternzeit wäre, würde ich auch gehen müssen …

Für mich war total klar: Drei Jahre Elternzeit mach' ich. Ich denke, diese drei Jahre sind notwendig, um meinem Kind das mitzugeben, was ich als wichtig, als notwendig empfinde, um es gefestigt ins Leben zu entlassen. Deshalb war das für mich eine Voraussetzung: Erst wenn ich diese Bereitschaft habe, drei Jahre zu Hause zu bleiben, kommt eine Schwangerschaft für mich in Frage. Zum Zeitpunkt von Janas Geburt mußte man sich ja noch im Vorfeld festlegen, wie man die Erziehungszeit nimmt, daß ich also drei Jahre zu Hause bleibe. Auch wenn das anders gewesen wäre: In diesen drei Jahren war ich völlig damit beschäftigt, Mutter zu sein.

So bilderbuchmäßig die Schwangerschaft war – die Geburt hatte noch mal eine eigene Klasse, das war ein Erlebnis, das ich um nichts auf der Welt missen möchte, und auch mein Mann nicht. Es war alles wie aus dem Wunschkatalog bestellt. Natürlich hatte ich gegen Ende durchaus starke Schmerzen, und mein Mann sagte hinterher auch, er hätte es deutlich spüren können, daß es auf Leben und Tod ging, so ist das ja nun mal in diesem Moment fürs Kind und auch für die Mutter, auch wenn nichts passiert, das ist eine ganz existentielle Situation. Mich erfaßten da Urgewalten. Das war eine sehr tiefe Erfahrung.

Als Jana da war, noch an der Nabelschnur hing – ich hätte sie nicht nehmen können. Ich war noch wie in einer Trance, und ich war froh, daß Klaus da war, um sie zu halten. Ich hatte anfangs, als es losging, gedacht: Der arme Kerl kann nichts tun, nur zusehen. Er konnte kaum mehr machen, als einfach dazusein und mir ab und zu mal ein Glas Wasser rüberzureichen. Aber in der Phase, wo die Hebamme erzählt, daß sie das Baby schon sehen kann und welche Haarfarbe es hat, damit man bei der Stange bleibt, da hat er mich zwischen den Wehen von hinten gehalten, mir im wahrsten Sinne des Wortes den Rücken gestärkt. Das war ein unglaublich schönes Gefühl. Wir haben diese Geburt zu zweit, gemeinsam erlebt.

Wenn ich mehr Vertrauen in meine eigene Kompetenz als

Mutter gehabt hätte, wären wir vielleicht gleich nach der Geburt nach Hause gegangen. Wir hatten die Hebamme gefragt, und die meinte, das sollten wir lieber nicht tun: Bleiben Sie doch noch das Wochenende, dann können wir Ihnen auch zeigen, wie das mit dem Stillen geht. Wenn es nicht Ihr erstes Kind wäre, sondern das zweite, dann wäre es etwas anderes ...

Eigentlich hatten wir gar nicht geplant, daß Klaus nach Hause geht, wir waren in einem Krankenhaus, das auch Familienzimmer hatte – aber die waren alle voll. Wir dachten, vielleicht ist ja was dran, an dem, was die Hebamme sagt, und so blieb ich mit Jana. Mein Mann kam jeden Morgen gleich nach dem Aufstehen, wir konnten alle Mahlzeiten gemeinsam einnehmen.

Und wir waren dann froh, daß wir uns für die Tage im Krankenhaus entschieden hatten. Wir haben unsere Tochter nämlich tagsüber meist auf dem Arm gehabt, sie also hochgenommen. Wenn wir sie abends zum Schlafen hinlegten, kriegte sie offensichtlich bald keine Luft mehr. Die im Krankenhaus haben schnell gemerkt, daß sich Janas Atemwege zusetzten, weil sie noch Fruchtwasser in den Atemwegen hatte und haben ihr Nasentropfen gegeben. Mehr war gar nicht nötig, aber – ob wir das zu Hause so mitgekriegt hätten?

Es waren jedenfalls schöne Tage auch ohne Familienzimmer, wir waren den ganzen Tag zusammen im Park, es war gutes Wetter, und wir konnten die Nähe und Ruhe genießen, die wir in dem vollgepfropften Dreibettzimmer nie gefunden hätten.

Als wir danach nach Hause kamen, waren wir beide in einem Gefühlsrausch. Ich hatte mich während der Schwangerschaft ganz normal gefühlt. Wenn ich was gelesen hatte über emotionale Veränderungen, wunderte ich mich – bei mir war da nichts. Aber nach der Geburt hat es mich erwischt! Aber wie. Wenn ich mein Kind angeguckt habe, brachen manchmal die Tränen aus. Ich dachte: Bin ich jetzt über-glücklich, oder was ist es? Ich habe dann beschlossen: Das beste ist, einfach zu weinen, ich muß weder wissen, warum, noch muß ich es stoppen.

Wir sind in den ersten Wochen sehr getragen worden von unserem Glückszustand. Zu meiner eigenen Überraschung hatte ich auch keine Probleme damit, nachts oft geweckt zu werden. Für uns war klar: Sie kommt zu uns ins Bett, das Baby ist doch ein Teil von uns, wir haben es nicht gekriegt, um es in einem Nebenraum abzustellen. Mein Mann lag links, ich rechts, Jana in der Mitte. Fürs Stillen war das super, ich habe mich einfach auf die Seite gelegt. Manchmal bin ich nach zwei Stunden wieder wach geworden, dadurch daß Jana wieder getrunken hat. Wir hatten uns beide in der Zwi-schenzeit nicht gerührt.

Mein Mann war genauso glücklich wie ich. Er hat sich von Anfang an 100prozentig eingebracht.

Dann habe ich gemerkt, daß es schwieriger wurde für mich. Das kam schleichend. Es hatte viel mit dem Thema Schlafen zu tun. Ich werde bis heute grün vor Neid, wenn eine Frau ihr Baby einfach hinlegt und es schläft.

Ich hatte immer das Gefühl, es ist problematisch mit Jana und dem Einschlafen. Kinderwagen war überhaupt nicht ihrs, Kinderwagen war – genauer gesagt – gleichbedeutend mit Schreien. Das Tragetuch an sich war für mich kein Pro-blem, das hatten wir sowieso vorgesehen, aber eben nicht *ausschließlich*. Wir haben beide das Kind getragen, ich im Tuch, mein Mann im Tragesack. Wir haben sie auch zu Hause getragen – im Wachzustand alleine liegen war für Jana gleich schreien. Ich habe mit dem Kind im Tuch einge-kauft, gestaubsaugt und gebügelt. Zum Glück war sie ein kleines, leichtes Kind, ich bin ja auch ziemlich schmal. Für meinen Mann und mich war sehr deutlich, daß sie einfach viel Geborgenheit und Nähe brauchte. Es war bei ihr schon mit vier, fünf Monaten so: Wenn sie mal auf dem Arm von jemand anderem war, hat sie das nicht zu Begeisterungsstürmen hingerissen. Mit acht Monaten im klassischen Fremdelalter, blieb sie nur noch auf dem Arm von meinem Mann und mir. Alles andere endete prompt mit Tränen. Wir haben uns damals anhören dürfen: »Ihr seid ja selber schuld, ihr macht das ja auch alles mit.« Von einem Mann, der uns eine halbe Stunde mit unserem Baby zusammen gesehen hatte. Das fand ich völlig unangemessen.

Was für mich damals das Schlimmste war – dieses Gefühl: Es frißt mich auf, ich komme nicht einmal mehr alleine zur Toilette. Ich bleibe komplett auf der Strecke. Gleichzeitig war da das starke Gefühl: Jana braucht das. Ich habe mich gefragt: Kann ich das geben? Eigentlich möchte ich das geben. Das, was uns beiden, meinem Mann und mir, wichtig ist, daß ein Kind aus einer inneren Stärke heraus und zu seiner Zeit ins Leben gehen kann, aus eigener Kraft und nicht weil es hineingestoßen wird. Das hatte ich vor Augen. Und deshalb habe ich ihr diese Nähe und Geborgenheit dann gegeben, auch wenn es mir manchmal schwerfiel.

Es fing an, leichter zu werden, als sie 16 Monate alt war und laufen konnte. Für meine innere Uhr war das spät, aber natürlich wußte ich, daß das alles im Normalbereich ist. Mit dem Laufenlernen wurde Jana offener und selbstbewußter. Bis dahin war ich völlig damit beschäftigt, Mutter zu sein.

Auf Dauer waren die zahlreichen Unterbrechungen nachts natürlich doch anstrengend. Schon alleine deswegen wäre es für mich gar nicht möglich gewesen, zu arbeiten. Mein Mann und ich lebten mit dem guten Gefühl: Wir müssen nicht beide arbeiten, also aus finanziellen Gründen, und ich wußte, ich kann mich auf ihn verlassen. Ich war sicher und auch mein Mann: Wenn wir uns auf das Wagnis Elternschaft einlassen, tun wir das wirklich gemeinsam.

Früher hatten Frauen ja wenige bis keine Wahlmöglichkeiten in dieser Hinsicht. Wenn ich mir meine Großmutter ankucke, mütterlicherseits: Sie wäre eine Super-Karrierefrau geworden, aber die Frage hat sich nie gestellt, sie hatte ja gar keine Ausbildung. Die Familie hatte damals auch einen ganz anderen Stellenwert. Heute ist die Bereitschaft, die Familienbindung fallenzulassen, größer. Das hängt natürlich mit den Veränderungen bei den Frauen zusammen.

Wir sind Ende Februar hierher in die Eifel gezogen. Einer der Gründe, der für dieses Haus sprach, war: Hier in der Straße wohnen viele Familien mit kleinen Kindern. Die können hier gefahrlos auf der Straße spielen, die Gärten sind offen, die Kinder können quer durch. Ich bin in einer ähnlichen Wohnsituation wie hier aufgewachsen, ich habe das als Kind als schön empfunden, daß wir draußen sein konnten, gefahrlos spielen konnten.

Vorher haben wir in einem Mehrfamilienhaus gewohnt. Wenn Jana da mit einem Jungen aus der Nachbarschaft spielen wollte, war ich immer mit im Boot: Sie wäre allein noch nicht mal an die Klingel gekommen, und man weiß ja, wie das ist: Du klingelst, dann hält man doch ein Schwätzchen, geht rein ... Ich habe Jana manchmal vertröstet.

Seit wir hier wohnen, fällt der Abnabelungsprozeß richtig auf. Anfangs, als wir hierherzogen, alles neu war, da gab es nach der ersten Begeisterung plötzlich Sand im Getriebe, es gab Probleme. Ich habe mich gefragt: Wird sie ausgegrenzt, nicht mitgenommen? Sie kam über Wochen oft lauthals weinend nach Hause und klingelte, es hat sie richtig geschüttelt, das hat weh getan ohne Ende. Manchmal möchtest du zu den anderen Eltern und Kindern rennen, dann dämmert einem, daß das vielleicht doch keine allzugute Idee ist, aber: Was tun? Das ist unglaublich schwierig. Ich habe Jana dann eine Weile diskret aus dem Verkehr gezogen, wir sind einkaufen gefahren, oder nach dem Kindergarten ist sie noch mit zu anderen Kindergartenkindern gegangen. Ich habe gehofft, mit mehr Distanz entspannt es sich. So war es dann auch. Wir können Jana das Leben und eigene Erfahrungen nicht ersparen. Das ist auch gar nicht unsere Aufgabe. Aber: Wir sind für sie da. Wenn sie zum Beispiel weinend vor der Tür steht.

Die Kinder müssen eben auch lernen, welche Rollen sie haben, was sich ändert. Heute sagt Jana: Lotte find ich doof, die tut immer dies und dies. Am nächsten Tag sehe ich die beiden wieder einträchtig spielen. Wir haben uns schon darüber amüsiert, daß das vielleicht ein Fall von Kinder-Alzheimer ist.

Um den Kindergartenplatz für Jana hatte ich mich schon früh bemüht, weil nicht klar war, wie es bei mir mit der Firma wird. Hier in der Region ist es so, daß die meisten Kindergärten noch sehr gut belegt sind, das wird sich in den nächsten Jahren ändern. Die Kinder kommen jetzt oft erst mit dreieinhalb oder vier in den Kindergarten, weil es vorher keinen Platz gibt. Wir hatten uns besonders für den Waldorfkindergarten interessiert, weil uns das Konzept gefiel und die auch gezielt kleinere Kinder aufnehmen, die Leiterin meinte sogar, daß es für die Kinder leichter ist.

Ein paar Wochen bevor Jana drei Jahre wurde, kam sie dann in den Kindergarten. Ich dachte: Ist das klasse, daß sie jetzt schon da ist. Denn jeder Mensch hat blinde Flecken, und ein Kind merkt, was es tun muß, um bestimmte Dinge zu erreichen. Nun hatten wir eine Frau im Hintergrund, im Kindergarten, die für uns so etwas wie ein Korrektiv war. Die Gespräche mit den Kindergärtnerinnen bestärkten uns.

Es hat mich zum Beispiel viel Mut gekostet, als Jana das erste Mal heftig getrotzt hat, ihr dieses Nein zu geben, mich bewußt unbeliebt zu machen. Ich habe gedacht, sie wendet sich dann von mir ab. Aber genau das Gegenteil war der Fall: Sie war auf einmal wieder da und wirkte auch erleichtert. Ich habe gemerkt, daß meine Tochter Grenzen genauso braucht wie Trotzphasen …

Beim Kindergarten hatte ich von Anfang an das Gefühl:

Es ist für sie richtig, mit anderen Kindern zusammenzusein. Sie war vor dem Kindergarten ein sprechfaules Kind, weil sie wußte, daß ihre Eltern sie verstehen. Wenn ich mich dumm gestellt habe, merkte sie das. Bei Verwandten hatte sie schon immer deutlich mehr geredet als zu Hause. Im Kindergarten blieb ihr ja gar nichts anderes übrig, als den Mund aufzumachen: Da spielt kein Kind mit dir, wenn du dich nur hinstellst und nicht redest.

Jana hat mit den anderen in den Pfützen rumgetrampelt, sich dreckig gemacht, getobt – wir kannten das nicht von unserer Tochter, und wir waren begeistert. Es war grandios, daß sie den Platz so früh hatte, also nicht aus Sicht der berufstätigen Mutter, darum ging es ja nicht, sondern fürs Kind!!

Als Jana hier in unserem neuen Zuhause die ersten Male vom Kindergarten nach Hause kam, sah sie die Kinder aus der Nachbarschaft draußen spielen und wollte gar nicht rein. Mir ist die Kinnlade runtergefallen, es hat mich fast erschlagen.

Jetzt kriege ich sie oft nur mit Mühe dazu, mit mir zusammen Mittag zu essen. Ständig fragt sie: Kann ich mit Sophie spielen oder: Kann ich gucken, ob Niklas da ist?

Jetzt ist es doch schnell gegangen, und es ist so, daß ich nicht immer weiß, ob ich das wirklich so toll finde. Ich merke natürlich: Ich habe mehr Raum und Zeit für mich. Gerade am Anfang, als Jana frisch im Kindergarten war, habe ich gemerkt, was *ich* alles zurückgestellt hatte. Plötzlich hatte ich die Stunden am Vormittag für mich. Ich versuchte ja, eine neue Stelle zu finden. Das war nicht einfach, ich meine, ich war zeitlich nicht flexibel, selbst eine Teilzeitstelle wäre kaum gegangen, mobil war ich auch nicht, aber ich habe mich trotzdem auch auf Vollzeitstellen beworben. Auch um meinem *Arbeitsvermittler* zu zeigen, daß ich mich bemühe. Der sagte mir aber: »Sie werden wahrscheinlich langzeitarbeitslos, ich habe viele wie Sie, ich könnte ein ganzes Unternehmen damit aufmachen.«

Ich begann damals für mich zu sortieren: Was ist mir denn wirklich wichtig? Was machst du künftig genau, beruflich? Ich wollte gerne andere, neue Dinge in meine Arbeit integrieren. Bei der PR-Arbeit vorher konnte ich das, was mir vorschwebte, nicht umsetzen. Ich weiß jetzt, ich möchte mich und meine Person in meine Arbeit mehr einbringen und integrieren, den Blick mehr auf die *Menschen* richten als auf die *Sachen*. In der Gesellschaft und in den Unternehmen geht es ja meist nur um die Sache, weniger um Beziehungen, um Menschlichkeit.

Ich habe eine Weiterbildung im Bereich Aufstellungsarbeit gemacht, und ich weiß, daß man diese Methoden auch gut in geschäftlichen Kontexten anwenden kann. Man kann zum Beispiel *Ziel*-Aufstellungen machen – was tun, wenn's bei der Arbeit hakelt? Man kann Ebenen untersuchen, die sonst rein vom Kopf her betrachtet werden. Man kann damit auf tiefgreifende und effiziente Weise Werte abklopfen, wenn es um die Unternehmensphilosophie geht.

Wenn ich in mein familiäres Umfeld gucke, war Sicherheit ein großes Thema. Mein Großvater hat mir schon als Kind gesagt, wie wichtig es ist, daß man sich eine gute, sichere Stellung bei einer Firma aussucht, wo man dann bis an sein Lebensende bleibt. Mein Vater war Lehrer und verbeamtet.

Als es also für mich um diese Frage der beruflichen Selbständigkeit ging, habe ich genau geguckt: Was macht das mit mir, wo rührt es an meinen Ängsten? Was mich sehr entlastet, ist, daß ich mich nicht von heute auf morgen finanziell selbst tragen muß, weil mein Mann verdient.

Ich habe gemerkt, daß es einen großen Unterschied zwischen Beruf und Berufung gibt. Im Moment mache ich noch ganz straighte PR-Jobs, ich brauche natürlich für den Neustart auch Referenzobjekte aus jüngster Zeit, du kannst nicht immer sagen: Vor drei Jahren habe ich das und das gemacht.

Mein letzter Auftrag hat sich problemlos organisieren lassen, weil Jana in den Kindergarten geht, auch mal mit zu Freundinnen, und mein Mann hat sich viel um sie gekümmert, wenn er zu Hause war. Er arbeitet als Verkaufs- und Kommunikationstrainer, und mal ist er eben mehr hier, mal länger weg. Ich habe manchmal bis spätabends gearbeitet, auch mal am Wochenende, um den Termin zu halten, und ich war froh, daß alles so gut geklappt hat.

Meine Sicherheit bei Entscheidungen ist einfach gewachsen. In der Zeit direkt nach der Geburt war ich noch unsicherer. Wenn ich dran denke: Als Jana neu geboren war, habe ich auch jede Menge Ratgeberbücher gekauft und entsprechende Artikel gelesen, vorwärts und rückwärts. Aber zum Beispiel Ernährung: Ich lese vier Bücher und habe vier unterschiedliche Meinungen. Das habe ich mit mehreren Themen durchlebt, bei mir blieb nur das dumpfe Gefühl, jetzt gar nichts mehr zu wissen. Ist Impfen gut, ja oder nein? Ist zuviel Schokolade schlecht? Wieviel ist *zu*viel? Und irgendwann habe ich all diese schlauen Ratgeber über Bord geworfen und angefangen, auf meine innere Stimme zu hören, mir selbst zu vertrauen und nach dem zu suchen, was zu uns paßt.

Einen guten Kinderarzt zum Beispiel braucht man. Beim ersten hatte ich extra vorher angerufen, um zu erfahren, wie er es mit dem Impfen hält. Wir neigen eher zu wenig impfen, beziehungsweise später impfen. »Ja«, wurde mir gesagt, »das wird mit den Eltern individuell besprochen.« Was passiert? Wir gehen hin, der Arzt sagt mir: »Nächstes Mal machen wir dann die Soundso-Impfung, hier ist eine Broschüre, da können Sie sich schon mal informieren.« Das war eine Broschüre von der Pharmaindustrie! Wie soll ich mich da wirklich informieren??? Aber egal, was es ist: *Ich* muß dafür geradestehen, was ich für mein Kind entscheide. Wenn das so ist, dann zählt nur meine eigene Meinung, meine Entscheidung. Ich merke das bis heute, daß ich in dieser Frage jetzt gefestigt bin.

Mir geht oft eine Bekannte durch den Kopf, sie hat mir davon erzählt, wie das Stillen einmal nachts nicht geklappt hat und ihr Kind über Stunden geschrien hat. Sie hat ihm schließlich ein Fläschchen gegeben, es gewickelt und wieder hingelegt, aber es hat weitergeschrien. Ich meine: Das Baby ist doch in Not – es hat stundenlang das Gefühl gehabt, zu verhungern! Aber sie hat sich ein Kissen aufs Ohr gelegt: »Es hat getrunken, frische Windeln, es fehlt ja nichts.«

Ich habe Jana lange gestillt und ganz langsam umgestellt. Die letzte Still-Mahlzeit war abends, und ich hatte richtig Bammel davor, was wird, wenn die mal wegfällt. Sie schlief nämlich beim Stillen immer so schön ein, ich habe mir viele Gedanken gemacht, was für ein Theater entstehen könnte, wenn dieses Abend-Stillen wegfällt. Es ging aber ziemlich problemlos. Wir nehmen uns heute abends noch immer viel Zeit, im Bett neben ihr liegen und eine Geschichte vorlesen gehört dazu, ich weiß, daß ihr das wirklich guttut. Vor allem mein Mann liebt das heiß und innig.

Es wird immer anders mit den Kindern, wenn sie größer werden, anfangs denkt man hauptsächlich: Hat sie genug getrunken, gegessen? Im Moment wird für uns die Frage Schule wichtiger. Wir haben im November die Waldorfschule besichtigt, zum Adventsbasar. Wenn man die gesehen hat, will man eigentlich nichts anderes mehr für sein Kind, so schön ist das da. Trotzdem spüre ich noch ein Fragezeichen. Es hängt von so vielem ab. Ist man finanziell in der Lage? Aber auch: Will man sich zeitlich so stark einbringen, da werden vor allem anfangs weit über 100 Stunden Elternarbeit im Jahr erwartet. Waldorfschule oder nicht, ist eine Entscheidung, die die Eltern ebensosehr wie das Kind betrifft. Solche Erkenntnisse kommen eben auch erst nach und nach. Natürlich bespricht man solche Fragen auch mit

Freundinnen, das ist hilfreich, wenn die Freundinnen *mit* mir reden und mir nicht einfach nur ihre Meinung überstülpen. Nur ich kann entscheiden, was zu mir, und meinem Mann und meinem Kind, zu meiner Familie paßt. Bin ich berufstätig oder nicht, lebe ich zusammen oder getrennt – das ist für jeden anders. Wer sind wir, daß wir uns anmaßen, anderen zu sagen, wie sie sich verhalten sollen?

Es gibt noch eine klassische Falle, die man erkennen muß, den Satz: *Da soll es mein Kind einmal besser haben als ich.* Die Gefahr dabei ist, daß man außer acht läßt, was das Kind darunter versteht. Ich hatte mich ja rundum informiert, und als ich fand, daß Jana mit der motorischen Entwicklung spät dran war, wollte ich sie da gern fördern. Darum habe ich ihr zu ihrem zweiten Geburtstag so ein Hüpfpferd geschenkt. Rody, so heißt es, wurde für alles benutzt, zum Spielen, Schminken, Anziehen – bloß nicht zum Hüpfen.

Oder später: Da hab ich einen Roller bei E-Bay ersteigert. Gut, daß du den nicht neu gekauft hast, dachte ich dann bald, denn Jana hatte nicht viel Interesse am Rollerfahren. Neulich sehe ich sie dann nachmittags doch einmal auf ihrem Roller – ich wußte gar nicht, daß sie das in der Zwischenzeit so gut konnte. Oder das Fahrrad: Bei Freunden konnte sie eins ausprobieren, neulich fragte sie von selbst: Und wann krieg ich ein Fahrrad?

Was in welchem Alter? Jana hat selbst ein Gespür dafür. Wir hatten eine neue Videokassette vom Sams, wir saßen beide beim Film, und ich fragte mich: Was denkt sie jetzt wohl? Ich fand ja, das ist noch nichts für sie. Irgendwann sagte sie dann von ganz alleine: »Mama, das gucke ich, wenn ich fünf bin.«

Neulich war sie beim Kinderballett. Als ich fragte: »Wie war es denn?«, hat sie sich beschwert: »Mama, die Frau hat uns keine Pause machen lassen.« Sie drehte dann die ganze Woche über Pirouetten, wie sie sie beim Ballett probiert hatte. Ich war nicht sicher, ob sie da wieder hinmöchte, aber als ich nachgefragt habe, meinte sie: »Mama, das mache ich, wenn ich älter bin.«

Wenn Jana ein neues Kind mitbringt, interessiert mich sehr: Wie ist es, was hat es für Besonderheiten, was für Marotten? Kinder sind, wie sie sind, vieles hat wenig mit Erziehung und Erfahrung zu tun. Und sie werden sehr oft unterschätzt in dem, was sie wahrnehmen, und in den Verbindungen, die sie herstellen. Es heißt dann: Die sind doch noch so klein. Ich denke, *gerade deshalb* kriegen sie viel mehr mit als Große – sie sind viel unverstellter und vertrauen noch ihrer unmittelbaren Wahrnehmung. Ich baue mittlerweile darauf, daß Jana oft genug selbst weiß, was gut ist. Dazu gehört für unsere Tochter: Sie nimmt sich für alles die Zeit, die sie braucht.

Katja, 42, Biologin

Hauptsache *lekker gezellig*
Oder: Die Liste in meinem Kopf . . .

*Drei Kinder und eine internationale Karriere als Wissenschaftlerin –
ohne ihren Mann Erik wäre das für Katja nicht vorstellbar. Hilfreich
sicher auch: die Ganztagsschule, die Kinderbetreuung für die Aller-
kleinsten, die Möglichkeit, Teilzeit zu arbeiten. Freunde, Nachbarn
und Kollegen leben ähnlich wie diese Familie. Nein, dafür müssen wir
nicht ins Paradies gucken – ziehen wir einfach wie die Norddeutsche
zum geliebten Mann in die Niederlande.*

Normalerweise würde ich jetzt, also am Vormittag, arbeiten,
um halb drei müßte ich dann ins Auto springen, zur Schule
fahren, die Kinder holen. Das ist eine Ausnahme heute, daß
ich hier mittags im Garten sitze. Wenn du Kinder hast und
arbeitest, mußt du dich natürlich in ein Schema passen, den
Tag genau einteilen. Zwischen sechs und halb sieben stehen
wir auf, Erik und ich, dann alle zusammen frühstücken, Fyn
und Simon zur Schule, Sophie in die Vorschule, wir zur Arbeit, Kinder abholen, zusammen Abendessen. Ich entscheide
mich dafür, daß ich an meinen Arbeitstagen – das waren in
letzter Zeit dreieinhalb pro Woche, zwei Tage haben wir
nachmittags einen *Oppas,* einen Aufpasser, und Freitag ist
Erik dann bei den Kindern – um sechs hier bin und wir essen. Wir finden es schön, abends lange *gezellig* zu essen, die
Kinder hatten ihren Tag und wollen erzählen, die Kleinen
gehen ja schon um halb acht ins Bett, Fyn um halb neun.
  Erik und ich haben es rituell so, daß wir abends schnacken.
Wenn beide Eltern gearbeitet haben, gibt es so viel zu sagen.

Bei mir sind es im Moment die Untersuchungen, die ich mit Kollegen an Wacholder aus Oman mache: Die Jahresringe dieser bis zu 750 Jahre alten Bäume erzählen uns etwas über das Klima in der Vergangenheit – spannend, weil zum Beispiel Dürren die Kultur dort maßgeblich beeinflußt haben. Ab Herbst habe ich dann ja meinen neuen Job an der Uni in Wageningen, herrlich, daß das geklappt hat. Erik ist heute in Amsterdam, die untersuchen da hölzerne Fundierungspfähle – hier in den niederen Landen stehen ja viele historische Gebäude auf Pfählen, und die rotten nun alle weg, ganze Häuserreihen versacken. Das zu untersuchen, finde ich wahnsinnig spannend. Ich habe an einem Tag so viel Positives und Negatives erlebt, ich will und muß das abends erzählen!

Ich weiß, ich hätte niemals drei Kinder, wenn ich keinen Mann hätte, mit dem ich das machen kann, so, wie wir das machen. Ich habe ganz viel Respekt vor alleinerziehenden Eltern. Wenn Erik mal weg ist und ich hier allein mit den Kiddies in unserem Reihenhaus sitze, denk ich: Wie krieg ich alle drei zum Schlafen? Oder: Was mach ich, wenn was passiert?

Erik hat viel Freude, mit den Kindern zu sein, mit ihnen zu spielen, meistens mehr als ich, aber am Ende ist es bei uns ausgewogen. Manche Männer sind anders, sie sehen sich nicht so als Eltern. Ich fand es ehrlich gesagt auch nicht besonders attraktiv, schmutzige Windeln zu wechseln, aber wir haben das eben *beide* gemacht. Es soll ja heutzutage sogar noch Männer geben, die sagen: Ich trau mich nicht, das Baby anzufassen. Ich finde aber: So was merkt man *vorher*, daß ein Mann das nicht kann oder nicht will. Man *muß* ja auch keine Kinder bekommen, man hat doch die Wahl.

Natürlich mußt du dich erst einleben mit Kind. Die größte Veränderung ist von keinem zu einem Kind. Die Versorgungsphase ist ja auch lang. Jetzt ist es einfacher, die Jungs sind neun und sechs, Sophie ist vier, wir sind ein Team. Bei uns klappt es organisatorisch toll, aber daß es emotionell toll ist, daß man wirklich gern zusammen als Familie was macht, das ist noch wichtiger.

Bei anderen merke ich manchmal, daß sie sich *freiplanen* – Zeit für sich selbst organisieren. Für mich ist Zeit mit den Kindern *auch* Zeit für mich selbst, ich finde, das ist doch *gezellig* zusammen. Ich bin bei der Arbeit autark. Bei der Arbeit bin ich nicht Mutter, sondern Kollegin und einfach Katja. Völlig autark bin ich, wenn ich wegfahre, auf einem Kongreß bin, da bin ich allein für mich selbst verantwortlich – *heerlijk* !

Zu arbeiten und mit der Familie *so* zu sein, alles so zu machen, wie wir das machen, ist hier in den Niederlanden viel besser möglich als in Deutschland, und dafür gibt es Gründe. Das eine sind die Teilzeitarbeitsmöglichkeiten für Frauen *und* Männer, auch in höheren Jobs. In Deutschland würde das mit der Teilzeit für meinen Job nicht gehen. Hier, in unserer Schicht, also bei unseren Freunden, Bekannten, haben *alle* Männer nach Geburt der Kinder einen Tag weniger gearbeitet. Viele Männer arbeiten vier Tage, die Eltern erziehen zu zweit, das ist nichts Besonderes, es ist einfach normal, und das sind nicht alles Öks oder Softies. Das sind Understatement-Leute, die stehen gut im Leben, das sind Leute, die ihr Leben genießen.

Mit ein paar einfachen Maßnahmen kann man so viel erreichen. Zum Beispiel die Schulzeiten: Hier bei uns gehen die Kinder Montag, Dienstag, Donnerstag von halb neun bis um drei, Mittwochs von halb neun bis viertel nach zwölf, freitags von acht bis zwölf, dann ist Schluß für die Kleinen, die Großen machen noch nachmittags von eins bis drei. Jeden Tag wird von zwölf bis eins gegessen, in der Schule oder zu Hause, wie man will. Bei uns gehen übrigens schon die Vierjährigen in die Vorschule, die praktischerweise integriert ist in die

Grundschule – drei Kinder, ein Weg. Wenn die Kinder um halb neun anfangen, kann ich um Viertel nach neun in Wageningen bei meiner Arbeit sein. Für die kurzen Schultage planen viele Mütter oder Väter ihre freien Tage, so daß sich einer kümmern kann. Das ist doch klasse organisiert!

Man wächst da rein, in das Leben mit Kind oder Kindern, man verändert sich. Es ist ja nicht so, daß ich vor zehn Jahren in Deutschland so gewesen wäre, wie ich heute bin. Ich habe die Veränderungen ganz deutlich gemerkt bei der ersten Geburt, und ich merke sie immer noch, wenn ich die Kinder aufwachsen sehe.

Die schönste Zeit meines Leben waren die neun Monate nach der Geburt von Fyn, ich war wie auf einer rosa Wolke. Es war diese erste Zeit, Erik und ich waren frisch verheiratet, ich war gerade nach Utrecht gezogen, es war das Einleben mit dem Kind und auch das Einleben in den Niederlanden. Erik hat drei Tage die Woche gearbeitet, ich hatte noch keine Arbeit und war mit Fyn zu Hause. Nach den Geburten von Simon und Sophie war ich zwölf Wochen später schon wieder am Institut, die Kinder gingen zwei Tage die Woche in die Crèche, die Krippe. Später, als die Kinder in die Schule kamen, hatten wir einen Oppas zu Hause. Meine Freunde in Deutschland haben gesagt: »O Gott, wie schrecklich, so ein kleines Baby in die Krippe, das machst du?« Das hätte ich früher vielleicht auch gedacht. Aber hier machen das viele so. Wenn man schwanger ist, weiß man, daß man 16 Wochen Zeit hat rund um die Geburt: vier Wochen davor, zwölf Wochen danach… Ich habe alle Kinder trotz Arbeit und Crèche sogar ein Jahr gestillt – im Institut habe ich eben abgepumpt.

Klar kann man auch Elternschaftsurlaub nehmen, aber ich hab das nicht gemacht. Ich liebe meine Arbeit, mir war es ganz wichtig, in Teilzeit dabeizubleiben. Als Simon geboren war, haben wir gerade einen prähistorischen Wald entdeckt und ausgegraben – spektakulär –, wir standen damit in allen Tageszeitungen, es gab Radiointerviews und sogar Fernsehberichte. Als Sophie drei Monate war, sind wir alle zu einer Konferenz nach Freiburg gereist, wo ich einen Vortrag gehalten habe. In meinem Job ist Zusammenarbeit mit anderen ganz wichtig – schon um immer wieder neue Projekte anfragen zu können. In der Wissenschaft sind feste Stellen selten, man lebt von kürzeren oder längeren Projekten. Ich habe mich gefragt: Was ist 'ne effiziente Manier zu arbeiten, wenn man seine Kontakte und Chancen auf neue Projekte behalten will? Eine Weile ganz rausgehen aus dem Job – oder drei Tage die Woche arbeiten? Drei Tage die Woche gut organisiert: Das geht, das reicht gerade, um im Fach zu bleiben.

Wenn ich mich mal beschwere: *Ich werde geleefd* – gibt's das eigentlich auch im Deutschen? *Ich werde gelebt,* also das Gefühl, daß man das Leben nicht in der eigenen Hand hat, dann weiß ich: Es ist gerade zuviel. Ich hab große Krisen, wenn ich mich gelebt fühle. Ich will die Übermutter sein, die Übergeliebte, die kreative Wissenschaftlerin.

Wenn Kollegen an unserem gemeinsamen Projekt bis zum späten Abend arbeiten und ich um drei an der Schule sein muß … Das fällt mir dann schwer. Das Umschalten überhaupt fällt mir manchmal schwer. Das habe ich besonders gemerkt, als die Kinder klein waren, wenn man sich noch intensiv kümmern und versorgen muß.

Es ist schon so: Ich lebe seit Jahren mit einer Liste im Kopf: Was ich noch machen will, den Artikel noch lesen, da und da noch anrufen. Diese Liste ist so dominant, daß ich abends oft nicht die Ruhe für ein schönes Buch habe. Jahrelang hab ich nicht die Zeitung gelesen, so kommt es mir vor. Du denkst an die Arbeit – du denkst auch dran, daß du noch die Wäsche abnehmen mußt, einkaufen … – die Liste ist nie abgearbeitet, scheint von allein länger zu werden, und das alles, was du schaffen willst, macht müde. Ich bin jahrelang um zehn ins Bett gegangen! Irgendwann habe ich beschlossen, bestimmte Sachen einfach *nicht* zu machen. Außerdem schieb ich mehr auf als früher, ich setz mich weniger unter Druck. Wobei ich dann stolz bin, wenn ich alles geregelt kriege. Heute müßte ich eigentlich noch einen wissenschaftlichen Artikel redigieren, spätestens morgen, und bis Ende des Monats muß mein Vortrag für den Kongreß im September fertig sein...

Ich wollte eigentlich immer gerne Kinder haben, zwei, das war sicher eine Reflektion von der Wahl meiner Eltern, ich habe ja einen Bruder. Vor Erik war ich neun Jahre mit einem Mann zusammen, Christian. Am Ende unserer Beziehung wußte ich, daß ich mit ihm keine Kinder möchte. Ich war damals Anfang 30, ich hatte in Deutschland meine Promotion abgeschlossen, das ist ein Moment, wo man genauer nachdenkt. Ich war schon lange nicht mehr verliebt in Christian, ich hatte mich sehr um meine Karriere gekümmert, mich auf die Promotion gestürzt.

Ich bin nicht offen für Christian gewesen. Er hatte als Telefontechniker ein 9-bis-5-Leben, ich bekam an der Uni ständig neue Impulse. Er hatte eine ganz andere Lebenssituation als ich. Ich möchte einen Job machen, der mir Spaß macht, das ist was anderes als Ich-mache-meinen-Job-nur-für-Geld. Erik und ich haben uns kennengelernt, da war ich 31, er 35. Wir hatten bis dahin ganz unterschiedliche Erfahrungen gemacht, hatten verschiedene Vergangenheiten. Vor zehn Jahren bin ich zu einem Studienaufenthalt nach Arizona gegangen. Erik kam mich besuchen – Fyn ist im Juni in Amerika entstanden.

Ja, da mußten wir überlegen. Wie leben wir? Wo leben wir? Wir sind zusammen nach Utrecht gegangen, Erik hatte drei Tage Arbeit die Woche, ich hatte keine. Als ich noch schwanger war, kam ein Jobangebot aus Deutschland, eine

Habil-Stelle für fünf Jahre. Ich war schwanger, wie sollte das gehen?

Wir haben dann Eriks Chancen für einen Job in Deutschland gecheckt. Er ist auch Biologe, und die Chancen, eine Stelle in seinem Fachgebiet zu finden, waren eher schlecht. Die Alternative hätte sein können: Ich arbeite, er kümmert sich fulltime ums Kind. Erik hätte es gemacht, er wußte, wie gerne ich in meinem Job arbeite.

Und ich hätte sicher in Deutschland eine interessante Karriere vor mir gehabt. Aber ich wollte nicht fulltime arbeiten. Mein Prof hat mir gesagt, ich könnte das bestimmt auch an vier Tagen die Woche schaffen... Ich dachte, das ist zuwenig Zeit für den Job, ich kenne mich, ich bin eine Perfektionistin, es wären fünf Tage *plus* geworden.

Damals habe ich mir den Arbeitsmarkt und die Möglichkeiten hier, Kinderbetreuung und so, genau angeguckt. Ich hatte damals einen Rausch: mein erstes Kind... Utrecht – diese herrliche Stadt... Ich konnte mit jemandem leben, in den ich ganz toll verliebt bin, das bin ich heute noch! Ich wußte instinktiv, daß ich bleibe. Trotzdem habe ich noch diese berühmte Plus-Minus-Liste gemacht, aber die emotionale Komponente war größer.

Es war ja so: Wenn Erik mit nach Hamburg gekommen wäre, hätte *ich* die Verantwortung gehabt, daß er sich wohl fühlt und einlebt. Umgekehrt war es für mich leichter, so hatte *er* mehr Verantwortung.

Als Fyn vier Monate war, hatte ich schon sieben Monate hier gewohnt, da haben wir entschieden, nicht nach Deutschland zu gehen. Man trifft die Entscheidung ja zusammen als Paar, das geht gut, wenn jeder ganz offen und egoistisch sagt, was er will, nur so funktioniert es.

Ich hatte ganz große Probleme damit, meinen Doktorvater und Mentor zu enttäuschen. Aber ich habe die Entscheidung bis heute nicht einen Tag bereut, es hat ja alles gut geklappt, auch mit der Arbeit hat sich alles prächtig entwickelt.

Der Höhepunkt ist, daß ich jetzt gerade die Zusage für ein Projekt bekommen habe, auf das ich lange hingearbeitet habe und das mir zum ersten Mal eine feste Stelle in Aussicht stellt. Eine tolle Perspektive nach mehr als 15 Jahren arbeiten mit Zeitverträgen. Hier in den Niederlanden gibt es noch immer relativ wenig weibliche Dozenten und Professorinnen an den Unis. Um das zu verändern, hat die nationale Forschungsgesellschaft ein Frauenprogramm eingerichtet: frau kann Geld anfragen um ihr Untersuchungsgebiet an einer Uni zu etablieren. Mein Antrag ist durchgegangen, ich kann meine eigene Arbeitsgruppe aufbauen – eine enorme Chance...

Die Grundlagenforschung hat es in unserem Fach schwer, wir müssen andauernd überall rechtfertigen, warum man das und das machen will. Und ich bin froh, daß es als Gegenpol zur Forschung die Lehre gibt, wo ich etwas an die Studenten weitergeben kann. Enthusiasmus, neue Einsichten, selbständiges Arbeiten, da sieht man direkt, was man bewirken kann. Ich wußte schon zu Beginn des Studiums, daß unser Fach unglaublich vielseitig ist, ich arbeite an Bäumen und Holz, dabei gibt es Anknüpfungspunkte zu vielen anderen Disziplinen: Archäologie, Baugeschichte, Forstwissenschaft, Ökologie. Mit jedem Projekt lernt man selbst immer neue Dinge dazu. Es gibt viele Auslandsaufenthalte, man arbeitet international zusammen, lernt viele Leute kennen.

Mit Erik gibt es keine Probleme, wenn ich mal länger arbeiten muß oder wenn ich reisen muß. Das gilt umgekehrt für ihn natürlich genauso. Ich fahre jetzt ungefähr zweimal im Jahr für die Arbeit weg, also zu Konferenzen, Tagungen, Feldarbeit, früher war das mal mehr. Meist gehe ich kürzer, als eigentlich gut wäre. Im Frühjahr war ich fünf von zehn Tagen bei einem Kurs für skandinavische Doktorstudenten in Finnland. Ich kann nicht zehn Tage weggehen, auch wenn Erik freihat, mal einen Urlaubstag nimmt: Meist verzichte ich bei den Konferenzen auf die Tage mit den Exkursionen. Zum Glück ist es oft so, daß die Konferenzen das Wochenende mit einschließen, auch damit keine Vorlesungen ausfallen müssen.

In meinem Fachgebiet gibt es nur wenige Frauen, die meisten sind entweder jünger und haben noch keine Kinder oder sind älter und haben erwachsene Kinder. Natürlich reden wir Frauen dann auch über Kinderbetreuung. Ich merke, daß Kolleginnen mit Kindern aus Belgien, Italien und Spanien und die Skandinavierinnen beinahe alle fulltime arbeiten, dort ist es völlig normal, die Kinder häufig fünf Tage in der Woche in die Crêche zu bringen. Die Italienerinnen und Spanierinnen haben übrigens keine andere Möglichkeit – sie verdienen als Wissenschaftler so wenig, daß beide Eltern arbeiten *müssen*.

Die bevorstehende Konferenz, in Italien, das ist Mittwoch bis Sonntag, da müssen wir dann nur für Mittwoch und Donnerstag eine Lösung für die Kinder finden – Freitag ist Erik ja zu Hause. Wenn einer von uns wegfährt, ist das eine unruhige Zeit auch für die Kinder, das wollen wir sowenig wie möglich. Alles, was ich machen *muß,* mach ich auch, aber ich denke immer dran, wie sich das zu Hause auswirkt.

Es ist herrlich, daß ich mit Erik gemeinsame Interessen habe, es ist einfach schön, wenn man sich gemeinsam an Sachen, an Unternehmungen freuen kann. Wenn man gerne wandert und der andere auch – das ist etwas anderes, als wenn man sich teilt, jeder seins macht. Wir gehen zum Beispiel auch gerne campieren, die ganze Familie, wir brauchen keinen Cluburlaub. Letztes Jahr in den Ferien sind wir einfach losgefahren mit den Rädern und Zelten, am ersten Tag 20 Kilometer. Ich finde, man kann auch mit kleinen und wenigen Sachen glücklich sein. Wir haben zwar ein Auto, aber meistens fahren wir mit den Fahrrädern oder wir carpoolen, also man fährt zusammen mit anderen.

Das, was man macht, muß man gerne machen. Arbeiten, mit den Kindern sein. Da ist kein Rezept, wie man mit Kindern umgeht, du mußt es einfach genießen. Kinder sind bereichernd in jeder Hinsicht, auch für die Beziehung, auch fürs eigene Älterwerden – du bleibst dran an den neuen Entwicklungen, du kriegst mit, was die nächste Generation interessiert, in der Politik, in der Musik, was sich verändert bei Normen und Werten – gerade das ist ja hier in der letzten Zeit eine ganz wichtige Diskussion.

Ich denke, daß es bei uns funktioniert, daß wir unsere Kinder so erziehen, daß es für sie später keine großen Mann-Frau-Unterschiede geben wird. Unsere Kinder sind auch nicht mutterfixiert, für sie sind wir beide gleich wichtig. Sie wissen, daß beide arbeiten und daß das beiden Spaß macht. Fyn findet es ja auch normal, daß ich arbeite. Einmal hat er sich letztes Jahr, als ich ein paar Monate ohne Arbeitsvertrag war, ganz besorgt erkundigt, ob ich jetzt weniger Geld verdiene, das war sicher nicht ganz uneigennützig, er denkt an seine Wikinger-Sammlung. Aber er weiß ja, was ich mache und daß ich das gerne mache. Es ist normal für die Kinder, daß Erik und ich beide arbeiten, Erik im Moment eben mehr als ich.

Für mich ist es wichtig, daß Erik und ich uns in grundsätzlichen Fragen einig sind. Es gibt essentielle Sachen wie Zeiten fürs Schlafengehen, da gelten natürlich Regeln. Es ist klar, daß wir die Kinder nicht anlügen, auch wenn es um Gottesfragen oder Todesfragen geht, wo viele ja meinen, das verstehen sie noch nicht. Nur was man vorlebt, begreifen sie. Es geht nicht, daß man ihnen sagt: Ihr dürft nicht soviel Fernsehen gucken, und dann sitzt man selber ab acht Stunden vor der Glotze.

Erik hat mal einen Versuch mit dem Fernsehen gemacht,

die Kinder durften an einem Tag den Fernseher anmachen, wie sie wollten. Er lief von morgens um acht bis abends um acht! Sie waren so fasziniert, daß sie das den ganzen Tag genossen haben. Normalerweise ist es so: Sie dürfen zwischen fünf und sechs gucken – zwischen fünf und sechs will ich *lekker gezellig* kochen, ich koche gerne, ich genieße das. Die Kinder gucken meistens Videos, weil wir die besser finden als diese hektischen Zeichentrickfilme. Wir müssen sehen, daß sie alle drei was davon haben, darum kaufen wir nur bestimmte Videos oder DVDs. Sie müssen sich dann aber auf einen Film einigen, und zwar friedlich. Klingt gut, klappt aber selten!

Bei aller Gemeinsamkeit haben Erik und ich auch unterschiedliche Ansichten, wir erlauben zum Beispiel Unterschiedliches bei Videofilmen. *Ich* sehe mir durchaus *Lord of the Rings* an, aber ich finde, für die Kinder ist das noch nichts. Bei Erik darf Simon das sehen, bei mir nicht. Wir finden aber, Kinder verstehen das. Daß etwas bei dem einen so ist und bei dem anderen so. Was sie natürlich nicht dürfen, ist, uns gegeneinander ausspielen.

Es ist auch unsinnig, festzustellen: Der und der macht ja so viel mit den Kindern. Ich gehe zum Beispiel nicht in so einen Pret-Park, Vergnügungs-Park, weil ich die furchtbar finde. Das wäre ein Fall, wo ich sagen müßte: »Das tu ich nur dir zuliebe.« Das mach ich aber nicht. Es ist okay, wenn die Kinder mit jemand anderem hingehen. Mein Bruder kann das wunderbar mit ihnen tun, ihm macht das Spaß, und er kann der tolle Onkel sein.

Simon hat bald Geburtstag, ich denke, wir werden wieder eine *Speurtocht* machen, so eine Art Schnitzeljagd. Das mach ich auch gern. Natürlich ist es einfacher, sich bei McDonald's einen Tisch zu bestellen. Wobei ich da auch finde: Wenn Simon das möchte... Ich würde immer versuchen, ihn nach zwei Möglichkeiten zu fragen, und dann macht man eben die weniger schreckliche. Gameboy ist auch so ein Beispiel: Ich finde die furchtbar. Aber: alles mit Maß, Gameboy, Fernsehen.

Neulich war der Fernseher kaputt, das war echt *gezellig*, mit vielen Spielen.

Oder *Snoep*, das Naschen. Jannie paßt manchmal auf die Kinder auf, sie war unser O*ppas*, zwei mal drei Stunden die Woche, als die Kinder kleiner waren. Jetzt kommt sie auch manchmal, da gelten andere Regeln mit dem *Snoep*, sie stopft die Kinder sozusagen voll damit, na ja. Aber die Kinder wissen: Bei ihr ist es so, bei uns so, und ich finde das okay.

Ich bin gegen ganz strikte Sachen, nur Konsequenz, die find ich wichtig. Aber selbst davon kann man mal abweichen. Ich bin auch mal müde, und für Kinder muß auch mal Raum sein, das auszunutzen.

Vor zwei Jahren war in Deutschland eine wissenschaftliche Stelle ausgeschrieben, die für Erik paßte, er hat sich beworben. Da hab ich gemerkt: Ich will eigentlich nicht zurück in mein altes Leben. Es wäre ja nicht wirklich das alte Leben gewesen, aber in Deutschland hatte ich eben meine langjährige Beziehung gehabt, danach noch einiges Negatives erlebt, den Job abgesagt. Hier hatte ich mir Gedanken gemacht: Wie wird es sein mit Kindern? Alles, was ich mir vorgestellt hatte, hat sich erfüllt, sogar noch besser.

Der Gedanke, nach Deutschland zu gehen, war auch verführerisch, ich vermisse ja auch viel. Dunkles Brot, leckere Wurst und Fleisch, die Wortspiele in der eigenen Sprache. Man lebt in Deutschland mit mehr Raum, es ist mehr Platz für Häuser, Städte, Landschaft. Dafür sind hier die Kontakte mit den Nachbarn enger, *Borrelen*, die Tradition, sich zum Abschluß der Woche am Freitag zusammenzusetzen und was zu trinken, spontan zu feiern, Nachbarschaft ist für uns sehr wichtig. Das ist die Kultur hier, aber das ist man auch selbst. Kurz: Wir sind hiergeblieben.

Ich habe eine Kollegin, die ist Engländerin, die ist hier nicht so eingebunden. Es ist überraschend, wie einfach ich mich einpassen konnte. *Wenn* ich mich für was entscheide, stehe ich auch dazu. Manchmal denke ich, ich könnte in einem ganz kleinen Haus irgendwo auf der Welt mit meiner Familie leben, wenn ich weiß, die Leute in unserer Umgebung sind *gezellig*.

Man muß gucken: Wie ist die Situation in dem Land, in dem ich lebe. Mir persönlich kommt das Leben in den Niederlanden sehr entgegen, das fängt beim Stellenwert von Familie und Beruf an. Viele Frauen sind relativ alt, wenn sie das erste Mal schwanger werden, der Durchschnitt liegt bei 29, das ist mit am ältesten in Europa, aber hier werden in den letzten Jahren wieder mehr Kinder geboren, weil mehr für die Betreuung, für die Vereinbarkeit von Arbeit und Beruf getan wird. Überhaupt wird alles, was mit Kindern zusammenhängt, gut gehandhabt.

Echt, ich würde lieber noch ein Kind kriegen, als zum Zahnarzt zu gehen. Obwohl es bei Simons Geburt wirklich so war, daß ich, als der Kopf kam, dachte, es zerreißt mich. Simon war fast 14 Tage über die Zeit, da wachsen die ja noch prima, er hat sich wahrscheinlich gesagt: schön *lekker weiterwachsen*.

Nein, was ich meine, ist, daß hier schon Schwangerschaft und Geburt anders sind als in Deutschland. Eine Hausgeburt hier ist rundum angenehm, man hat alle Hilfe, wird gefragt, ob die Plazenta in den Ascheimer soll oder im Garten begraben werden. Und hinterher kannst du *lekker* duschen gehen – unter deiner eigenen Dusche. Es kommt jemand, der den Haushalt macht, die Verpflegung übernimmt, das ist die *Kraamhulp, Kraam*, das ist das Wochenbett.

Als ich bei Fyns Schwangerschaft zurück aus Amerika nach Deutschland kam, war ich sechs Monate in der klassischen Betreuung von einem Gynäkologen, mit vielen

Echos... – Ultraschall, ja *precies*. Von Januar bis März war ich dann hier in Utrecht bei einer Hebamme. Das ist *lekker gezellig*, wenn man da hinkommt, mit Waage und Fragen, wie's einem geht, viel weniger *medisch* als beim Gynäkologen.

Die meisten Schwangeren machen hier kein Echo, warum auch, wenn alles in Ordnung ist. Man macht höchstens ein *pret-echo*, sozusagen ein Echo, um Freude zu haben, das Kind zu sehen.

Ich wollte unser Kind zu Hause kriegen. Ich habe viel gelesen und mit anderen Frauen geschnackt. Viele Frauen in der Umgebung von meinem Erik hatten auch Hausgeburten – in Holland kriegt ungefähr ein Drittel der Frauen die Kinder zu Hause. Mein Gynäkologe in Hamburg hat gesagt: »Machen Sie das bloß nicht, wenn was schiefgeht...« Was soll schiefgehen? Bei mir war alles okay, ich war ja gesund. Und man hat immer noch 'ne Marge, daß man rechtzeitig ins Krankenhaus gehen kann. Erik und ich haben uns auch ein Krankenhaus angeguckt, für alle Fälle.

Man geht hier in den Niederlanden wirklich ganz anders mit Geburten um. Ich kenne niemanden hier, der eine Rückenmarkspritze bekommen hat. Natürlich ist eine Geburt schmerzhaft, aber ich hatte keine Angst, weil ich so viel Vertrauen in die Hebammen hatte.

Auch später bei Simon. Der kam nicht raus, damals schon breitschultrig. Die Hebamme hat irgendwann während des Pressens gesagt: »Wir fahren jetzt ins Krankenhaus.« Wir sind dann mit ihrem Wagen gefahren, sie hatte noch sicherheitshalber eine Plastiktüte auf den Beifahrersitz gelegt. Während der Autofahrt hat es gerumpelt, da muß Simon in eine bessere Position gekommen sein. Die Hebamme hatte auch gesagt: »Das einzige, wovor ich Angst habe ist, daß das Kind mitten auf der Kreuzung kommt.« Erik sollte eigentlich hinter uns herfahren, aber er kam zehn Minuten später, weil er noch der Nachbarin Bescheid sagen mußte, daß wir jetzt losfahren ins Krankenhaus. Da kam er gerade noch rechtzeitig, um zu sehen, wie sie Simon rausgezogen haben. Mir hätte es ehrlich gesagt auch nichts ausgemacht, das Kind im Auto zu kriegen, die Hebamme war ja bei mir.

Nach Simons Geburt bin ich drei Stunden im Krankenhaus geblieben, es war zwar schön im Krankenhaus, aber du mußt wegen allem fragen, wann du duschen kannst und so. Als ich zu Hause war, konnte ich gar nicht schlafen, ich bin nur rumgetanzt, ich mußte doch mit jedem meine Freude und meinen Stolz teilen.

Ein Kind alleine zu kriegen, hätte mir beim ersten Mal vielleicht Probleme gemacht, aber unser drittes, Sophie, kam beinahe ohne Hebamme zur Welt – hier oben bei uns im Schlafzimmer. Alles ging ziemlich schnell. Wir haben um sechs Uhr früh die Hebamme angerufen, und um sieben war Sophie schon da … Und Fyn und Simon saßen kurz danach bei uns auf dem Bett und haben sich ihr neues Schwesterchen angeguckt. Ich hatte sie – wie Simon – so lange wie möglich an der Nabelschnur auf meinem Bauch. Simon und Erik haben zusammen die Nabelschnur durchgeschnitten.

Bei aller Liebe zu meinen Kindern: Ich finde noch immer, die Schwangerschaft hat zwei Seiten, also zu spüren, da wächst und bewegt sich jemand in dir, das ist faszinierend, aber ich hatte auch eine Art Alien-Gefühl, das ist richtig unheimlich!

Für uns ist es großartig, die drei zu haben, für die Kinder untereinander ist es auch toll: Sie lernen zu streiten, können auch mal richtig ausrasten – alles im sicheren Kreis der Familie. Das ist ganz anders, als sich mit Freunden draußen zu streiten. Simon ist sehr impulsiv und schlägt sich auch öfter – also nicht nur mit Worten – zu Hause mit seinem Bruder. Ich habe mal mit der Lehrerin von Simon drüber gesprochen, die war ganz überrascht und hat gesagt: » Hier regelt Simon alles sozial.« In der Sicherheit der eigenen vier

Wände kann man streiten lernen, du weißt: Dein Bruder bleibt dein Bruder. Ich habe mich doch auch so gefetzt mit meinem Bruder, jetzt verstehen wir uns prima.

Ach ja, wenn ich hier sitze und in meinen Garten gucke und dran denke: Bin ich hier bald nicht mehr, weil wir nach Wageningen umziehen? Man ist bestimmten Sachen doch verbunden, dem Kirschbaum, der da im Mauerspalt aus einem ausgespuckten Kirschkern entstanden ist. Oder dem großen Baum mit der Baumhütte... Vielleicht fällen die neuen Besitzer den Baum... Aber es wäre dann ihr Garten... Es ist für uns alle ein guter Moment, etwas Neues anzufangen. Wir diskutieren jetzt nicht mit Fyn darüber, ob wir umziehen, aber wenn er uns fragt, würden wir ihm schon sagen, daß wir auf Haussuche sind. Ich gucke schon nach Häusern im Internet.

Meine wissenschaftliche Karriere stand ja jetzt wirklich auf Messers Schneide. Wenn die Entscheidung am Montag anders ausgegangen wäre, hätte ich vielleicht 'ne Woche geheult, und dann hätte ich mir etwas Neues überlegt. Man muß doch im Jetzt und *Nu* leben. Wenn gar nichts klappt, kann man immer noch 'n Job bei *Albert Heijn* – so eine Art *Toom-Markt* hier – an der Kasse machen.

Es gibt kein Gesetz, daß man den gleichen Job oder Lebensstandard behält, es muß auch nicht immer nach oben gehen. Die Ökonomie muß immer wachsen – wer sagt das? Das geht doch gar nicht.

Überhaupt, was ist aufwärts? Materiell aufwärts? Daß es nicht immer aufwärts geht, damit muß man rechnen, sonst ist man weltfremd. Es ist besser, ich freue mich über Sachen, die gutgehen, und bin so stark, Sachen zu ertragen, die nicht gutgehen. Das möchten wir auch den Kindern vermitteln.

Ernsthaft: Wenn am Montag einer in der Kommission gesagt hätte: »Ich finde Jahresringe kein sexy Thema«, wenn ich das Projekt nicht gekriegt hätte... Ich habe jahrelang was aufgebaut, und dann wäre es – wutsch – weg gewesen. Ich war ja offiziell arbeitslos in den letzten Monaten und verpflichtet, mich einmal die Woche zu bewerben. Ich hab 'ne tolle Arbeitslosenunterstützung gekriegt, das ist das fabelhafte in diesem System. Ich habe zwischendurch sogar einen Job gemacht, der schlechter bezahlt wurde, als der davor, wodurch mein Arbeitslosengeld dann runtergegangen ist, aber das wußte ich und hab's trotzdem gemacht.

Im Hinterkopf hatte ich lange dieses Projekt, ich habe hart dran gearbeitet und auf die Entscheidung hingefiebert – was ich am liebsten will, versuche ich natürlich so lange, bis es klappt. Und nun hat es geklappt.

Ich hatte aber mit zwei, drei anderen Frauen schon diskutiert, uns selbständig zu machen. Jetzt, in unserem Alter, mit 40, hat man noch viel Energie, was Neues aufzubauen, wir stehen alle im Leben mit viel Tatendrang. Was mir vorschwebte war ein *Eet-Café* für Leute mit Kindern, hier in der Wohngegend, ein Eß-Café. Im Internet kann man ja kinderfreundliche Lokale rausfinden – die haben dann Malsachen. Vielleicht als Gipfel mal eine Spielecke. Wir dachten an mehr: an Gerichte, die gesund und *lekker* sind, an Bedienung, auf die man nicht ewig warten muß, an vernünftige Preise, an einen Ort, wo's um sechs *lekker gezellig* ist. Es gibt hier eine Kinder-*Boerderij,* einen Streichelzoo, da hatten wir ein Gebäude im Auge. Irma wollte sich nach dem Bestimmungsplan erkundigen, wo festgelegt ist, was man da machen kann, ich hätte bei der Handelskammer Kurse belegt in Handelsrecht, sicher auch für die Hygiene. Das alles wäre sicher gegangen, auch aus dem Luxus heraus, daß Erik 'n Job hat. Es ist ein Vorteil, wenn beide verdienen.

Bei Frauen wie uns ist es doch so: Wir lieben unsere Arbeit. 80 Prozent der Bevölkerung macht sich jetzt Sorgen, daß sie nicht mit 57 in Pension gehen kann. Jeder denkt, er hat das Recht, mit 57 aufzuhören, manche planen, in Spanien die

Rente zu verleben. Die Jobs sind aber nicht nur kreiert, damit die Leute sich selbst verwirklichen, sie sind da, um sich zu finanzieren! Feuerwehrmänner und Bauarbeiter mögen meinetwegen früh aufhören, sie machen körperlich anstrengende Arbeit, aber ich werde doch mit 57 – hoffentlich – in der Blüte meines Lebens stehen, und ich finde es bereichernd, wenn ich arbeite. Ich fühl mich im Vorteil, weil mir meine Arbeit auch noch Freude macht. Ich kriege Selbstbestätigung, wenn ich arbeite, und Bestätigung von anderen.

Man hat eine Selbstverantwortung im Leben. Wir sind die erste Generation, in der viele Frauen alles unter einen Hut bringen müssen. Wahrscheinlich preschen wir jetzt vor und nehmen auch Hürden für die nächste Generation. Ich finde die Situation toll, ich habe doch alle Möglichkeiten!

Wir stehen im Leben. Wir sind so geworden durch unsere Eltern, auch wenn es mal Probleme gab. Wir sind anders geworden als unsere Eltern. Ich hab aber nicht so gelebt, *um* anders zu werden. Unsere Eltern haben uns die Freiheit gegeben, Freunde auszusuchen, haben nicht korrigiert. Ich hatte keinen Schlüssel um den Hals, wenn's mir schlecht ging, war jemand da, meine Mutter. Wir waren sozial eingebettet, wir hatten Zeit für unsere Entwicklung. Unsere Kinder profitieren davon.

Meine deutsche Freundin Elli sagt, ihre Mutter hätte mit 40 nicht Tennis gespielt, ihre Mutter ist mit 40 nicht mehr ausgegangen. Ich denke immer: Wer weiß, was ist, wenn wir 60 sind, unsere Kinder werden auch nicht sagen: Was hab ich für 'ne hippe Mutter. Als Kind muß man loslassen, und als Eltern muß man loslassen. Als Eltern ist unser Einfluß groß: Wir können für Ruhe sorgen, für Möglichkeiten. Die Finanzen sind so, daß wir für Sachen zum Spielen sorgen können. Natürlich ist das *lekker. Lekker veilig, lekker beschermd, behütet.* So möchte ich für sie da sein, und dann hoffe ich, daß sie sich selbst retten.

Sylvia, 41, Sekretärin

Kind sein im Paradies
Oder: Hol über zum Gymnasium

Die Urlauber schwärmen vom söten Länneken Hiddensee: Wie herr-
lich, der Postkartenhimmel überm blaugrünen Meer, der Leuchtturm
auf dem Dornbusch, die blühende Heide, kaum Autos. Auch im Win-
ter – das Paradies. Aber wie lebt es sich da 365 Tage im Jahr? Als
Kind? Mit einer Handvoll Spielkameraden im gleichen Alter? Den
nächsten McDonald's, die nächste Montessori-Schule gibt's erst übers
Wasser! Ines' Familie ist hier seit Generationen verwurzelt, ihre Mut-
ter Sylvia und ihr Vater Bernd tun was dafür, daß das so bleibt.

Ich denke, meine Tochter ist ungebundener und selbständiger, als wenn sie in der Stadt aufwachsen würde. Ich kann ihr
sagen: »Du darfst 'ne Stunde draußen spielen.« Oder sie
sagt: »Ich geh 'ne Stunde raus.« Das ging auch schon, als sie
noch klein war, also noch Kindergartenkind – hier ist ja eigentlich kein Straßenverkehr, auf den man aufpassen muß.
Dafür ist überall Wasser. Wir haben ihr immer gesagt: Nicht
an den Strand, nicht an den Hafen, und: Laß dich immer mal
sehen. Wir können uns da wirklich auf sie verlassen.

Das Leben hier ist schon was Besonderes. Normalerweise
merkt man das nicht, weil man es gewöhnt ist, aber wenn
man gefragt wird, merkt man doch, was anders ist als auf
dem Festland, gerade mit Kind.

Eigentlich fängt es schon an, wenn du schwanger bist. Wir
wußten schon länger, daß wir ein Kind wollten. Aber direkt
nach seiner Scheidung ging das für Bernd noch nicht, für ihn
ist es ja die zweite Ehe, er hat schon zwei große Kinder. Als

wir wollten, klappte es nicht. Ein Jahr haben wir es probiert, schon über eine Hormonbehandlung nachgedacht. Wohlgemerkt: Arztbesuch heißt hier nicht, mal schnell einen Termin holen und dann ein, zwei Stündchen hin – Arztbesuch heißt: morgens Fähre nach Stralsund hin, abends zurück. Als ich mich schon damit abgefunden hatte, daß es nicht klappt, wurde ich schwanger. Da war ich 32. Mit 32 warst du damals hier im Osten schon eine relativ alte Mutter, Frauen in meinem Alter haben jetzt oft schon große Kinder, da können schon erste Enkel sein.

Die Schwangerschaft lief dann normal, ohne Probleme. Ist auch besser so auf der Insel. Eine Hebamme gibt es hier schon seit 35, 40 Jahren nicht mehr – ich bin noch hier geboren, mit der Hebamme. Der Insel-Arzt heute ist für Geburten nicht zuständig.

Meine Schwiegermutter war ganz aufgeregt, sie hat mich immer wieder gefragt, ob ich die Tasche fürs Krankenhaus schon gepackt habe, drei Monate vorher müßte man die mindestens fertig haben. Anfang Oktober habe ich dann eine gepackt, um sie zu beruhigen.

Einmal fuhren meine Schwiegereltern damals das Wochenende nach Berlin. Daß Bernd zu selben Zeit nach Stralsund mußte, haben wir ihnen gar nicht erzählt – die wären sonst hiergeblieben. Ist schon verrückt, man sagt ja auch immer: Wenn es soweit ist, mach ich Heißwasser – und keiner weiß wofür eigentlich.

Zwei Tage vor dem Geburtstermin hatte ich einen ganz normalen Arzttermin in Stralsund, wir sind morgens mit dem Wassertaxi rübergefahren. Im Boot und im Auto und in der Arztpraxis wußte ich gar nicht, wie ich sitzen sollte. Der Arzt fragte dann: Haben Sie Wehen? Ich hab *nö* gesagt – wußte ich denn, wie sich Wehen anfühlen? Es zog so 'n bißchen im Rücken, ja. Er meinte nur: So laß ich sie nicht wieder nach Hiddensee. Der Muttermund fing schon an, sich zu öffnen.

Bernd kam dann, wir haben alles besprochen. Ein Kumpel von ihm sollte noch rüberkommen, sie wollten zusammen zu 'ner Baustelle – ein anderer mußte dann bei uns zu Hause vorbeigehen, die Tasche abholen, der Kumpel brachte sie uns ins Krankenhaus.

Da war so eine Art Oberschwester, die sagte als erstes: Und wenn Sie hier drei Wochen liegen, die Geburt einleiten werden wir nicht. Hm. Um Mitternacht ging's dann los. Ich hab die Hebamme angerufen, die sagte: Gucken Sie mal auf die Uhr, in welchem Abstand die Wehen kommen. Das waren also Wehen, aha. Um viertel sechs war das Kind da.

Vier Tage später sind wir mit Ines zurück nach Hiddensee, sie lag in dem Korb vom Kinderwagen, das Wassertaxi brachte uns über den Bodden nach Hause.

Viele sagen ja, wenn die Kinder klein sind: Ach, wenn sie doch bloß immer so klein und niedlich blieben. Mir ging das anders. Ich finde es jetzt viel schöner, wenn sie größer sind, aber es ist ja nicht so, daß man sagt, man hat sein Kind nicht geliebt, als es klein war.

Nun wird sie bald neun! Und geht mehr und mehr eigene Wege. Ich arbeite, Bernd muß morgens auch früh aus dem Haus, da haben wir abgemacht, daß sie alleine zum Bus geht, vorher soll sie noch bei Oma tschüs sagen, und das klappt auch.

Jetzt ist es mittlerweile soweit, daß sie selbst mit ihrer Freundin im Nachbarort telefoniert, wenn sie die treffen möchte. Freitag zum Beispiel. Da war Ines schon alleine mit dem Bus von der Schule nach Hause gekommen, ich war nicht da, sie hatte sich wie verabredet bei Oma nebenan gemeldet und ist dann spielen gegangen. Als ich zurück bin, will sie plötzlich zur Freundin, die beiden wollten schon länger mal zusammen übernachten. Ich sage: »Ruf deine Freundin an, mach 'ne Zeit aus, frage aber, ob ihre Mutti auch einverstanden ist.« Ihre Freundin wohnt am Ortsausgang von Vitte, das sind immerhin sechs Kilometer mit dem Fahrrad.

Bis vor kurzem hat Ines immer gefragt, ob ich sie bringe. Das habe ich ja auch immer gemacht, gerade in den letzten Monaten, als ich zu Hause war – hier bei uns in Neuendorf gibt es ja kein Mädchen in ihrem Alter zum Spielen. Ines ist nicht schüchtern, sie spielt auch mit den Jungs, die hier wohnen, die sind vier Jahre älter oder eben jünger als sie, aber ich kann das schon verstehen, wenn sie zu ihrer Freundin möchte. Ich habe ihr aber gesagt: Wenn ich wieder arbeite, wird es so nicht mehr gehen, daß ich dich immer bringe oder mit dir fahre.

Nun radelt Ines also, so wie Freitag, alleine. Ich war nicht sicher, ob sich wirklich alle richtig verstanden hatten, und meinte: Na, dann fahr mal los, aber wenn etwas nicht klar ist, die Mutti doch nicht Bescheid weiß, die noch weg müssen oder so – dann kommste wieder zurück. Das hat sie versprochen. Am nächsten Tag war Kinderfest, da wollten die Mädchen hingehen.

Als ich am nächsten Morgen den Frühstückstisch decke, durchfährt es mich plötzlich richtig: Du hast ja gar nichts mehr gehört! Aber warum sollte ich, wenn alles in Ordnung ist... Ich weiß ja auch: Ines hat für alle Fälle immer Papas Handynummer dabei. Der wäre am schnellsten bei ihr. Ich gehe davon aus, daß das nie nötig sein wird, wir können uns wirklich auf Ines verlassen. Aber es gibt so Momente, da kriegst du 'n Schreck, denkst dann aber, es ist auch okay, manches so zu machen.

Daß die Kinder selbständig werden und man sich auf sie verlassen kann, ist eigentlich das Wichtigste, damit man hier als Eltern beruhigt sein kann. Wir haben ja hier das Problem, daß es zwar jede Menge Wasser gibt, um das uns auch alle beneiden. Aber wir haben keine öffentliche Schwimmhalle, wo die Kinder schwimmen lernen können. Die neuen Besit-

zer von der Hotelanlage in Kloster haben der Gemeinde ein-
geräumt, daß die Inselkinder in ihrem Bad Schwimmunter-
richt machen können. Das ist natürlich toll, und letzten
Sommer haben die DLRG-Rettungsschwimmer, die jeden
Sommer hier sind, für die Kinder einen Crash-Kurs angeboten. Ines hat es schnell gelernt, war auch sehr gut, aber fürs
Seepferdchen-Abzeichen hat sie die Strecke dann doch nicht
ganz geschafft. Im Winterhalbjahr sind die Kinder mit der
Schule zum Schwimmen dort gewesen, und nun hat sie ihr
Seepferdchen. Es ist nicht so, daß ich vorher nervöser war,
wenn Ines draußen war, denn wenn sie verspricht, sie geht
nicht ans Wasser, ist das so. Trotzdem ist es schön, zu wissen:
Dein Kind kann schwimmen.

Sie geht ja manchmal auch mit den Gästen, mit den Ur-
laubern, die bei uns oder im Dorf wohnen, an den Strand,
klar freunden sich die Kinder schnell an. Ines weiß: Sie soll
nicht weiter ins Wasser als bis zum Bauch, das reicht bei dem
Wellengang aus. Und von den Buhnen soll sie sich fernhal-
ten, denn da ist plötzlich der Sand ausgespült. Na, einmal
war sie mit anderen am Strand, im Wasser, ist bis zum Ober-
schenkel drin, nahe an der Buhne – und rutscht rein bis zum
Bauch. Da passiert ja nichts, aber einen Schreck hat sie bestimmt bekommen ...

Man kann als Mutter oder Vater nicht immer und überall
dabeisein. Passieren kann immer was, das ist etwas, womit
man sich völlig fertigmachen kann. Aber in ihrem Alter,
acht, bald neun, da muß man die Kinder schon viel alleine
machen lassen, das ist die beste Art, daß sie selbständig werden.

Wir haben immer alle Versuche unterstützt, wenn Ines etwas alleine ausprobieren wollte. Irgendwann, als sie noch
klein war, fünf, ja, fünf Jahre alt, hat sie gesagt, sie würde jetzt
mal alleine mit dem Bus zum Kindergarten fahren. Ich hatte
sie sonst immer auf dem Fahrrad mitgenommen, wenn ich

zu meiner alten Arbeitsstelle gefahren bin, sie im Winter eingemummelt in zwei Anoraks, so saß sie da gemütlich, und dann hat sie mich angetrieben.

Nun wollte sie also mit dem Bus los... Der Fahrer sieht nicht unbedingt, ob jedes Kind richtig aussteigt, der Bus war wohl auch sehr voll, und Ines ist am Kindergarten nicht ausgestiegen, hat sich aber auch nicht getraut, was zu sagen. Sie ist dann an der Schule raus und zurückgelaufen.

Der Kindergarten und die Schule sind ja im mittleren Inselort, in Vitte. Wir sind froh, daß es beides noch gibt! Hiddensee hat knapp 1100 Einwohner, es werden nicht unbedingt mehr, in die Schule gehen zur Zeit etwas weniger als 50 Kinder. In der 1. und 2. Klasse sind insgesamt neun Kinder, in der 3. und 4. Klasse sechs. In Ines' Altersstufe, momentan der zweiten Klasse, sind drei Kinder. Auswahl an Schulen haben wir hier natürlich nicht, aber für mich ist das kein Problem: Auch wenn ich in der Stadt wohnen würde, ich würde mich immer für die Schule in unmittelbarer Nähe entscheiden. Ich hab also nicht das Gefühl, daß wir uns hier schulmäßig einschränken müssen.

Auf der Insel kannst du auch deinen Realschulabschluß machen. Manchmal denk ich schon: Wie ist das eigentlich, wenn Ines aufs Gymnasium geht? Das ist bei uns ja frühestens ab der siebten Klasse, aber für die Kinder ist das noch sehr zeitig, sie sind dann 13. Bei uns auf der Insel gibt es natürlich kein Gymnasium, und das Internat auf Rügen haben sie zugemacht. Für die Kleinen, die größere Geschwister auf dem Gymnasium haben, ist das nicht so problematisch, die wohnen dann eben mit den Größeren zusammen. Aber wie geht das mit 13jährigen ohne Geschwister? Ich habe mich da überhaupt noch nicht schlau gemacht. Ich gehe davon aus: Wenn Ines aufs Gymnasium möchte, kümmern wir uns.

Ich nehme mal an, die Lehrstellensituation wird sich entspannen, bis unsere Kinder groß sind, sie gehören ja zu den geburtenschwächeren Jahrgängen. Aber auf Hiddensee wird es wohl auch in ein paar Jahren nur wenige Lehrstellen geben.

Die meisten Arbeitsplätze sind hier im Tourismus, es gibt kaum qualifizierte Tätigkeiten und wenig Aussicht auf ganzjährige Beschäftigung. Meistens braucht man jemanden für die Hauptzeit, das ist Mai bis Ende September – so eine Arbeit kann sich jemand mit 20, 25 Jahren gar nicht leisten. Die Folge ist: Von den jungen Leuten bleibt kaum einer da. Es ist klar: Wenn die jungen Leute gehen, gibt es auch immer weniger Kinder auf der Insel.

Die jungen Leute gehen auch wegen der Wohnungen, es gibt keinen Wohnungsmarkt. Man wohnt ja für gewöhnlich schon mit zwei Generationen in den alten Häusern, meistens jetzt mit eigenen Wohnungen. Wir leben ja auch Haustür an Haustür mit der Oma.

Aber die Ansprüche haben sich geändert, früher wäre auch die dritte Generation noch mit im Haus geblieben, heute ist das anders. Wohnungsmarkt ist also nicht, und die Ferienwohnungen eignen sich ja meist nicht zum Dauerwohnen und werden auch als Einnahmequelle gebraucht, na ja, und an Baumöglichkeiten ist gar nicht zu denken: Das Land ist teuer, es gibt eigentlich keins, und wenn du baust, mußt du jedes Ziegelsteinchen per Schiff herschaffen…

Ich mache mir heute keine Gedanken darüber, ob Ines später auf der Insel bleiben möchte. Es ist wohl eher unwahrscheinlich, sie verreist so gerne… Heute sagt sie natürlich, es ist schön hier, ich bleib da. Ich wollte hier nie weg, ich war nur zur Ausbildung woanders und bin dann wiedergekommen.

Es ist selten, daß welche die Insel verlassen. Wenn, dann meist aus finanziellen Gründen, weil sie das Haus nicht halten können, weil sie sich arbeitsmäßig woanders was aufbauen wollen oder müssen, weil sie hier nichts finden. Oder wegen der Kinder: Damit die aufs Gymnasium können. Das ist aber relativ selten, daß einer geht. Wenn, dann sind das meist welche, die noch nicht so lange da sind, die sich das anders vorgestellt haben. Das geht ja manchen, die von der Stadt aufs Land gezogen sind, auch so. Aber auf der Insel ist das noch was anderes. Und wer schon seit mehreren Generationen hier ist, ist hier verwurzelt, der findet einen Weg für sich, zu bleiben.

Ich habe gerade eine neue Arbeit hier auf der Insel angefangen, nachdem ich drei Monate zu Hause war. Vorher hab ich in unserer Gemeindeverwaltung gearbeitet, und da war die Lage schon seit zwei Jahren angespannt. Ein Berater hatte festgestellt: Wir sind zu viel Personal. Es gab zig Vorschläge, was man wie ändern könnte, aber es passierte nichts. Ich hatte eine Arbeitsstelle von 30 Stunden, unter anderem gehörte es zu meinen Aufgaben, die Kommunalwahlen vorzubereiten und und und... Ich mußte auch Träger-Fragen für den Kindergarten klären – da kommt dann noch ein neues Gesetz, und du fängst wieder von vorne an. Mit 'ner 30-Stunden-Woche konntest du das alles gar nicht schaffen. Wir Kollegen haben uns gefragt: Wie soll es erst werden, wenn wir nur noch *halbes* Personal sind?

Zusätzlich ging es hier ewig auch um die Frage, ob Hiddensee sich *freiwillig* mit Rügen zusammenschließt – oder ob das praktisch vom Innenministerium beschlossen wird, also *Aufhebung der Amtsfreiheit.* Letzten Dezember war der Beschluß dann da: Ab 1.1. gehören wir zu Südwestrügen und Gingst und bilden das neue Amt Westrügen. *Unsere* gesamten Mitarbeiter sollten Personal des Amtes in Samtens werden.

Das Amt machte gleich klar: Auf Hiddensee wird es keine Außenstelle geben. Ist ja auch nachvollziehbar: Viele Fragen, die auf Hiddensee auftreten, kann man auf Rügen leicht mitklären, logisch, da ist eben jemand für *alle* Kindergärten zuständig, und wenn es dann um unseren hier geht, ist das für niemanden ein besonderes Problem, wohingegen ich mich hier früher ja richtig mit einem Einzelfall auseinandersetzen mußte.

Im Februar war die Sache vor Gericht, die Arbeitsrichterin sagte zwar: »Sie bezahlen und beschäftigen die Leute doch hoffentlich weiter«, aber für mich war das alles irgendwie unbefriedigend.

Wir haben unsere Akten archiviert und übergeben, so wie vorgesehen, aber ich dachte, es gibt nur zwei Möglichkeiten: Entweder wir *sind* Mitarbeiter des Amts oder nicht. Und wenn ich einer wäre: Würde ich denn *wirklich* in Samtens arbeiten wollen? Das hätte für mich geheißen: Morgens zur Fähre, rüber nach Rügen, dort am Hafen ein Auto stehen haben und vom Parkplatz holen, nach Samtens fahren, abends alles rückwärts. Das hätte jeden Tag ungefähr zwei Stunden Fahrt bedeutet, und eben aufs Festland. Ich wollte nicht: Hauptsächlich wegen Ines – Selbständigkeit ist 'ne feine Sache, aber es ist ein Unterschied, ob ich elf Stunden aus dem Haus bin oder neun. Und wenn wirklich mal was ist, wie komme ich dann schnell übers Wasser her? Wenn Bernd auch arbeiten ist, gerade einem Kunden den Strom abgeschaltet hat, kann er schlecht alles stehen- und liegenlassen und sagen: »Dann können deine Gäste eben heut nicht mehr warm duschen, ich muß jetzt meine Tochter abholen und dann mit ihr zum Arzt.«

Ein anderer Grund, der gegen die Arbeit auf Rügen sprach, waren unser Haus und die Vermietung, was wir nicht schaffen, wenn ich jeden Tag so lange weg bin. Und dann war da noch das Autofahren: Ich habe zwar Führerschein, aber – wie sollte es anders sein – wenig Fahrpraxis, ich fahre nicht gerne.

Ich wußte überhaupt nicht, was ich machen, wie ich rangehen soll. Die Ungewißheit war einfach nur belastend. Auf der Insel ist es so: Du brauchst unbedingt 'ne Arbeit, ein regelmäßiges Einkommen *hier*. Ich habe irgendwann bei der

Ferienanlage in Kloster angerufen. Ich hatte früher mal zu meinem Vater gesagt und auch zu den Kollegen: »Mensch, wenn man auf Arbeit *immer* nicht fertig wird, der Schreibtisch sich ständig biegt, dann ist es besser, man geht saubermachen.« Besser als diese nervige Arbeitssituation bei uns am Ende wäre es allemal gewesen.

Als ich dann tatsächlich die Reinigungsstelle in der Anlage angeboten bekam, dachte ich: Warum solltest du das nicht annehmen? Ich war schon 'ne Weile zu Hause gewesen. Ich fand das zwar gar nicht schlecht, das hätte ich nie gedacht, ich konnte mich in Ruhe um die Vermietung kümmern, alles vorbereiten, ich hatte mehr Zeit für Ines.

Aber es war klar: Auf Dauer gibt es so finanzielle Probleme, wir brauchen zwei Einkommen, und man weiß ja auch nicht, wie sich das bei meinem Mann entwickelt. Wenn es zum Beispiel wieder losgeht, daß sie den Handwerkern auf der Insel die Autos stillegen. Im Ernst, das war so vor zwei Jahren. Da durften mein Mann, also der Elektriker, der Dachdecker und der Klempner, nicht mehr Auto fahren auf Hiddensee, die Insel ist ja autofrei, eben bis auf den Arzt, Versorgungsfahrzeuge, die Feuerwehr. Wie sollen aber bitte die Handwerker Material und Werkzeug transportieren ohne Auto? Wenn einer aus Grieben anruft: »In einer Ferienwohnung geht der Strom nicht – in drei Stunden kommen Gäste!«, da hat die Gemeinde gedacht, Elektriker Schluck kann sich ja eine Kutsche anrufen und mal gemütlich in anderthalb Stunden da raufzockeln. Und wenn dann als nächstes ein Lokal von *hier* anruft: »Die Tiefkühlung ist ausgefallen ...«, fährt Bernd Schluck mit der nächsten Kutsche eben wieder die zehn Kilometer zurück. Oder er nimmt sich gleich einen persönlichen Leibkutscher ... Was die Kutschen mehr kosten würden, möchte natürlich kein Kunde bezahlen. Letztlich haben mein Mann und die beiden anderen sich durchgesetzt, jetzt dürfen sie wieder Auto fahren.

Solche Unsicherheiten, die Probleme bei meiner Arbeit, die bei Bernd, die belasten einen, das spürt man oft erst richtig, wenn es ausgestanden ist. Ich merke jetzt: Die neue Arbeit macht mir Spaß, wenn ich mit meinen Appartements fertig bin, habe ich hinterher den Kopf frei. Das war bei der Gemeinde anders, da hast du immer noch über irgendwas nachgedacht, was du als nächstes dringend tun mußt, wen du noch anrufen mußt.

Mal sehen, wie sich das entwickelt, das laß ich auf mich zukommen, es hat jedenfalls gut angefangen. Ich hab jetzt allerdings eine 40-Stunden-Woche, nicht mehr 30. Das ist aber alles nichts im Vergleich zur Fahrerei nach Rügen und der Tatsache, daß ich immer weit weg übers Wasser wäre.

Dadurch, daß dieser ganze Druck weg ist, bin ich auch nicht mehr so gereizt, ich kann jetzt mit vielem wesentlich gelassener umgehen, ich hab eine Weile wohl wirklich zu viel gemeckert. Es ist schon so, ich werde manchmal ungeduldig, wenn Ines zu etwas keine Lust hat. Oder wenn ich einfach mal genervt oder gestreßt bin – das ist ja manchmal so, daß man sich selbst nicht leiden kann –, dann merk ich das ja selbst und sage ihr: »Das ist jetzt nicht so gut von mir, aber ich kann grad nicht anders sein.«

Am Wochenende, morgens, wenn Ines aufsteht und wir noch schlafen, macht sie sich den Fernseher an. Wenn der dann später am Vormittag auch noch läuft und ich sage: »Mach mal aus«, fängt sie an zu diskutieren: »Ja, was soll ich denn machen...« So in der Art: Hab ja keinen zum Spielen. »Dann spiel du was mit mir.« Ich weiß das ja, daß es so besser wäre, ich spiel dann auch *manchmal* mit ihr.

Aber wenn ich es mir mal richtig einrichte, mit ihr zu spielen – dann hat sie plötzlich jemanden, mit dem sie rausgeht. Es gibt Zeiten, da ist sie ständig draußen mit etwas beschäftig: Sie hatte eine Phase, da gab es nur Inline-Skaten oder Rodeln, da bleibt der Fernseher dann tagelang aus. Das gleicht sich dann wieder irgendwie aus, denke ich immer. Es gibt natürlich auch Fernsehsendungen, die richtig prima sind, wie *Wissen macht Ah!* zum Beispiel, Ines behält so viele Sachen aus dieser Sendung. Was soll man auch machen, wenn hier Mistwetter ist und keiner da zum Spielen – das ist dann eben Inselleben.

Ines mag das, mit anderen was machen, sie sagt auch oft: Können wir nicht jemanden besuchen? Meine Schwester oder so. Sie geht auch problemlos mit ihrem Cousin um, der zehn Jahre älter ist als sie. Sie war schon immer sehr selbstbewußt und kontaktfreudig.

Im großen und ganzen denke ich, habe ich ein tolles Kind. Andere Kinder haben viel größere Macken. Ich habe ein paarmal in diese Fernsehsendung *Super Nanny* reingeguckt: Daß es so extreme Kinder gibt, kann man sich gar nicht vorstellen. Weil ich die Erfahrung gemacht habe: Ines hört meistens, klar sie diskutiert manchmal. Hast du ja mitgekriegt, gestern, als sie wollte, daß du in ihrem Zimmer schläfst – damit *sie* bei uns schlafen kann. Normalerweise hört sie mit so was ganz schnell wieder auf, aber wenn dann mal jemand da ist, etwas anders ist als sonst...

Klar gibt es ganz viel, bei dem ich mich frage, ob ich es richtig mache – daß wir hier auf der Insel wohnen und leben, gehört aber nicht dazu. Eher so kleine Dinge, ich hab's ja schon gesagt: Ich denke, ich laß' sie zu lange fernsehen. Oder Frühstücken: Ines will morgens nichts essen, sie trinkt nur ihren Kakao. Naschen: Für mein Gefühl ist das viel zuviel. Sie sagt dann: »Ooooch, andere dürfen viel mehr.« Oder: Wenn ich beim Saubermachen bin, will sie manchmal helfen, ich sag dann: »Ach, laß mal«, weil ich weiß, daß ich hinterher doch noch mal selbst ranmuß. Eigentlich macht sie es ja sogar ganz gut – aber im Zweifelsfall geht's eben auch schneller, wenn man's selbst erledigt...

Es gibt aber auch viele Kleinigkeiten, über die ich mir

mittlerweile keinen Kopf mehr mache. Beim Thema Essen sage mir: Sie kriegt schon alles, der Körper holt sich, was er braucht. Sie ißt gerne bei Oma, da ist dann auch durchaus der Fernseher an. Bei uns gibt es das nicht, aber: Bei Oma ist bei Oma, und hier bei uns ist es eben wieder anders.

Beim Aufräumen ist es bei Ines wie bei anderen auch: Wer macht das schon gern? Ihre Schulmappe, die ist ziemlich chaotisch. Das ist etwas, wo ich lieber gar nicht hingucke und wo Bernd ausrasten könnte. An der neuen Arbeitssituation finde ich gut, daß *er* sich jetzt mehr kümmern muß – da kann er sich dann mit der Schulmappe beschäftigen. Sie liebt ihren Vater abgöttisch, es ist gut, daß er mehr Zeit für sie haben muß.

Ach, eigentlich hat man zuwenig Zeit, nimmt sich zuwenig.

Hier gibt es ja auch nicht *gar nichts*. Im Sommer geht man mal mit Ines ins Zeltkino, oder man unternimmt was, wenn man sowieso aufs Festland muß. Die Schule organisiert auch manchmal was: Neulich waren sie mit den Kindern in Bergen, also auf Rügen, im Kino. Oder sie fahren zur Spartakiade rüber, diesem Sportfest. Sie müssen dann vielleicht früher weg, um das Schiff zu kriegen, aber das ist doch nicht so schlimm.

Nein, wir vermissen hier nichts. Für manche ist ja die Vorstellung schrecklich, daß du hier nicht das volle Kulturprogramm hast. Kino, Theater und so… Aber wenn ich in der Stadt wohne, gehe ich doch auch nicht jeden dritten Tag ins Theater, oder?

Wenn wir uns entschließen, ins Theater zu gehen, wird es gleich teuer. Wir brauchen dann auch ein Hotelzimmer. Klar, wir könnten auch Wassertaxi fahren – abends geht ja keine Fähre –, aber dann ist Hotel schon besser. Wir haben nicht das Gefühl, auf etwas verzichten zu müssen. Neulich waren wir mit vier Paaren eine Woche in Hamburg, volles

Programm: Wir waren im *Ohnsorg-Theater,* in *Mamma Mia,* in *König der Löwen* – da haben manche Hamburger weniger gesehen als wir.

Früher hatte man ja nicht so die Ansprüche, und schließlich ist es auch nicht so, daß die normalen Annehmlichkeiten hier auf der Insel fehlen: Es gibt Telefon, Fernsehen, Internet wie überall. Einkaufen ist natürlich so eine Sache: Entweder du kaufst teuer hier, oder du fährst rüber. Das kostet viel Zeit und die Schiffsfahrkarte. Wenn wir uns eine neue Küche kaufen oder ein Bett, zahlen wir mehr als andere, wegen der Lieferung auf die Insel. Ich habe jetzt ein Versandhaus ausfindig gemacht, das ohne Aufschlag auf die Insel liefert. Dann bestellen wir unsere Möbel eben jetzt über Katalog und machen es uns so gemütlich.

Hier ist unser Zuhause.

Klar, jeder kennt jeden, alles wird anders beobachtet. Irgendwie sieht man sich immer. Alle machen sich Gedanken, man erzählt mehr, das war hier schon immer so – überleg mal: Als ich klein war, fuhr hier morgens ein Schiff, abends ein Schiff, im Winter oft gar keins. Die Inselbewohner sind ein Völkchen für sich. Man steht mehr zusammen, erzählt mehr über andere: *Sie* ist ins Krankenhaus gekommen, *der* hat sich ein Bein gebrochen… Auf dem Festland kennen sich die Leute weniger, auch auf dem Dorf, man hat mehr Ausweichmöglichkeiten, arbeitet vielleicht in der Stadt, ist mehr unterwegs.

Man muß das mögen, hier zu leben. Mein Mann und ich mögen es, da gehören dann so Sachen dazu, daß man, wenn man aus dem Urlaub kommt oder das Wochenende weg war, eben zusehen muß, daß man das letzte Schiff um 18 Uhr 15 kriegt. Das heißt dann, daß du schon den Rügendamm rechtzeitig erreichen mußt, von 17 Uhr 20 bis 17 Uhr 40 ist Brückenzug. Es passiert dann eben oft, daß man alle Staumöglichkeiten oder Verzögerungen miteingerechnet hat und deswegen zwei Stunden zu früh am Hafen ist. Man gewöhnt sich dran, man lebt damit.

Wir haben als Kinder Platt gesprochen, obwohl meine Mutter wollte, daß wir Hochdeutsch reden, sie ist ja nicht von hier. Bernd und ich sprechen auch Hochdeutsch miteinander. Ich habe mit dem Plattdeutschen erst wieder angefangen, als Ines geboren wurde. Sie hat ganz wunderbar Plattdeutsch gesprochen, als sie klein war. Dann ist sie in den Kindergarten gekommen und hat da wohl einem kleinen Jungen, der ihr lästig gefallen ist, gesagt: »Goh wech.« Der hat das nicht verstanden, geh weg, von da an hat Ines Hochdeutsch gesprochen. Wenn sie aber irgendwelchen Mist gemacht hat und sich bei Papa einkratzen will, dann spricht sie Platt. Wenn man hier zu Hause ist, kann man das.

Anke, 32, Ergotherapeutin

Herr, bitte schick Geburtswehen
Oder: Ich bin nicht mehr allein

Die beiden Großen kamen ungeplant, mit dem Vater der Kinder konnte sie nicht leben, die Ausbildung forderte volle Aufmerksamkeit und die Kinder ihr Recht – Anke lebte wie viele junge Prenzlauer-Berg-Mütter: rastlos mit wenig Schlaf. Dann kam Jörg, und der fand zum Glauben. Auch Anke wandte sich an Jesus – heute sind Jörg und Anke verheiratet, Samuel wurde geboren, und mit dem Glauben zogen Frieden und Glück in ihr Leben.

Als ich vierzehn oder fünfzehn war, bekamen wir in der Schule die Aufgabe, einen Aufsatz zu schreiben: Wie lebe ich, wenn ich 30 bin? Ich habe geschrieben: Ich bin verheiratet und habe zwei Kinder. Ich bin heute tatsächlich verheiratet und habe *drei* Kinder, aber das war ja nicht absehbar in meinem früheren Leben, also sagen wir: bis vor drei Jahren.

Bis dahin waren meine Lebensumstände eher so kompliziert, daß ich mir nicht vorstellen konnte, in dieser Situation noch ein weiteres Kind zu bekommen. Aber nach den Geburten von Paolo und Paula konnte ich andererseits auch nicht sagen, daß ich nie mehr Kinder will. Ich hatte damals einen Freund, den Vater der beiden. Aber ich bin leider nicht geplant schwanger geworden, ich *war* einfach plötzlich schwanger. Bis heute weiß ich aber, daß die Kinder die beste Entscheidung meines Lebens waren. Bei allem Hin und Her, das es damals gab, habe *ich* mich persönlich für die Kinder entschieden, erst für Paolo, zwei Jahre später für Paula.

Während meiner ersten Schwangerschaft habe ich mein

Studium abgebrochen – Erziehungswissenschaft und Kunst-geschichte. In meinem letzten Studienjahr hatte ich sowieso hauptsächlich gearbeitet, in der Hauskrankenpflege. Eigent-lich bin ich gar nicht so der typische Studiermensch, auch kein so theoretischer Mensch. Als ich schwanger war, kamen ganz pragmatische Fragen, es ging um Geld, ich kann mich gar nicht mehr genau erinnern, wie das war mit Bafög, So-zialhilfe, Erziehungsgeld… Jedenfalls war die Schwanger-schaft für mich ein Grund, praktisch die Legitimation, das Studium abzubrechen und mich neu zu orientieren.

Nachdem ich mit Paolo etwa ein Jahr zu Hause war, konnte ich mir vorstellen, eine Ausbildung als Ergothera-peutin anzufangen – doch dann wurde ich plötzlich zum zweiten Mal schwanger.

Die ganze Situation überforderte den Vater noch stärker als sonst. Es war nicht einfach mit uns, diese Beziehung hatte für mich lange Zeit zwei Seiten: Ich habe einerseits das Scheitern gespürt, andererseits fühlte ich mich emotional verbunden. Ich habe aber deutlich gemerkt: Meine Gefühle können sich hier nicht entfalten.

Nach langem Überlegen entschied ich mich aber doch für das Kind in meinem Bauch.

Als ich im fünften oder sechsten Monat schwanger war, ist der Vater ausgezogen. Paolo war noch nicht mal zwei da-mals. Die Trennung hat ihn sehr verletzt – das war für mich zusätzlich schmerzhaft. Zu dieser Zeit war ich oft depressiv. Ich war allein damals und fühlte mich auch so. Es stürzte so viel auf mich ein. Die Frage war: Wie packe ich das? Wie ernährt man die Kinder? *Ohne* Kinder ist der Alltag einfa-cher, klar. Das war aber nie die Frage für mich! Man hat eine Menge Arbeit mit Kindern, aber man bekommt so viel zurück, also nichts Materielles, aber es sind so viele kleine Aufmerksamkeiten, die einen erfreuen, wie sie einem zum Beispiel voller Freude in die Arme rennen.

Ich habe mir damals Kitas angeguckt, und da entstand bei mir der Wunsch, etwas eigenes zu machen. Anderen Müttern und Vätern ging es so ähnlich, wir haben uns lange einmal die Woche getroffen, um selber einen Kindergarten zu gründen. Das dauert, du brauchst eine Betriebserlaubnis, Räume und Erzieher. Paolo ging erst mal in einen ganz normalen Kindergarten, wenige Monate später, als Paula schon geboren war, hatten wir dann unseren Kinderladen.

Das war jetzt eine bessere Voraussetzung, um die Ausbildung als Ergotherapeutin zu beginnen. Ich fing also an. Allerdings machte unser Kinderladen erst um acht auf – ich mußte aber um acht in der Schule sein für die Ausbildung! Ich habe mit einer Freundin zusammengewohnt, die auch ein Kind hatte, sie hat uns viel geholfen. Die Freundin hat die Kinder alle zusammen in den Kinderladen gebracht. Das war für mich ein gutes Gefühl, daß Paolo und Paula gut aufgehoben waren, denn ich war 50 Stunden die Woche außer Haus!

Gegen Ende der Ausbildung habe ich Jörg kennengelernt, da war ich 27, er 30. Jörg ist Musiker, er spielt in Bands, gibt Unterricht, Gitarre, Baß, Schlagzeug. Wir hatten erst eine lose Beziehung, wie sie in Prenzlauer Berg so üblich ist: Jeder hat noch für sich gewohnt, wir haben uns regelmäßig gesehen.

Ich habe viel geraucht damals, ich hatte auch Kontakt zu Drogen. Wenn ich abends ausgegangen bin, habe ich bestimmt auch zuviel Alkohol getrunken, aber ich habe das alles irgendwie weggesteckt. Wir waren jung, da handelst du das alles, jonglierst alles. Für mich war das ein Spagat: die Kinder, die Arbeit, Jörg. Ich hatte ja eigentlich nur nachts Zeit, ich habe alle Treffen mit Jörg eher auf abends verlegt. In der Phase habe ich wenig geschlafen – ich hatte außerdem noch einen Nebenjob, wegen des Geldes. Es war ein komplexes, kompliziertes Gestrüpp. In dem Moment, wo man drinsteckt, sieht man's nicht so. Eigene Wünsche,

Sehnsüchte, die auch – tief verborgen – da sind, läßt du einfach nicht zu. Man wünscht sich doch nicht *einen Ehemann*.

Jörg hatte schon mal 'ne Freundin mit Kind gehabt, das war auseinandergegangen. Wenn ein Mann merkt, er hat eine Frau kennengelernt, die zwei Kinder hat…

Das alles löste bei Jörg auch nicht gerade den Wunsch aus, zu heiraten. Auch ich wollte diese Beziehung ja gar nicht so schnell so intensiv. Es hat sich mit Jörg ganz natürlich entwickelt. Wir haben uns von Anfang an total gut verstanden, es hat sich anders angefühlt als sonst, früher. Unsere Beziehung war voller Respekt. Aufrichtig sein, ehrlich sein, das war ganz wichtig.

Für die Zeit nach der Ausbildung hatte ich das Angebot einer 40-Stunden-Stelle, aber ich wußte schnell, daß ich das Leben so nicht weiterführen will, 50 Stunden außer Haus… Nur ein bis zwei Stunden mit den Kindern zusammen, kurz vor dem Schlafen. Ja, vor vier Jahren habe ich meine Ausbildung zu Ende gemacht. Und dann hab ich mich nach einer Halbtagsstelle umgeschaut. Ich habe mir ja nicht Kinder angeschafft, um sie nur betreuen zu lassen…

Sechs Wochen nach der Ausbildung bekam ich ein Angebot, 15 Stunden die Woche zu arbeiten. Das wurde dann gleitend mehr, 18, 20, das ging recht schnell, schon durch die Überstunden. Ich habe damals gemerkt: der Alltag läuft. Ich bin mit dem Auto 40 Minuten durch die halbe Stadt, dann habe ich vormittags Hausbesuche bei den Patienten gemacht, meist neurologische Patienten, also solche, die einen Schlaganfall hatten, oder Koma-Patienten. Einen Tag lang arbeitete ich bis sieben, einen Tag bis vier – so konnte ich am Nachmittag auch Therapie mit Kindern machen, das geht ja nur nachmittags, wenn die aus der Schule sind.

Dann ist aber etwas passiert in unserem Leben.

Jesus kam in Jörgs Leben.

Durch seinen Bruder, eigentlich durch dessen Frau, also meine heutige Schwägerin. Sie hatte Kontakt zu Jesus.

Plötzlich geschahen Dinge mit Jörg, die ich als Freundin natürlich auch wahrgenommen habe. Vorher war er zwar durchaus mal 24 Stunden mit mir zusammen, aber dann mußte er irgendwann plötzlich los. Dieses Getriebensein fiel plötzlich weg. Er hatte jetzt auch mehr Kontakt zu den Kindern.

Ich habe gemerkt: Irgendwie hat Jörg einen anderen Frieden in sich. Das war für mich nicht bedrohlich, also es gab keine Rivalität. Es ist doch manchmal so, wenn der Freund von einer Exfreundin erzählt, daß man ein komisches Gefühl im Bauch bekommt. Aber wenn Jörg über Jesus sprach, fühlte sich das überhaupt nicht bedrohlich an.

Jörg hat auch auf einmal nicht mehr geraucht – er war plötzlich Nichtraucher, ohne Mühe.

Anfangs waren diese Veränderungen für mich befremdlich, ich begriff ja auch nicht richtig, worum es ging. Pfingsten vor zwei Jahren war ich dann selbst an dem Punkt, wo ich es verstanden habe. Ich habe für mich gefühlt: Ich übergebe mein Leben Jesus. Ich verstand, dass ich ihn *einladen* muss, damit er in meinem Leben wirken kann. Er würde sich mir nie aufdrängen, so, wie die Liebe sich niemals aufdrängen würde – sie ist geduldig.

Auch in meinem Leben veränderte sich plötzlich vieles. In einem Heilungsgebet habe ich mein Zigarettenproblem dem Herrn übergeben – ich rauchte von da an nur noch in Gemeinschaft mit alten Freunden oder in Streßsituationen. Und nach zwei Monaten war's plötzlich vorbei mit den Zigaretten. Meinen Nachtjob als Barfrau gab ich auch nach kurzer Zeit auf – Jörg hatte mir dazu Mut gemacht.

Vor allem aber: Ich hatte mehr Ruhe mit den Kindern. Es ist wie ein Fahrplan, eine Struktur, die du plötzlich für die Familie siehst. Wenn du beispielsweise ein Problem hast:

Ein Kind ist gerade hingefallen, eins hat Schwierigkeiten mit den Hausaufgaben, du selber bist erschöpft. Wie handelst du das? Oft habe ich meine Kinder angeschrien oder einfach nur geheult. Ich fühlte mich immer wieder überfordert. Doch auch in diesem Bereich, im Umgang mit meinen Kindern, spürte ich neue Kraft, mehr Geduld, mehr Ausdauer. Gott half mir, zu verstehen, wer er ist, die Bibel sagt: »Gott ist Liebe. Und wer in der Liebe ist, ist in Gott und Gott in ihm.« Gott und die Liebe waren tatsächlich in unser Leben gekommen.

Gott drängt sich nicht auf, er entscheidet sich für dich. Er klopft an deine Tür, reinbitten mußt *du* ihn. Das kann dir zum Glück niemand abnehmen, es ist deine eigene Entscheidung.

Auch in Situationen, die sich nicht gut anfühlen, kann ich heute sagen: »Ich will da rauskommen, ich will wieder in der Liebe sein.« Auch wenn sich an einem Tag scheinbar blöde Ereignisse häufen: Es gibt eine Chance, den Tag umzuwinden.

Ich hatte ja damals, als alles so schwierig war, als mein ganzes Lebensgebäude auf mich einbrach, auch Depressionen, aber heute weiß ich: Du hast die Möglichkeit, da wieder rauszukommen. Bete. Bete so, wie es dir über die Lippen kommt, wie ein Kind, mit aller Hingabe.

Durch diese Art Zwiegespräch habe ich erstens gelernt, mich zu bedanken, zweitens, auf meine eigenen Fehler zu schauen und sie zu gestehen – denn die Fehler der anderen sind ja immer viel einfacher zu erkennen –, und drittens, um Hilfe zu bitten, um Hilfe aus der Höhe.

Das hätte ich mir ein halbes Jahr vorher nicht vorstellen können, daß ich mal mit Gott spreche und ihn an seine Versprechen seinen Kindern gegenüber erinnere.

Das Schwierigste ist, den alten Mustern, den alten Gewohnheiten beizukommen. Ein Schlüsselerlebnis hatte ich bei einem Streit mit Jörg, da habe ich gemerkt, daß man sich mit Gott nicht mehr so einsam fühlt.

Jörg und ich wollten zusammen weggehen, und Jörg hatte noch zu tun, ich wollte los. Da war plötzlich etwas anders als sonst. Früher wäre ich ungern alleine losgegangen, wir hätten angefangen uns zu streiten, dann wäre ich im Ärger losgegangen und hätte die ganze Zeit darüber nachgedacht und wäre dann vielleicht in Schuldgefühle gefallen.

Diesmal bin ich alleine vorgegangen, habe mir gesagt: Jörg kommt ja auch gleich, dann sind wir zusammen da, wo wir hinwollen, wie schön. Unterwegs habe ich gemerkt: Ich bin überhaupt nicht traurig oder ärgerlich, ich habe gespürt: Wie toll, ich bin nicht mehr allein, Jesus ist bei mir, denn ich kann mit ihm sprechen, und er spricht direkt in mein Herz …, ich muß nicht traurig sein über den anderen. Ich erinnere mich noch gut an das Gefühl von früher, ich weiß noch, wie es war, wenn sich das Herz zusammengekrampft hat, wenn dir richtig physisch deutlich wird: Du bist allein, die finsteren Gedanken weichen nicht. Vor gut zwei Jahren hat mich Jörg gefragt, ob ich ihn heiraten will. Ich habe ja gesagt. Da hat er sich verlobt mit mir… Das war ein schöner Moment. Hochzeit – das war vorher nie ein Thema für mich gewesen, für Jörg auch nicht. In mir hat sich damals so ein warmes Gefühl ausgebreitet…

Im Juli haben wir dann geheiratet. Am Freitag auf dem Standesamt, am Samstag vorm Herrn. Wir hatten so ein kleines Dorf gefunden, bei Feldberg, mit einer kleinen Kirche, einer ausgebauten Scheune auf einem kleinen Hügel, an der steht richtig dran: *Hochzeitsscheune.* Ja, wir haben vor dem Herrn draußen auf der Wiese geheiratet. In ganz Deutschland hat's geregnet, der einzige blaue Fleck am Himmel war über diesem kleinen Ort.

Alle Freunde und die Gemeinde haben uns reich beschenkt, so daß wir richtig schöne Flitterwochen machen konnten. Wir sind mit den Kindern nach Griechenland geflogen, es war so schön.

Zu der Zeit haben wir uns schon ein Kind gewünscht. Ende der Flitterwochen war Samuel dann schon unterwegs. Den haben wir uns *wirklich gewünscht,* über Gebete gewünscht. Das war für mich ein anderes Erlebnis, *so* schwanger zu werden. Es fühlt sich schon anders an, wenn der Vater auch ein Kind will und wir den Schöpfer allen Lebens gemeinsam darum bitten.

Jetzt ist Samuel schon sieben Monate alt. Ich fühle mich jetzt so wohl, *wir* fühlen uns so wohl. Ich hab nicht nur Zeit für Samuel, sondern auch für die großen Kinder kann ich viel mehr da sein. Ich find's schön, daß ich zu Hause bin, wenn sie aus der Schule kommen. Dann helfe ich ihnen bei den Hausaufgaben, und wir können einfach mehr Zeit miteinander verbringen. Obwohl ich in der Woche am Nachmittag und abends mit den Kindern alleine bin, weil Jörg ja arbeitet. Es ist schön, mit drei Kindern zu leben. Ich war in einem Geburtsvorbereitungskurs für Mehrgebärende, da waren meist Frauen, die ihr zweites Kind bekommen. Da wurde über Ängste gesprochen, wie das ist: Hat man noch Zeit für das erste Kind, wie geht es mit dem zweiten? Es war ja schon mein drittes Kind, und ich konnte den Frauen von meinen Erfahrungen erzählen. Man denkt ja vor dem zweiten Kind an Probleme mit der Zeit, die man dann für das erste Kind weniger hat; oder Raum, der vergrößert werden muß und logistische Probleme – aber woran man nicht denkt: Die Liebe muß man nicht teilen, sie wird sogar mehr!

Wenn man dran denkt: Früher hatten die Menschen elf, zwölf Kinder. Das ist für mich heute nachvollziehbar, die Liebe wächst mit Gott.

Die ersten beiden Male war ich für die Geburten im Geburtshaus. Paolo brachte ich mit Kathleen, meiner Hebamme, in zehn Stunden auf die Welt. Zwei Jahre später habe ich mich wieder bei Kathleen gemeldet und gefragt, ob sie auch mein zweites Kind mit mir auf die Welt bringen möchte. Als sie zusagte, war das für mich schön, gleich so ein vertrautes Gefühl zu haben. Mir ging's damals psychisch nicht besonders gut, ich war ja gerade in der Trennungsphase, es war kompliziert... Und Kathleen hat so eine aufbauende Art, das tut einfach wohl, sie sieht dich und sagt: »Gut siehst du heute aus.«

Ich wollte damals bei Paula eigentlich schon eine Hausgeburt machen, wie später bei Samuel, habe aber überlegt, wie das wohl gehen kann, es hätte sich ja jemand um Paolo kümmern müssen. Ich war dann im Geburtshaus, ein Freund war bei Paolo, und als er früh um acht aufwachte, war ich wieder da mit seinem Schwesterchen. Für mich war das mein schönstes Weihnachtsgeschenk – Paula ist am 24. Dezember, zum Heiligen Abend, geboren.

Dieses Mal, also bei Samuel, habe ich Kathleen angerufen: »Hallo, hast du Lust, noch ein drittes Kind in die Welt zu holen?« Das ist toll, wenn man jemanden hat, dem man so vertrauen kann. Wenn du mal ein Zwicken hast, das du nicht kennst, kannst du deine Hebamme fragen: Ist das normal? Muß ich ins Krankenhaus? Gibt es ein Hausmittel, das hilft?

Ich habe Samuel hier gekriegt, hier in unserer Wohnküche. Er ist am 1. Mai geboren, pünktlich an seinem Geburtstermin. Ich dacht schon zwei Wochen lang vorher, daß er bestimmt früher kommt, weil ich starke Wehen hatte. Ich hatte schon alles vorbereitet, Folien, Tücher, Laken im Regal zurechtgelegt. Am Tag waren wir noch beim Geburtsvorbereitungskurs gewesen, es war schönes Wetter, anschließend habe ich noch im Park mit meinem Mann Federball gespielt. Abends, als die Kinder schon im Bett waren, habe ich gedacht: Heute ist Termin, na, vielleicht ist es ja soweit. Ich habe angefangen zu räumen, und dann habe ich laut gebetet: »Herr, ich wünsch mir jetzt, schick mir bitte Geburtswehen.« Prompt hat er mein Gebet erhört, und plötzlich ging es los, um halb zwölf. Wir haben die Matratze hergeholt, Folie drübergelegt, ein Bettlaken. Vors Fenster kam ein Vorhang – wir haben ja sonst keinen, man kann reingucken von gegenüber, das macht uns normalerweise nichts. Aber ich dachte: Das müssen wir den Nachbarn nicht zumuten. Wir haben nachts die drei Türen zu den schlafenden Kindern zugemacht, wir dachten, das müßte reichen, eine Geburt ist ja nicht unbedingt leise.

Ich hatte superdolle Wehen, in unterschiedlichen Abständen, alle zehn Minuten, auch mal alle drei Minuten. Kathleen hatte ich auch angerufen – sie rief zurück: »Na ja, dann komme ich wohl am besten gleich vorbei…« Ich dachte: Dann gehst du noch mal unter die Dusche, und als ich da so dusche, klopft es plötzlich an die Trennwand, Kathleen war da. Als ich wieder in die Küche komme, platzt die Fruchtblase, Kathleen hatte gerade ihre Tasche geöffnet und konnte mir noch eine Unterlage unterschieben.

Nach dem Blasensprung ging alles sehr schnell. Es kamen fünf Preßwehen, und um 1 Uhr 27 war Samuel geboren. Jörg war total begeistert. Unser Kind war da: Halleluja, lobet den Herrn!

Jörg hatte vorher gesagt: »Du, Anke, wir kriegen das Kind notfalls auch allein auf die Welt.« Wir hatten keine Furcht.

Morgens kamen Paolo und Paula zu uns, sie wunderten sich erst darüber, warum wir in der Küche schliefen, dann sahen sie das kleine Bündel und haben plötzlich wie die Mickey Mäuse gesprochen, so mit ganz hohen, verstellten Stimmen: »Ach, unser Bruder, unser kleiner Bruder…«

Meine Mutter war nach der Geburt von Samuel zwei Wochen hier in unsrer Zweiraumwohnung, das ging ganz wunderbar, das hätte ja auch anders sein können. Was man immer redet, die *Schwiegermütter* – sie *ist* ja die Schwiegermutter von Jörg.

Meine Mutter ist immer eingesprungen, wenn sie gemerkt hat: Hier fehlt gerade jemand. Das hat sie wunderbar gemacht. Wenn ich die Waschschüssel hab stehenlassen, hat sie weiter abgewaschen. Sie hat gekocht, wenn wir nicht gekocht haben ...

Einmal saß sie am Tisch und hat Spargel geschält, ich lag mit Samuel hier auf dem Sofa und bin eingeschlafen. Ich konnte so schlecht schlafen nach der Geburt, du bist ja voller Hormone, die dich wach halten und machen, daß du nur auf dein Kind schaust ... Meine Mutter hat sich gefreut, daß ich eingeschlafen bin, und hat dann einfach selbst nichts mehr gemacht, um mich nicht zu wecken. Bei sich zu Hause ist sie immer so agil, ständig in Bewegung – hier war sie so anders, das hat sie so toll gemacht.

Unser Leben jetzt, wir fünf, das fühlt sich gut an. Wir haben alle eine Beziehung miteinander, und die fühlt sich richtig gut an. Jörg hat Spaß an seiner Stiefvater-Rolle. *Stiefvater,* so heißt das ja tatsächlich. Paolo fragt viel nach der Bedeutung von Worten, er hat auch gefragt, was dieses heißt, Stiefvater. Das haben wir ihm erklärt. Weil die Kinder nicht adoptiert sind, ist Jörg der Stiefvater, aber er hat Erziehungsrecht.

Paolo und Paula und ihr leiblicher Vater sehen sich schon seit einiger Zeit nicht mehr. Ich bin aber ganz sicher, früher oder später wird es wieder Kontakt geben, und das ist dann auch gut so.

Ich identifiziere mich heute nicht mehr so sehr über die Beziehung zu meinem Partner. *Die Beziehung zu Gott,* die ist ganz wichtig, die kommt an erster Stelle. Die zu meinem Mann an zweiter, noch vor den Kindern, denn diese Beziehung trägt auch die Beziehung zu unseren Kindern. Wenn mir das alles jemand vor drei Jahren gesagt hätte ...

Die Veränderungen in unserem Leben haben uns neue Freunde gebracht, aber wir haben auch alte verloren. Die positiven neuen Dinge bei uns können ja für jemanden, der selbst persönliche Probleme hat, auch bedrohlich sein. Wenn du selbst ein schwieriges Leben hast, Alkohol wichtig ist, Zigaretten, eine schwierige Beziehungskonstellation, solche Verstrickungen... Ich kenne das ja noch! Wenn ich so etwas heute bei anderen mitbekomme, denke ich: Welche Verletzungen muss es da geben, welche Angst...?

Hier in Prenzlauer Berg herrscht ja irgendwie ein krasser Geist. Ich meine, hier wirkt alles so nett, die Leute sind sehr individuell, viele haben Kinder und den Mut, noch mehr zu bekommen. Das mag auf den ersten Blick wunderbar erscheinen. Aber ich kenne dieses Leben zu gut, die *scheinbare Freiheit,* alles selbst in der Hand zu haben und niemandem darüber Rechenschaft abgeben zu müssen, was man tut oder was man läßt.

Heute, da es mir vertraut ist, ein einigermaßen bewußtes Leben zu führen, wird mir immer klarer, daß ich früher Dinge tat, die ich eigentlich so nicht wollte. Ich habe beispielsweise geraucht, und zwar mindestens zwei Schachteln täglich, obwohl jedem vernünftigen Menschen klar ist, daß Zigaretten stinken, viel Geld kosten und natürlich ungesund sind. Wo war da meine Freiheit?

Oder ein anderes Beispiel: Meine Fähigkeit oder – wie ich damals dachte – meine Unfähigkeit, Beziehung zu leben. Es war ein einziges Scheitern, aber auch das schien normal zu sein. Ich war mit diesem Problem kein Einzelfall.

Natürlich war in meinem alten Leben nicht alles traurig, ich hatte viel Spaß mit Gleichgesinnten, alles schien genau so sein zu müssen. Zigarrettensucht, Alkoholismus und Drogenkonsum jeglicher Art, Nebenwirkungen wie Migräne, Nieren- und Rückenschmerzen, Magersucht, Selbstzweifel – nichts galt als ungewöhnlich, alles war normal. Manch einer kam auf die Dauer nicht klar – Selbstmordgedanken waren nichts Ungewöhnliches.

Ich habe so viel Trauer und Hilflosigkeit erlebt damals. Viele Frauen meiner Generation ließen ein, zwei, oder mehr Kinder abtreiben. Und geborene Kinder allein großzuziehen, macht auch nicht stärker. Aus dieser Sicht, *Ich-muß-alles-allein-hinkriegen,* ist das Leben unendlich anstrengend. Heute weiß ich: Ich muß nicht alles allein machen, ich kann mir helfen lassen. Jesus möchte all diese Dinge in uns verändern, deshalb ist er auf die Welt gekommen, um uns mit seiner Kraft zu erfüllen und zu erneuern.

Ich lade Gott ein in mein Leben, er ist die oberste Autorität. Mir hilft der Glaube im alltäglichen Leben, da, wo es im Alltag Probleme gibt. Als Christ oder mit Jesus bist du nicht von deinen Problemen befreit. Aber Gott möchte, daß wir sie abgeben, daß er das für uns löst. Das weiß man, wenn man mal wieder an seine Grenzen kommt, und das tut gut.

Ich kann jetzt Dinge viel gelassener nehmen. Wenn ein Autofahrer zum Beispiel mein Auto und mich auf der Straße bedrängt, denke ich: Mensch, muß der Probleme haben, und bete für ihn. Das Leben kriegt eine andere Qualität dadurch. Es ist für mich auch immer wieder eine Herausforderung: Schaffe ich es, wenn ER mir aufgibt: »Liebe deinen Feind.«

Was mich früher sehr belastet hat: das Gefühl, die Lebenszeit ist begrenzt. Jetzt weiß ich, mein Körper wird sterben, aber die Seele, die ist unsterblich. Das heißt, die Summe meiner Gedanken und Gefühle lebt in Ewigkeit. Jesus schenkt mir Gedanken und Gefühle voller Frieden. Das löst bei mir Freude aus, daß ich eine Chance habe, meine Seele aus der Gefangenheit des Jetzt zu nehmen. Wenn zu Hause viel auf einmal ist, die Kinder sich in die Haare geraten, dann weiß ich: Streit wollen wir hier nicht haben, ich will in der Liebe sein. Wie bleib ich in Ruhe und Frieden, wie krieg ich's hin? Ich weiß: *Ich* krieg das nicht, hin – ich laß' mir helfen.

Mein Muttersein, mein Muttergefühl hat sich durch Gott, durch den Glauben nicht verändert, aber früher habe ich dafür mehr Kraft gebraucht, oft Schuldgefühle gehabt. Heute kann ich das mit anderen Augen sehen. Ich kann meine Rolle als Mutter und Frau mehr genießen.

Auch in meinem Beruf hilft mir der Glaube: Wenn ich merke, ich bin mit meinen beruflichen Möglichkeiten, jemandem zu helfen, der zum Beispiel halbseitig gelähmt ist, am Ende – dann kann ich für diesen Menschen beten. Ich spreche aber bei der Arbeit mit Menschen nur über Gott, wenn die das wollen.

Die Kinder gehen jetzt in eine freie evangelische Schule. In dieser Schule wird gebetet, morgens gibt es erst einmal eine Andacht – das finde ich natürlich noch extra schön, die Lehrer wollen auch erst mal Kontakt zu Gott haben vor Beginn des Unterrichts. Für den Unterricht ist es ja auch wichtig: Bin ich in der Liebe? Oder nicht?

An der evangelischen Schule sind die Kinder natürlich auch laut, sie passen mal nicht auf, aber der Umgang miteinander ist anders, dabei sind nicht alle Kinder aus christlichen Elternhäusern, die halbe Schule vielleicht.

Jörg und ich stammen beide nicht aus christlichen Elternhäusern. Ich weiß also nicht, wie es sich anfühlt, wenn man im Glauben groß geworden ist, ich habe ja erst als Erwachsene zu Jesus gefunden, aber man sagt ja auch sonst: Man braucht als Erwachsener eine Erneuerung des Glaubens.

Wir leben mit unseren Kindern im Glauben, wir beten auch mit ihnen, sie können Jesus erleben. Es ist wichtig für Menschen, daß sie ein Jesus-Erlebnis haben, einfach nur die Bibel lesen macht den Glauben nicht lebendig. Ich weiß nicht, wie Paolo und Paula sich entwickeln werden, sie sind ja eigentlich schon kurz vor der Vorpubertät.

Es wäre schön, wenn sie erkennen: Sie sind nicht allein. Da ist immer jemand, der bei ihnen ist und sie so liebt, wie sie sind.

Jan, 43, Kaufmann

Meine ersten Eierpfannkuchen
Oder: Entsanden, aber gründlich bitte

Viele Frauen träumen von so einem Mann: Er bleibt zu Hause, küm-
mert sich liebevoll um die Kinder… Ganz locker und selbstverständ-
lich stellten Jan und Karin die herkömmliche Rollenverteilung auf den
Kopf. Nachbarn und Freunde finden es prima, die Töchter Anna und
Lene kennen es nicht anders. Rollentausch – das heißt noch lange
nicht, daß aus Papa Mama wird und umgekehrt…

Das ist schon etwas Besonderes hier in der Siedlung, das
meiste sind Öko-Häuser, 30 Einheiten als Einzel-, Doppel-
und Reihenhäuser, hier wohnen viele Leute mit Kindern,
aber auch ältere, die Nachbarn von gegenüber zum Beispiel,
die sind über 60, die sind bewußt hergezogen, weil sie mit
allen Generationen zusammen wohnen wollen. Für die Kinder ist es prima hier: In der Mitte ist ein Kleinkinder-
spielplatz mit Weidentunnel und Tipi… Unsere sind ja
schon größer, aber hier in der Siedlung können sie eben auch
alleine rumstromern.
 Da kommt Anna, unsere Große.

 »Papa, kann ich mich heute verabreden?«
 »Nee, Anna, du weißt doch, daß wir gesagt haben,
 daß du nachher noch Sachkunde übst. Mal noch
 was, bis Mama reinkommt, du siehst doch, ich un-
 terhalte mich gerade …«

Die Kleine ist noch draußen und spielt. Das ist schön, daß sie das jetzt alleine können. Sie sind jetzt neun und sechs, also drei Jahre auseinander.

Bevor wir hierhergezogen sind, war ich viel auf Spielplätzen mit den beiden. Ich muß sagen: Da habe ich wenig andere Väter gesichtet. Es sei denn, man geht Sonnabendnachmittag.

Wir waren auf vielen Spielplätzen, haben uns natürlich immer die schönen rausgesucht, die mit vielen Klettergeräten, Schaukeln und so. Anna ist sehr kontaktfreudig, es hat nie lange gedauert, bis sie mit anderen Kindern gespielt hat.

Bevor wir hierhergezogen sind, haben wir in einer Gegend mit fast keinen Kindern gewohnt, da mußte man ja losziehen. Gut, Anna kannte durch den Kindergarten andere Kinder. Aber hier ist es anders. Wir wohnen jetzt im vierten Jahr hier. Hier passen wir auch auf die Kinder nicht mehr auf, innerhalb der Siedlung auf jeden Fall. Und die Kinder wissen: Wenn sie irgendwo anders hinwollen, müssen sie Bescheid sagen, dann gucken wir, ob das geht.

(Es klingelt.)

Entschuldigung.

»Na, kommt rein, entsandet euch aber vorher, ja?
Klopft euch ab, und dann könnt ihr rein.
Okay, Lene, aber ihr spielt oben. Händewaschen vorher, aber gründlich, ja?«

So.

Tschuldigung.

Unsere Töchter sind beide gewollt gekommen. Meine Frau und ich haben uns vor fünfzehn Jahren kennengelernt, vor zehn Jahren haben wir geheiratet und darüber gesprochen: Wenn's klappen sollte mit einem Kind, dann bleibe ich zu Hause. Im nächsten Jahr wurde dann Anna geboren.

Über die Dauer, wie lange ich zu Hause bleibe, haben wir nicht gesprochen. Wir haben dann schnell gemerkt, daß wir nicht nur ein Kind wollen. Die Tätigkeit, die ich im Büro ausgeübt habe, die war nicht gerade sehr befriedigend, in der Firma wurde rationalisiert, ausverkauft, da hing die ganze Zeit der Sensenmann drüber. Ich hatte dort angefangen nach vier Jahren Bundeswehr und einem Jahr, in dem ich auch noch meine Fachhochschulreife gemacht hatte, damit der Wiedereinstieg ins normale Berufsleben besser klappt.

Meine Frau ist Gott sei Dank Beamtin, da bleibt man auf den Füßen stehen, egal, was passiert. Es kommen ja so verschiedene Argumente zusammen, wenn man entscheidet: wer bleibt zu Hause? Abgesehen davon, daß ich wirklich Lust darauf hatte – meine Frau hat mehr verdient als ich.

Meine Firma wollte nicht an Veränderungen ran. Das kann ja an sich 'ne gute Sache sein, aber wenn die Lage insgesamt nicht so rosig ist? Diese Starrheit hat sich dann auch gezeigt, als meine Erziehungszeit zu Ende war. Ich hatte zwei mal drei Jahre genommen, dann mußte ich mich entscheiden. Also wieder in den Beruf zurück oder nicht. Ich hätte gerne Teilzeit gearbeitet, aber der Chef hat das abgelehnt. Da hab ich ganz gekündigt.

Mein Erziehungsurlaub war dem Chef eher wurscht, der hat auch mit mir nicht drüber gesprochen, auch die Arbeitskollegen eher nicht. Eine Kollegin war da, aus Schweden, die fand das gut, daß ich mit dem Baby zu Hause bleibe. Die anderen haben es eben so hingenommen.

Karin hat ihre acht Wochen Mutterschutz genommen, am Ende hat sie abgestillt und ist wieder zur Arbeit. Von den Erzählungen meiner Frau glaube ich mich zu erinnern: Die Kollegen fanden's gut, daß sie so schnell wiedergekommen ist.

Meine Mutter kommt mit unserer Aufteilung bis heute nicht so klar. Meine Mutter ist Jahrgang 28. Sie sagt Sachen wie: »Hat Karin dir denn nichts zu essen gekocht?« Die checkt das einfach nicht, daß es bei uns anders läuft.

Unser Freundeskreis hat das mit meiner Erziehungszeit akzeptiert, auch für gut befunden. Für mich war von Anfang an klar: die vollen drei Jahre. Anfangs, als wir das erzählt haben, wurde gefragt: Wie wollt ihr das denn machen?

Ein befreundetes Paar, das selbst noch keine Kinder hat, ist durch unsere Entscheidung selber schwer ins Grübeln gekommen, wie sie das handhaben würden. Dann war da noch ein Paar, das auch ein Kind kriegte, aber bei denen war das gar keine Frage: Sie blieb zu Hause, wegen dem Gehalt, er verdiente deutlich mehr als sie. Ein weiteres Paar wollte noch keine Kinder. Und ein anderer Freund hatte gerade keine feste Beziehung, der konnte sich gar nichts vorstellen.

Bei den meisten Familien ist es ja so, daß die Frau zu Hause bleibt. Innerhalb dieser Siedlung findet's keiner komisch, daß es bei uns anders ist. Heute wird das nicht mehr schief angesehen, wenn du als Mann zu Hause bleibst, das ist schon angenehmer als früher.

Ich kann mir schwerlich vorstellen, wieder fulltime zu arbeiten oder eben auch in dieser Zeit, als sie klein waren, fulltime gearbeitet zu haben, der Kontakt ist mir so wichtig. Wie ist es denn sonst, wenn du als Mann abends nach Hause kommst vom Job? Du siehst die Kinder noch ein, zwei Stunden. Vielleicht, wenn's hochkommt.

Ich habe einen Kollegen, der seit ein paar Jahren in Frankreich arbeitet. In Frankreich ist es ja üblich, daß die Kinder schon mit zwei Jahren den ganzen Tag weg sind. Mein Kollege hat seine Kinder auch sehr früh in die Betreuung gegeben. Das wäre nichts für mich.

Wir haben für Anna einen Kindergartenplatz gesucht, als sie drei wurde. Wir wollten, daß sie mit Gleichaltrigen spielen kann. Der nächste Kindergarten hier ist von einem freien Träger, für den haben wir uns entschieden. Nicht, weil er am nächsten ist. Er ist auch der beste. Im ersten Jahr hatte Anna da nachmittags einen Platz, im nächsten Jahr ging sie vormittags hin. Das hat gut gepaßt, weil dann ja auch Lene kam, und wenn Anna im Kindergarten war, konnte man sich mit der Lütten mehr beschäftigen.

Frauen sind kontaktfreudiger, sie reden mehr miteinander als Männer. Männer sind doch schweigsamer und tauschen sich weniger aus. Das hab ich gemerkt, als Anna klein war: Wenn Mütter irgendwo zusammenstanden, auf dem Spielplatz oder so, es dann losging mit den Kindern, was sie anziehen und so, dann hab ich mich meist ausgeschlossen.

Ich war mit den Kindern aber in der Krabbelgruppe, einmal die Woche, so anderthalb, zwei Stunden, das ist was anderes als die Müttergespräche, die sich so ergeben. Das war in Räumen der Kirche, wir haben bald den Schlüssel bekommen und dann alles in Eigenregie gemacht, wir haben uns oft zum Frühstück getroffen. Viele Kinder waren anfangs noch so klein, die konnten noch nicht mal krabbeln, die haben dagelegen und hauptsächlich geguckt. Aber sie wurden dann ja größer und haben auch miteinander gespielt. Für Anna war das schön, für mich auch. Wir haben nämlich Erfahrungswerte ausgetauscht, da ging's mir wie den Müttern: Was machen die Kinder so? Was können sie schon? Was kriegen die zu essen? Wie schlafen sie? Wie kommen die Geschwister miteinander klar? ... Das waren schon interessante Gespräche. Ich wurde da akzeptiert, es waren vielleicht so acht bis zehn Erwachsene und Kinder, irgendwann blieb ein harter Kern von fünf, der sich auch weiter privat getroffen hat, zum Kaffeetrinken, zum Spielen für die Kinder. Bei einem ging das besonders gut, der hatte eine Riesenrutsche im Garten. Man lernt sich und die anderen Familien ja dann nach und nach besser kennen. Mit den meisten bleibe ich auch heute noch stehen, wenn wir uns treffen, und wir schnacken 'ne Runde.

Zum Turnen war ich auch mit den Kindern, da sind

natürlich auch überwiegend Frauen. Immerhin heißt dieses Kinderturnen mittlerweile Elternturnen und nicht mehr Mutter-Kind-Turnen, weil es eben doch Väter gibt – einmal hatte ich einen mit in der Gruppe, der war auch zu Hause, der hatte drei Jungs.

Wir waren ja auch drei Jungs zu Hause. Ich fand's immer gut mit den Geschwistern. Wo wir gewohnt haben, gab's bestimmt 30 Kinder in den Blocks. Nach der Schule haben wir draußen gespielt, man ging einfach raus, die anderen kamen auch raus, es gab eine große Freifläche, Wiese, Bäume – heute ist da alles mit Reihenhäusern bebaut. Es ist was verlorengegangen, heute verabreden sich die Kinder zum Spielen, telefonieren vorher, das ging früher alles selbstverständlicher. Ich find's gut, wenn man sich für Kinder entschließt, daß man dann nicht nur eins, sondern mehrere hat, schon weil ein Kind immer stärker behütet wird.

Meine Lütte spielt fast gar nicht mit Puppen, sie spielt viel lieber draußen, auch mit Jungs, besonders mit dem Jungen von gegenüber. Sie geht raus, moddert richtig, spielt mit Sand. Unsere Kinder sind nicht mädchenbezogen erzogen, aber allmählich geht es doch los, besonders bei Anna, mit Jungs spielt sie nicht mehr so. Wir versuchen, wertfrei zu erziehen, aber natürlich wünschen sich auch unsere Mädchen eine Puppe zu Weihnachten, und die kriegen sie auch.

Klamottenkauf macht meine Frau. Also, ich hab keine Allergie dagegen, ich geh auch mit.

Entschuldigung.

»Ich und Josefine haben Hunger.«

Das ist Nummer zwei.

»Was wollt ihr denn? Wollt ihr ein Stück Kuchen? Ich geb euch welchen.«

So.

Einkaufen. Wir gehen zusammen, da gehe ich auch gerne mit, warte in Ruhe, bis sie alles anprobiert haben. Es kommt vor, daß die drei mal Damentag machen, ganz alleine. Wenn ich ans Einkaufen für mich persönlich denke: Ich gehe zweimal im Jahr los, wenn ich einkaufe, dann ordentlich, also nicht ein einzelnes T-Shirt.

Die Cousine von unseren Töchtern, die ist so ein richtiges Mädchen, die kriegt bewußt Lackschuhe gekauft, sie ist sehr auf Mädchen getrimmt, ihre Mutter weiß das auch, sie findet das gut und richtig so. Irgendwann haben die Mädchen mal *Logo* gekuckt oder irgend so ein anderes Kinderprogramm, da war was mit einer Spinne. Marlene, die Cousine, fing sofort an zu quieken: »Iiiih, 'ne Spinne!« Das kommt doch auch aus dieser Richtung. Ich möchte unsere Mädchen eher nicht so, also: Sie sollen doch keine Püppchen werden.

Wenn ich manchmal nachdenke, vergleiche, wie wir früher erzogen worden sind ... Ich hab durchaus Schläge bekommen, nicht vom Vater, nein, von unserer Mutter, da gab es noch eine richtige Tracht Prügel. Ich fand das natürlich nicht so gut, aber wie sagt man so schön: Es hat nichts geschadet. Meine Eltern sind ja selbst noch geschlagen worden, also nicht nur von den Eltern, auch in der Schule. Meine Mutter hat mir oft erzählt, daß sie die Hände ausstrecken mußten, und der Lehrer hat dann mit dem Rohrstock draufgeschlagen.

Wir schlagen unsere Kinder natürlich nicht. Klar werde ich auch mal wütend und dann auch relativ laut, aber ich denke, das ist dann völlig in Ordnung, das passiert nicht aus dem Nichts, es gibt einen Grund dafür.

Die Eltern früher haben nicht soviel nachgedacht über die Kinder wie wir. Für meine Eltern war es sicher nicht so einfach mit drei Jungs.

Abgesehen mal vom Hauen – wir sind relativ frei erzogen

worden. Da hieß es nie: Geht ja nicht woandershin... Wir konnten uns frei bewegen. Unsere Kinder gehen auch alleine zur Schule, die ist nicht weit. Wenn sie dann mal von größeren geärgert oder angemacht werden, ist das keine Katastrophe, das gehört doch dazu. Erfahrungen müssen sie selber sammeln, die hab ich damals ja genauso gesammelt.

Ich denke, bei uns läuft es im Prinzip. Was relativ schwierig ist, finde ich jedenfalls, wir haben uns in den letzten Wochen da direkt ein bißchen in die Wolle gekriegt bei der Frage: Wer macht was? Die Aufteilung in *normalen* Familien, also *normalen* immer mit Anführungsstrichen, ist doch so: Der Vater ist zuständig fürs Autosaubermachen, für die Gartenarbeit und auch für die Malerarbeiten. Also jetzt nicht die technischen Sachen wie Video oder so – die kann bei uns sowieso meine Frau besser. Aber nehmen wir nur Auto, Garten, Malern. Diese Sachen mach ich nämlich auch noch.

Ja, ich weiß, meine Frau läuft gerade mit der Aluleiter durch den Garten, habe ich auch gerade gesehen, aber jetzt ist auch Sonntagnachmittag, sie macht den Garten winterfest, die Leiter ist vom Nachbarn geliehen.

Jetzt sag ich mal, es ist ein bißchen so: An mir bleibt alles hängen.

Andererseits ist es eben anders als bei anderen Familien. Wenn meine Frau nach Hause kommt, kümmert sie sich viel um die Kinder. Eine berufstätige Mutter kümmert sich sicher automatisch mehr um die Kinder, wenn sie nach Hause kommt. Es ist irgendwie so *festgelegt*, so *drin*, ich kann das gar nicht erklären, das ist anders, als wenn ein Vater von der Arbeit kommt. Ich mußte meine Frau auch nie bitten, sich zu kümmern.

Das Wochenende teilen wir gut auf. Meine Frau steht ganz gerne früh auf, ich schlaf gerne länger. Sie holt dann Brötchen, Essen macht sie auch. Früher, als Karin und ich noch alleine waren, habe ich mich beim Essenkochen sehr zurückgehalten, ich habe vielleicht mal was mit vorbereitet. Das Kochen mußte ich mir dann erst selber beibringen – bei uns zu Hause mußten wir drei Jungs unserer Mutter nicht helfen, für die Erziehung galt eben früher: Eine *Frau* muß kochen können. Eine Frau. Meine Kinder haben natürlich dieselben Vorlieben wie alle Kinder: Spaghetti Bolognese, Fischstäbchen, Eierpfannkuchen, Kartoffelpuffer, Milchreis. Für meine ersten Eierpfannkuchen mußte ich meine Mutter anrufen.

Ich koche gesund, denke ich, also nicht so viel Fleisch, Fleisch zwar auch, aber eben auch Gemüse, Kartoffeln. Kochen gehört noch immer nicht zu meinem Spezialgebiet.

Ich persönlich bin manchmal neidisch auf Leute, die wieder in ihren Beruf zurückkehren. Das könnte ich ja gar nicht, jedenfalls nicht an den alten Arbeitsplatz. Diese Sicherheit zu haben, daß man zurückkann, wäre schon gut – auch wenn ich's jetzt nicht tun würde.

Ich denke schon manchmal drüber nach, was ich mache, wenn die Kinder noch größer sind und dann den halben Tag zur Schule gehen. Aber ich laß' es rankommen.

Meine Frau würde es gerne sehen, wenn ich wieder arbeite. Ein paar Euro mehr kann ja jeder gebrauchen. Meine Töchter würden es auch gut finden, wenn Papa mal arbeiten würde und Mama zu Hause wäre. Warum, weiß ich eigentlich nicht, vielleicht würden sie es einfach interessant finden.

Ich hab's ja bewußt so entschieden, daß ich zu Hause bin, und wenn ich zu Hause bin, will ich auch ein bißchen machen, was ich möchte. Ich spiel Fußball, zweimal die Woche bin ich dafür unterwegs, einmal im Monat geh ich kegeln. Dann gibt es hier in der Siedlung noch vier Arbeitsgruppen, die sich um die unterschiedlichsten Dinge kümmern, ich mache in der Gestaltungs-AG mit. Außerdem geh ich joggen, ich lauf auch einmal im Jahr einen Marathon, ja, das gönne ich mir nur selten, man braucht doch relativ viel Zeit für die Vorbereitung.

Ich sag mal: Meine Frau läßt mir viel Freiraum, ich hab relativ viel Zeit für mich. Ich kann wirklich viel machen – wenn ich sehe, was andere Männer, die berufstätig sind, ihren Frauen zu Hause so abverlangen.

Männer und Frauen sind verschieden, Väter und Mütter also auch, und sie gehen auch unterschiedlich mit Kindern um. Wenn Kinder hinfallen, gucken sie ja erst, dann brüllen sie. Wenn man hingeht und sagt: »Ach, hast du dir weh getan, du Armes« und so, dann hören sie gar nicht wieder auf. Wenn man aber sagt: »Ach, komm, das ist doch gar nicht so schlimm«, und man stellt sie wieder auf – dann laufen sie los und spielen weiter. Väter machen das so: die Kinder wieder hinstellen. Frauen sind vorsichtiger.

Darum ist es ja auch gut, wenn im Kindergarten oder in der Grundschule, wo meist nur Frauen sind, Männer auftauchen. Im Kindergarten macht jetzt ein junger Mann sein freiwilliges soziales Jahr, es gibt da auch einen jungen Mann, der sozialpädagogischer Assistent ist.

Es gefällt mir gut, so wie es ist, ich fühle mich wohl in der Rolle, nicht nur, weil ich relativ viel Freizeit habe. Klar denkt man schon mal dran: Was wäre eigentlich bei einer Trennung? Aber so was steht bei uns nicht zur Debatte, über so was kann man nachdenken, wenn es passiert.

Ich habe mich ja freiwillig entschieden, das heißt für mich jetzt: Nun mache ich es auch. Ich hatte keine Angst davor. Ich hab mir das zugetraut, ich wollte das sogar. Ich dachte: Man kann doch alles lernen.

Und es fing ja auch gleich gut an: Wir haben zwei tolle Geburten gehabt, völlig normal, keine Komplikationen. Ich durfte bei Annas Geburt sogar mithelfen, also mit Karins Frauenärztin am Bauch so schieben. Das hätte ich nicht machen müssen, ich hätte mich da zurückhalten können. Es ist ja mittlerweile Trend geworden, daß die Väter dabeisind, ob sie es nun wirklich *so* gerne wollen oder nicht. Ich wollte es aber selbst, und ich muß sagen: Diese Geburten waren ein richtiges Highlight in meinem Leben.

Jennifer, 22, Physiotherapeutin

Ein Kind – bloß nicht
Oder: Endlich mein Leben leben

Mangelnde Kinderbetreuung und fehlende Karriere-Chancen für Mütter – so heißen immer noch die Lieblingsargumente, wenn es zu erklären gilt, warum sich immer weniger Frauen in Deutschland für Kinder entscheiden. Daß viele Frauen schlicht sagen: Mir fehlt der richtige Vater fürs Kind, dringt erst langsam ins Bewußtsein der Öffentlichkeit. Jennifer wiederum hat einen ganz anderen Grund, warum sie sich nicht vorstellen kann, Mutter zu werden …

Vor drei Wochen habe ich meine alte Grundschullehrerin auf der Straße getroffen. Sie hat sich erkundigt, wie es mir geht, was ich mache. Ich habe erzählt, daß ich ausgezogen bin. Sie sagte dann jedenfalls irgendwann mitten im Gespräch: »Du hattest ja eine glückliche Kindheit.« So sah es nach außen aus! Ich habe ihr gesagt: »Eher nicht so.« Da hat sie komisch geguckt, aber ich wollte ihr das nicht genauer erklären.

Ich habe von Anfang an gedacht: Ich will keine Kinder.

In der Schule haben wir ja offen darüber geredet, im Religionsunterricht, da wurde es mir noch klarer.

Ich wußte nicht nur: Ich will nicht, ich habe auch Gründe gefunden, warum. Ich beobachte mich immer sehr …

Ich weiß, daß meine Mutter und mein Vater lange probiert haben, ein Kind zu bekommen, daß es immer nicht geklappt hat. Eigentlich hätte ich ein Wunschkind sein müssen – den Eindruck habe ich aber nicht. Ich nehme eher an, daß ihre Versuche, unbedingt ein Kind zu kriegen, auf die Dauer anstrengend waren, vielleicht haben sie sich deswegen sogar schlechter verstanden, und als dann *endlich* ein Baby unterwegs war, haben sie geglaubt, nun wird alles besser.

Als ich geboren war, gab es aber neue Probleme: Ich war fast eine Frühgeburt, bin per Kaiserschnitt gekommen und habe ein Vierteljahr im Brutkasten gelegen.

Meine Mutter ist sehr schnell wieder schwanger geworden, das war bestimmt keine Absicht, mein Bruder ist also bestimmt auch kein Wunschkind …

Komisch, ich könnte meine Mutter danach fragen, das will ich aber nicht. Ich habe gemerkt, sie mag über die Schwangerschaften und die Geburten und alles, was damit zusammenhängt, nicht reden.

Aber vielleicht frage ich mal meinen Vater. Da kann ich ihn auch gleich fragen, wie die beiden sich eigentlich kennengelernt haben, mir ist das ein Rätsel. Sie passen nämlich nicht zusammen – meine Mutter ist am liebsten für sich, mein Vater ist eigentlich sehr unternehmungslustig, ein eher lustiger Typ. Mein Vater hat sich mit ihr abgefunden, sie hat es wirklich gut, sie ist meist zu Hause, aber er macht den halben Haushalt, er kocht viel und gut. Meine Tante hat mal gesagt: Als die beiden sich kennengelernt haben, hat Marion – also meine Mutter – einfach mal fünf Minuten den Panzer abgelegt.

Ich war ein verschüchtertes Kind, hab kaum den Mund aufgemacht, ich hatte kaum Freunde. Ich bin richtig stolz darauf, daß ich meine beste Freundin jetzt schon zehn Jahre kenne. Sie ist die, bei der ich mich das erste Mal getraut habe, jemanden mit nach Hause zu bringen zu meiner schrecklichen Mutter. Ich war 14 damals, ich hatte Kati drei-, viermal bei unserem Handball-Training getroffen. Ich habe meine Mutter nicht gefragt, ob ich darf, sondern einfach gesagt: »Die kommt am Samstag.« Sonst hätte es nämlich geheißen: »Da muß ich extra saubermachen.«

Bei meiner Mutter war es nämlich so, daß alles immer super sein mußte, super aufgeräumt, super geputzt, wir mußten eine Bilderbuchfamilie sein. Sonntags der obligatorische Spaziergang, ohne den ging es nicht, ordentlich angezogen, immer schön grüßen.

Ich habe manchmal gedacht: Wenn meine Eltern sich doch scheiden lassen würden. Ich wäre zu meinem Vater gezogen.

Ich hatte damals, wie gesagt, nicht viele Freunde, mit meinem Bruder hab ich mich auch nicht besonders gut verstanden – wer tut das schon in der Pubertät. Aber wir hatten jeder ein Zimmer, da hab ich die Tür hinter mir zugemacht und ganz viel gelesen.

Fernsehen hatte ich nicht im Zimmer, und wenn wir im Wohnzimmer anmachen wollten, mußten wir fragen.

Ich sehe mich in den Sommerferien auf unserer Hollywoodschaukel liegen, davor ein Tisch, zwei Rucksäcke darauf mit den ganzen Büchern, die ich mir in der Bücherei geholt hatte. Das war aber nicht idyllisch, das war eigentlich nur traurig.

Meine Uroma hat zeitweise mit bei uns gewohnt, eigentlich war sie auch später jedes Wochenende da, als sie schon ihre kleine Wohnung im Heim hatte. Sie hat gewaschen, gebügelt, sie hat sich sehr um uns gekümmert, mit uns gespielt, was Omas eben so machen. Irgendwann hat sie mal einen Kuchen statt mit Zucker mit Salz gebacken – da ist meine Mutter ausgerastet, hat rumgeschrien, richtig rumgebrüllt, völlig unverhältnismäßig, meine Oma wollte doch nur was Liebes tun! Und in ihrem Alter kann man das doch schon mal verwechseln, Zucker und Salz, das kann jedem passieren.

Mein Bruder hat das Geschrei in der Küche gehört, er hing noch mehr an der Oma als ich, sie war die einzige, mit der er gekuschelt hat, die ihn streicheln durfte. Er kam jedenfalls in die Küche und hat unsere Oma verteidigt, er hat meiner Mutter richtig was entgegengeschrien.

Ich fand das gut. So wie mit der Oma hat sie es nämlich auch immer mit uns gemacht: Sie hat nur das Negative gesehen. Wenn ich dran war, das Treppenhaus zu fegen, hat sie mich immer wieder gefragt, wann ich das denn endlich tue. Wenn ich abgetrocknet habe, habe ich es nicht gut genug gemacht. Meine Mutter fing sofort an zu schreien, wenn sie sich überfordert fühlte, da gab's dann eine drauf und dazu Geschrei.

Mit der Oma hat sie sich irgendwann so zerstritten, daß die nicht mehr kommt, alle – bis auf meine Mutter – fahren jetzt immer zu ihr. Meine Mutter ist mittlerweile mit ihrer ganzen Verwandtschaft zerstritten, sie geht da nicht mehr hin, zu ihr kommen nur noch Vaters Familie, mein Bruder und ich.

Meine Tante hat gesagt, meine Mutter war schon immer so, irgendwie ein Einzelgänger, der am liebsten für sich ist. Die anderen mußten sie überreden, daß sie *mal* mitgeht zur Disko oder Schwimmen. Sie konnte im Schwimmbad auch den ganzen Nachmittag auf ihrem Handtuch hocken und aufpassen, daß ja niemand ihre Sonnenmilch benutzt oder einen Schluck aus ihrer Wasserflasche trinkt, da ist sie explodiert, wenn jemand an ihre Sachen gegangen ist.

Meine Mutter war oft frustriert und hat uns indirekt dafür verantwortlich gemacht. Wenn es bei ihr beruflich nicht klappte, sie wieder lange arbeitslos war, sich aus Zeitarbeitsstellen keine Festanstellung ergeben hat, dann waren indirekt ich und mein Bruder schuld, einfach weil wir da waren und sie gestört haben. So gestört haben, daß sie sich über uns aufregen mußte.

Mein Bruder und ich haben viel Halt gefunden bei unserer Uroma, Oma und Opa und auch bei der Schwester von meiner Mutter, die hat oft gesagt: »Sei nicht so streng mit den Kindern.« Bei ihr durften wir den Fernseher anmachen, wenn wir wollten. Selbstverständlich konnten wir aus ihrer Küchenschublade ungefragt Naschsachen nehmen.

Meine Mutter hat einmal behauptet, meine Tante hätte versucht, einen Keil zwischen Mutter und Kinder zu treiben, das ist natürlich Unsinn. Unsere Tante hat gemerkt, daß wir verschüchtert waren, uns nichts zugetraut haben.

Wenn wir bei meiner Tante waren und da ist was schiefgelaufen, hat die mit uns geredet, warum das nicht in Ordnung war – sie hat nicht einfach losgeschrien.

Daß meine Mutter so rumgeschrien hat, war für mich das oberabschreckende Beispiel. Keiner in der Familie konnte sich das erklären, ihre Mutter nicht, die Oma nicht, die Tante nicht, wirklich, *niemand* außer ihr ist so.

Die Tendenz zu diesem Verhalten habe ich auch. Wenn ich mich selbst über einen längeren Zeitraum beobachte, merke ich, daß ich hysterisch reagiere, cholerisch, wenn mir was zu viel ist.

Ich habe Gene von meiner Mutter, mein Bruder hat davon nichts abbekommen, der kommt eher nach meinem Vater, der ist lustig, unterhaltsam.

Ich weiß nicht, wie ich mich verhalten würde, wenn ich überfordert bin. Das ist der Grund, warum ich sage: Ich will kein Kind.

Vielleicht ändert sich bei mir ja noch etwas …

Nein, ich würde nicht wollen, daß sich mein Kind genauso schlecht fühlt, wie ich es manchmal getan habe. Es ist wirklich *nur das,* nichts anderes, mit der Arbeit oder so. Viele in meinem Umfeld, in meinem Alter sagen ja: Jetzt lieber noch keine Kinder, wie sollte das gehen? Ich muß doch erst mal vorankommen, mehr Geld verdienen, einen besseren Job haben.

Das kann ich nicht nachvollziehen, daß man deswegen keine Kinder will. Ich habe meine Wohnung. Mein Auto ist nicht neu, aber es fährt. Finanziell krieg ich's auch irgendwie hin, ich mache ja jetzt auch den 400-Euro-Job zusätzlich, das klappt schon. Das würde auch mit Kind klappen.

Aber das ist es bei mir nicht.

Manche haben ja auch keinen Freund oder einfach den falschen Partner, mit dem man sich das nicht vorstellen kann. Oder sie haben einen Partner, der nicht will – ich bin sicher, wenn ich unbedingt Kinder wollte, würde Joachim das verstehen und auch mitziehen.

Meine ersten drei Freunde kennt meine Familie gar nicht. Als ich mit Joachim ein halbes Jahr zusammen war, hab ich zu Hause mal von ihm erzählt.

Wir mußten uns ja auch erst mal klar werden, was das wird mit uns, er ist ja viel älter als ich, 37, er hat ein Kind, einen Sohn. Ich habe ihn bei Freunden kennengelernt... Wir haben uns allmählich angefreundet, bis, ja, bis wir eben verliebt waren.

Viele haben gesagt: Paß auf, der ist 37. Was sollte das heißen, worauf sollte ich aufpassen? Joachim sagt schon manchmal aus Spaß: Au, mein Rücken, ich werd alt, und: Was wird erst, wenn ich 60 bin?

Meine Mutter hat gesagt: Ja, stell ihn doch mal vor. Ich habe ihn dann zum Kaffee mitgebracht, das war auch ganz in Ordnung. Beim zweiten Mal haben wir dann schon seinen Sohn Felix mitgebracht, das war auch ganz gut.

Wenn ich mit Felix zusammen bin, kommt das Kind in mir durch. Ich mag es, mit ihm zusammen was zu machen. Meistens ist ja auch Joachim dabei, das ist schon ganz gut – so hab ich nicht die Verantwortung, das wäre noch mal was anderes.

Mit Felix kann ich all die Dinge machen, die ich als Kind zu Hause nicht durfte. Neulich sagte er: Komm mit raus. Da haben wir uns Fantaflaschen geschnappt, die mit Wasser gefüllt und uns dann im Garten gejagt, wir sind auch durch den

Hausflur gelaufen, wir haben alles vollgespritzt, auch im Badezimmer, wo wir das Wasser geholt haben. Letzte Woche haben Felix und ich uns mal wieder im Dunkeln in der Wohnung versteckt – wir standen beide in der Dusche hinterm Vorhang und haben Joachim erschreckt, als er vom Müllrunterbringen wieder nach oben kam. So was wäre bei uns zu Hause undenkbar gewesen.

Ich wollte eigentlich Krankenschwester werden, aber da war ich noch zu jung, ich mußte erst mal ein Überbrückungsjahr machen. Meine Mutter las dann einen Zeitungsartikel über einen Tag der offenen Tür bei einer Schule für Physiotherapeuten, sie sagte: Da fahren wir jetzt mal hin.

Mir hat das gleich gefallen, die Lehrer, mit denen man sprechen konnte, und daß viel Medizin und Psychologie dazugehört. Ich habe mich beworben, bin angenommen worden, es klappte alles gleich prima mit einem Zimmer zur Untermiete.

Wenn ich diese Ausbildung nicht gehabt hätte, wäre ich heute nie da, wo ich bin. Ich habe immer tolle Leute getroffen, meine Vermieterin war wie eine Ersatzmutti, die Kollegen toll. Ich habe mir irgendwie immer Leute gesucht, die helfen konnten.

Das Beste war: Für die Ausbildung blieb ich die Woche über alleine in S., ich war 16 und dachte: Endlich kann ich mal mein Leben leben.

Ich habe während dieser Zeit auch an verschiedenen Stellen gearbeitet, unter anderem war ich 14 Tage zum Praktikum in einer Reha-Klinik. Als ich die Ausbildung fertig hatte, habe ich mich dort beworben. Ich habe einfach angerufen, die Leiterin hat mich gefragt: »Wann können Sie anfangen?«, und mich noch für denselben Tag zum Vorstellungsgespräch eingeladen. Sie brauchten gerade dringend jemanden, meine Vorgängerin war im Mutterschutz verschwunden. Mittlerweile habe ich da eine feste Dreiviertelstelle.

Außerdem arbeite ich noch in einem Mutter-Kind-Kur-heim, in dem ich auch zum Praktikum war. Da war ich schon sehr stolz, als die angerufen und gefragt haben, ob ich Lust hätte, sie hätten da eine 400-Euro-Stelle zu besetzen. Ich habe das gemacht. Zum einen, weil ich Lust dazu hatte, zum anderen wußte ich, daß ich von diesem Geld ausziehen konnte!

Meine Eltern haben ein Häuschen mit Garten gekauft. Da haben sie viele Büsche rausgerissen, alles war ziemlich kahl, meine Mutter hat immer rumgefrotzelt zu meinem Bruder: Wann machste denn mal was, wann legste denn mal ein Gemüsebeet an?

Er hat das ja gelernt, er ist Landschaftsgärtner. Als meine Eltern eine Woche nicht da waren, hat er ein richtig schönes Kräuterbeet angelegt, das ist ja nicht nur nützlich, es sieht auch schön aus, er hat auch Lavendel mit reingepflanzt, Ro-sen. Meine Mutter hat sich nicht gefreut! Sie hat nur rumge-zetert: »Kräuter, wer braucht denn die? Und Rosen zwi-schen Sachen, die man essen soll – das kannst du alles wieder rausrupfen.« Ich finde das unmöglich, da vergeht einem doch alles. Mein Bruder hat sich aufgerafft, und dann gibt es nur böse Worte. Er ist ausgezogen.

Und meine Mutter hat mir sein Zimmer angeboten. Zu-sätzlich zu meinem. Das wollte ich aber nicht, ich hätte es vielleicht gemacht, wenn ich die Zimmer hätte abschließen können. Das wiederum wollte meine Mutter nicht, sie hat gesagt, wenn ich nicht da wäre, müßte sie schon nach dem Rechten sehen können.

Alle haben mir zugeredet auszuziehen: Chefin, Bruder, Tante. Tolle Leute, die mich gefragt haben: Willst du dir das wirklich antun, da weiter zu wohnen?

Daß ich jetzt meine eigene Wohnung habe, hat Vorteile: Ich kann machen, was ich will. Nicht nur in meinen eigenen vier Wänden, auch wenn es Auseinandersetzungen mit dem

Vermieter gibt, das Treppenhaus geputzt werden muß. Ich entscheide allein, wie ich mich verhalte, mir redet keiner rein. In meiner Wohnung laß' ich alles liegen, wie ich möchte. Wenn ich meine Jacke ausziehe, und sie fällt auf den Boden, statt an den Garderobenhaken zu wandern: Na und? Wenn ich einen Rappel kriege, räume ich eben alles auf. Das hab ich neulich gerade gemacht, es klingelt – und meine Mutter steht vor der Tür. Das hat mich dann schon gefreut, daß sie unangemeldet dasteht und alles ist blitzblank, das war wie bestellt. Ich habe gesehen, daß sie gestaunt hat, aber sie hat nichts gesagt.

Bei meiner Arbeit im Mutter-Kind-Kurheim sehe ich manchmal überforderte Mütter, dann kommt meine Geschichte hoch.

Ich sehe aber auch ganz viele Mütter, die ganz lieb mit ihren Kindern sind, die haben dann drei Kids, noch richtig kleine, und lassen sich trotzdem kaum aus der Ruhe bringen. Wenn dieser Typ Mutter zur Kur kommt, dann ist das mehr, um mal Kraft zu tanken, ein bißchen Zeit für sich zu haben. Auch sich immer lieb zu kümmern kostet ja viel Kraft, und oft bleiben die Mütter da selbst auf der Strecke, schlafen zum Beispiel viel zuwenig, haben keine Zeit, auch mal was für sich zu tun, Sport zu machen, mit einer Freundin zu reden.

Die andere große Gruppe von Müttern wird eher von jemandem geschickt, Ärzten, Beratern, da gibt's meist Probleme in der Familie, mit den Kindern, mit dem Mann. Oft ist die Kur eine Möglichkeit, mal Abstand zu kriegen, auch manchmal, um über eine ungute Beziehung nachzudenken.

Aber manchen Müttern fällt es dann ganz schwer, die Hilfe anzunehmen, die ihnen angeboten wird. Manche können zum Beispiel ihr Kind anfangs nicht in die Betreuung geben, die angeboten wird, weil sie es nicht gewöhnt sind. Die Kinder, nebenbei bemerkt, auch nicht, das ist dann auch oft schwierig.

Oder Frauen erkennen für sich in den Gesprächen mit der Gruppe oder einem Therapeuten, daß sie sich eigentlich von ihrem Mann trennen müßten, und dann rufen sie doch zu Hause an, bitten ihn, daß er sie am Wochenende besucht oder so.

Die Mütter sind wirklich sehr unterschiedlich, aber es ist gut, daß sie sich mit ihrer eigenen Situation beschäftigen.

Vergangene Woche hatte ich in der Klinik plötzlich ein anderthalbjähriges Kind auf dem Arm, weil seine Mutter ein Formular ausfüllen mußte. Sie hat mir den Kleinen einfach so in den Arm gedrückt. Der hat mich die ganze Zeit angegrinst und nach meinem Pferdeschwanz geangelt. Das war komisch, fremd irgendwie. Ich habe zu kleinen Kindern keine richtige Beziehung, ich hatte nie Leute um mich rum, die kleine Kinder hatten. Wenn's irgendwo ein Baby gibt, guck ich gern mal in den Wagen, mal gucken, mal lächeln, das reicht mir.

Die Situation mit meiner Mutter hat sich etwas entspannt, seit ich nicht mehr bei meinen Eltern wohne. Aber eigentlich ruft mein Vater immer an: Wann kommst du denn mal wieder zu uns? Mein Vater hat sich immer viel gekümmert, um Elternabende, solche Sachen, das hätte mich auch gestört, wenn meine Mutter da aufgetaucht wäre. Neulich hat meine Mutter sogar gelächelt, als ich zu Besuch kam. Geht doch.

Ich wohne gern allein, aber wenn ich Zeit habe, bin ich auch gerne bei Joachim.

Er hat zwar gesagt: »Ich will kein Kind mehr«, er hat aber auch gesagt: »Mal sehn, was in zehn Jahren ist.« Ich entscheide für mich, was ich mache, wie ich lebe, wen ich liebe, wie ich arbeite – und auch, ob ich Kinder habe.

Anja, 24, Persönliche Assistentin der Geschäftsführung

Ein Kind – warum nicht?
Oder: Auf geht's, Pilze sammeln

Wenn sie Kinder hätte, würde sie fast alles so machen wie ihre Eltern, die beide berufstätig waren und ihr eine glückliche Kindheit gaben. Anja ist in Leipzig aufgewachsen, jetzt arbeitet sie erfolgreich als Assistentin der Geschäftsführung in Köln. Die meisten Frauen über 30 im Unternehmen haben keine Kinder. Anja möchte das für sich anders. Ihre Idealvorstellungen fallen in ihrem Umfeld aus dem Rahmen: Kinder: ja – Hausfrau und Mutter: nein. Ihr langjähriger Freund Phillip sagt, er sei bereit, ein Babyjahr zu machen…

Ich habe noch keine Kinder – aber ich möchte natürlich welche. Vor zwei Jahren bin ich mit meinem Freund aus Leipzig zum Arbeiten nach Köln gekommen, und ich höre nicht auf, mich zu wundern: Warum reagieren Männer hier so komisch, wenn ich als Frau eigene Gedanken entwickele und meine Meinung sage?

Wieso gibt es hier so gut wie keine Kinderkrippen – obwohl der Bedarf da ist, weil viele Frauen gerne arbeiten würden? Warum sehen so viele Frauen *Hausfrau und Mutter* als *Beruf*? *Mir* stehen die Haare zu Berge bei dem Gedanken, drei Jahre und länger zu Hause zu hocken!

Ich stelle mir das Leben anders vor, mein Freund Phillip auch. Wahrscheinlich, weil wir im Osten groß geworden sind. Bevor wir hergezogen sind, hätte ich wirklich nicht gedacht, daß es hier im Westen, gerade bei jungen Menschen in meinem Alter, so Mitte 20, nicht selbstverständlich ist, daß man Beruf und Familie vereinbaren kann.

Phil und ich kennen uns seit acht Jahren, wir haben uns kennengelernt, als wir beide in der Ausbildung waren, ich als Kauffrau für Bürokommunikation. Ich hatte nicht gewußt, was ich studieren soll, die Ausbildung hatte einen guten Ruf, da dachte ich: Das mache ich jetzt. Ich kenne heute so viele, die studiert haben, Diplom mit 1,4, und dann keinen Job finden.

Als Phil und ich die Ausbildungen fertig hatten, habe ich gesagt: Was wollen wir jetzt machen? In Leipzig gibt's ja nichts für uns. Ich hab gesagt: Wir können doch woanders hingehen, wir haben ja keinen Igel zu kämmen, komm, wir gehen.

Ich habe erst nur Absagen bekommen, dann kam die Zusage aus Köln. Angefangen habe ich als Sekretärin einer kleinen Abteilung, das hat mir auch super Spaß gemacht. Am Ende der Probezeit wurde ich gefragt, ob ich als Assistentin der Geschäftsführung eines Tochterunternehmens anfangen will. Ich dachte: Das kann nicht sein, du bist erst 21. Aber nun ist es so, es ist toll, die Arbeit macht Spaß, mein Chef hat schon lange junge Assistentinnen oder Sekretärinnen, er sagt, die hätten noch Freude an der Arbeit.

Die meisten der Frauen zwischen 30 und 40 in unseren Unternehmen haben keine Kinder.

Ich bin 24.

Wie wäre es, wenn ich ein Kind bekomme?

Ich überlege, wie sich ein Kind auf meine Arbeit auswirken würde – ich bin jetzt drei Jahre im Berufsleben.

Ich denke auch viel drüber nach, was die anderen sagen würden, wenn ich bestimmte Sachen mit Kind wirklich so machen würde, wie ich es richtig finde.

Das geht ja schon grundsätzlich los, daß andere sagen: »Du mußt dann doch Teilzeit arbeiten, du kannst ja dann auf keinen Fall Vollzeit.«

Wieso denn nicht?

In Frankreich hat jede Frau im Durchschnitt drei Kinder, und die gehen schon früh in den Kindergarten, alle finden das normal.

Also, daß ich nicht mehr so arbeiten kann wie jetzt, von 8 bis 18 Uhr, oft auch bis 20 Uhr, das ist klar, ich möchte ja auch etwas von meinem Kind haben.

Ich überlege, wie es für Phillip und mich wäre. Mein Freund wäre ein Supervater, andererseits denke ich manchmal: Hat er nicht doch oft einen eher herben Humor? Wie wäre es mit Kind – wird es verständnisvoller zwischen uns? Oder kälter?

Es gibt ja viele Frauen, die sagen: Ich brauche einen Mann, der viel Geld hat. So denke ich nicht. Ich reagiere allergisch auf Männer, die aufgeblasene Hähne sind, die mit ihrem großem Auto angefahren kommen und denken: Jetzt kann ich jede Frau haben.

Ich brauche jemanden, zu dem ich Vertrauen haben kann. Wie Phillip.

Er ist kein langweiliger Modeltyp im schicken Anzug, er hat eher so ein Charaktergesicht. Wir lachen viel und über die gleichen Dinge miteinander.

Phil und ich wohnen im Dachgeschoß, da war nachts das Fenster auf. Ich wache auf, weil ich so ein komisches Geräusch höre, ich blinzle ins Dunkle – und gucke direkt in so große, grüne Augen. Ich habe Phil geweckt – Phil, Phil, da ist was! Er macht Licht an – die neue Katze vom Nachbarn war durchs Dachfenster raus und bei uns wieder rein. Phil hat dann gleich mit der Katze geredet: » Ooch, Mieze, komm doch mal her« und so, da merkt man dann schon …

Er wäre bestimmt ein guter Vater.

Das ist doch wichtig, daß man sich das von einem Mann vorstellen kann.

Phillip möchte ein Kind. Er sagt, er macht ein Babyjahr.

Ich denke extrem viel nach.

Leider.

Meine Mutter war 25, mein Vater 31, als ich geboren wurde. Sie hatten mit 20 geheiratet, und als nicht sofort ein Kind kam, haben alle gesagt: Ihr wißt wohl nicht, wie's geht. In der DDR gab es ja so eine Art Begrüßungsgeld fürs Kind, das war ja nicht wenig, es wurde einem finanziell leichtgemacht. Aber meine Eltern wollten nicht sofort Kinder, sie hatten schon ihr Geschäft, ein privates Farbengeschäft, sie wollten sich austoben, abends weggehen.

Ich habe nur schöne Erinnerungen an meine Kindheit. Im Kindergarten war ich immer die letzte, die abgeholt wurde. Das hat mich aber nicht gestört, da hatte ich das Spielzeug ganz für mich alleine. Meine Eltern waren immer beide berufstätig, aber sie waren keine Rabeneltern. Wir haben immer abends zusammen gegessen, eine Stunde mindestens, dann wurde noch gesessen und erzählt.

Abends bekam ich eine Tasse mit Fenchelsirup, dann hat meine Mutter mit mir Lieder gesungen, *Ein Männlein steht im Walde* oder *Kleine Meise, kleine Meise, wo kommst du denn her*, das war mein Lieblingslied. Mein Vater hat vorgelesen, *Prinzessin auf der Erbse* war mein Lieblingsmärchen.

Meine Mutter hat mich oft gefragt: Möchtest du ein Geschwisterchen? Ich Klötzel habe *nö* gesagt, aber meine Mutter meinte: Wir legen Zucker aufs Fensterbrett. Für den Klapperstorch. Er muß ihn genommen haben. Als ich sieben war, kam mein Bruder.

Er war eine Frühgeburt, sechs Monate, 1800 Gramm. Ich durfte eigentlich nicht mit ins Krankenhaus, aber meine Eltern haben mich verbotenerweise doch mitgenommen, ich konnte ihn im Brutkasten sehen, den Kleinen.

Als er zu Hause war, habe ich meine Mutter mal gefragt: Warum weint *das* denn? Das – das Baby. Ich habe beim Wickeln zugeguckt, meine Mutter hat mir alles erklärt, auch, daß man ein Baby nicht einfach auf der Waschmaschine alleine liegen lassen kann beim Wickeln, es könnte runterfallen, wenn's sich dreht.

Ich habe immer zu hören bekommen: Du bist ja das Vorbild, die große Schwester. Ich habe meinen Bruder in den Kindergarten gebracht und dann zur Schule, na ja, so lange das nötig war. Ich habe mich viel gekümmert. Manchmal war das auch nervig, wenn ich nachmittags mit Freundinnen verabredet war, hatte ich ihn immer als Handlampe dabei. Er war klein, das ging eben nicht anders. Mein Bruder und ich haben uns gut verstanden, in der Pubertät war es dann nicht so doll, heute ist es super.

Meine Mutter war liebevoll, mein Vater war streng, aber gerecht. Er hat uns in der Pubertät Einhalt geboten, wenn es zu schlimm wurde mit irgendwas. Ich finde, daß meine Eltern alles richtig gemacht haben, und ich merke, sie freuen sich, daß ich das so sage, das ist für sie eine Bestätigung.

Wenn ich früher gefragt wurde: Möchtest du denn mal heiraten und Kinder haben, habe ich nein gesagt. Heiraten will ich bis heute nicht, Kinder schon.

Ich würde alles so machen wie meine Eltern – bis auf das Zimmer, mein Bruder und ich sind in einem Zimmer aufgewachsen, das hatte so 17 Quadratmeter und war das größte Zimmer in der Dreiraumwohnung, aber beim Zimmer denke ich doch, es ist besser, wenn jedes Kind sein eigenes hat, sonst ist die Privatsphäre, die Möglichkeit, sich zurückzuziehen, zu klein.

Kinder ... Man sieht ja viel, wie andere mit ihren Kindern umgehen. Neulich gehe ich in einen Supermarkt, da kaufe ich nicht gern ein, weil es immer so voll ist. Vor mir steht eine Familie, alle drei Kinder zu kurze Hosen, dreckiges Gesicht. Im Einkaufskorb haben sie Spielzeug, mit dem die Kinder sich alleine beschäftigen können, für die Eltern Zigaretten und Alkohol. Da fällt einem doch nichts ein, oder?

Wenn ich *Super Nanny* im Fernsehen schaue, versteh ich das alles nicht. Mein Freund sagt, wenn er die Väter von diesen Kindern sieht – was ja selten genug vorkommt, denn meistens werden ja alleinerziehende Mütter gezeigt: Warum sagen die nichts, diese Weicheier? Die müssen doch mal durchgreifen. Wenn da 14jährige ihre eigene Mama als Schlampe bezeichnen zum Beispiel.

Es gibt so viele Familien, die haben schon drei Kinder, du siehst, daß sie ihr Leben nicht im Griff haben, und die Frau ist schon wieder schwanger. Das kann's doch nicht sein.

Ich habe mich gerade gestern mit meiner Mutti darüber unterhalten: Die Eltern heute sind so ungeduldig… Wir hatten einen Gasherd, da hat meine Mutti die Flamme angemacht, mich auf den Arm genommen und dann weit oben meine Hand über den Herd gehalten: Siehst du, das ist warm, wenn man weiter runtergeht mit der Hand, wird es wärmer und dann ganz heiß, da kann man sich verbrennen. So begreift man das doch als Kind. Meine Mutter hat mir auf diese Weise ganz viele verschiedene Sachen gezeigt.

Ich verstehe nicht, daß Leute vergessen, wie sie es selbst als Kind hatten. Wir sind Kastaniensammeln gegangen draußen, einfach so, haben was draus gebastelt. In Bonn macht Haribo eine Aktion: Wer zehn Kilo Kastanien oder fünf Kilo Eicheln für die Tiere abliefert, kriegt ein Kilo Süßes. Ich finde diese Aktion schrecklich, aber die Leute machen mit.

Wir sind früher nicht in Freizeitparks gefahren oder so. Wir sind in die Pilze gegangen oder Heidelbeeren pflücken. Pilze sammeln hieß: Morgens um fünf aufstehen, da war's noch dunkel, im Wald wurden die Jeans bis zu den Knien naß, weil überall noch Tau war, aber das war so schön. Das würde ich mit meinen Kindern auch machen…

Hier sind die Wälder so kultiviert, man muß ganz weit rein, um Pilze zu finden. Aber Phil und ich haben jetzt Stellen gefunden, wo es Steinpilze, Maronen gibt. Phil ist noch mehr als ich so ein Draußenmensch, der braucht das richtig – wir suchen jetzt eine neue Wohnung, mindestens mit Terrasse.

Mein Freund ist mein Zuhause, gerade hier. Hier ist es anders als in Leipzig – die Leute lachen weniger, so kommt's mir vor. Es guckt dich auch keiner an, die Leute meiden den Blickkontakt, sind auch nicht so hilfsbereit.

In den Gärten ziehen alle die Hecken hoch, lassen die Lebensbäume wachsen, die verbarrikadieren sich richtig, damit keiner reinsehen kann. Wenn ich zu den Nachbarn hallo sage, gucken die nur kurz hoch: Hallo, und pusseln weiter vor sich hin.

Mein 16jähriger Bruder hat in Leipzig keine Lehrstelle gefunden. Ich hab gesagt: Komm doch her, such dir hier was, ich bin ja da. Ich wasch ihm seine Sachen, ich koche ihm was, anfangs habe ich ihn jedes Wochenende zu uns zum Essen geholt, er wohnt in einer WG. Ich selbst bin mit 20 in eine eigene Einraumwohnung gezogen, die hat 168 Euro gekostet. Meine Kollegen aus dem Westen sagen: Wie, du bist mit 20 ausgezogen? Viele von ihnen wohnen noch bei ihren Eltern – die sind 26, 27. Gut, Köln, Bonn ist auch schwierig, es gibt nicht so viele kleine, preiswerte Wohnungen. Für mich war das aber auch nicht einfach, meine Eltern haben mir 100 Euro dazugegeben, eine Woche vor Monatsende mußte ich oft genau aufpassen, daß das Geld reicht, aber mir war es ganz wichtig, selbständig zu sein, meinen Eltern nicht zu sehr auf der Tasche zu liegen. In Köln sagen ganz viele: Ich wohne gern zu Hause. Mit 27, 28.

Mein Freund hat eine ältere Schwester, die hat schon, als ihre Mutter schwanger war, gesagt: Wenn ich einen Bruder krieg, dann werf ich ihn in den Aschekübel. Die beiden haben sich tatsächlich immer gestritten, die haben sich auch mit Holzkochlöffeln gehauen. Das Verhältnis ist anders als bei mir und meinem Bruder. Mein Freund sagt allerdings: Seit ich dich kenne, weiß ich meine Familie mehr zu schätzen. Ich habe ihm klargemacht, daß es doch schön ist, Weihnachten zusammen zu sein, es ist nur dieser eine Tag, da kann man sich doch aufeinander freuen.

Ich bin oft richtig froh, wenn Phil nach drei Tagen Dienstreise nach Hause kommt. Wir – das ist zu Hause. Es ist schon so 'n wohliges Gefühl mit ihm.

Es gab da mal einen anderen Mann, wegen dem habe ich mich von Phillip getrennt. Ich war 19, der neue 25, mit dem konnte ich viel unternehmen, chic essen gehen, alles Sachen, die ich gerne mache, die mit Phil nicht so gehen – aber er hat nicht gepaßt.

Als ich mich getrennt hatte, haben Phil und ich uns wieder angenähert. Ich hab manchmal durchaus Sorge, daß wir zu verschieden sind. Jetzt waren wir im Urlaub, 14 Tage Sonne und Strand im Herbst. Da lagen wir ein paar Tage am Strand, haben gelesen, ich habe irgendwann bemängelt: Wir unterhalten uns ja gar nicht. Oder wenn ich zu Hause von der Arbeit erzähle, sagt er: Das will ich gar nicht hören. Ich sag dann: Wie?

Ich habe sehr im Kopf, daß ich perfekt sein muß. Phil sagt mir: Das geht doch gar nicht. Er sagt auch: Du kannst doch nicht alles durchplanen, du mußt doch auch mal Leidenschaft zeigen, einfach etwas machen und sehen, was passiert. Ich bin eher der beherrschte Typ, schon vom Sternzeichen her, ich bin Jungfrau, die sind ja eher planend.

Kinder…

Meine eine Freundin hat einen Sohn, der ist jetzt ein Jahr, sie sagt, er kratzt und beißt. Ich merke, daß sie sich genervt fühlt von ihrem Kind, aber sie springt auch bei jedem Geräusch, das es macht. Ich hab schon gesagt: Nun laß ihn doch mal, der schläft schon weiter. Sie ist fertig, weil sie nachts nicht durchschlafen kann – sie wundert sich aber auch, warum er andauernd schreit, was ich wiederum nicht verstehe: Sie hat ihr Baby nämlich tagsüber alle Stunde gestillt. Ich hab sie gefragt: »Hat dir das die Krankenschwester nicht gesagt, daß alle drei, vier Stunden besser ist?« Dann könnte sie auch nachts länger am Stück schlafen.

Ich weiß tatsächlich ganz viel über kleine Kinder, weil ich ja meinen kleinen Bruder hatte, ich wollte von meiner Mutti auch immer alles wissen. Ich habe sie auch ganz oft gefragt, wenn ich was bei anderen Kindern gesehen habe: War ich denn auch so?

Wir hatten neulich Übernachtungsbesuch von einer Freundin mit einem neunjährigen und einem neunmonatigen Kind. Das kleine lag im Gitterbettchen und tippte durch die Gitter immer so an unsere Nasen. Irgendwann hat es sich in meiner Nase festgekrallt, das hat richtig zugepickt, ich mußte jedes Fingerchen einzeln losmachen. Als sie weg waren, haben wir erst mal drei Stunden geschlafen.

Meine ehemalige Klassenlehrerin ist jetzt 34, sie wohnt jetzt auch im Westen und hat ein Kind gekriegt. Sie wollte eigentlich nach einem Jahr wieder anfangen zu arbeiten, muß jetzt aber auf jeden Fall drei Jahre zu Hause bleiben, weil sie vorher keinen Platz im Kindergarten bekommen wird. Einen Kindergartenplatz hast du auch ab drei Jahren nicht sicher, und vorher wirst du gefragt: Ist das Kind stubenrein?

Man kann es auch kompliziert machen – wenn ich das so höre: »Meiner geht jetzt in eine Gruppe zur *Vorbereitung* auf die *Eingewöhnung* im Kindergarten« – was ist das denn?

Zwei Freundinnen von mir, Studentinnen, haben jetzt Kinder gekriegt. Ich finde die Studienzeit gar keine schlechte Zeit fürs Kinderkriegen: Meist studiert der Vater ja auch, da kann man sich zu zweit die Kinderbetreuung teilen, an viel Geld sind Studenten ja auch nicht gewöhnt – hier könnte die Politik mal ansetzen, Geld muß man gar nicht viel einsetzen, nur zum Beispiel Kindergartenplätze direkt an den Unis schaffen.

Eine andere Freundin ist 38, die hätte schon lange gern ein Kind, hatte aber keinen Partner. Jetzt hat sie einen, aber mit dem paßt es nur so teils, teils – er hätte auch gern ein Kind, erwartet aber von ihr, daß sie zu Hause bleibt.

Das Problem hätte ich mit Phil ja nicht.

Zum Kinderkriegen gehört für mich auch der Punkt: So, jetzt hab ich genug gesehen. Ein paar Sachen gibt es noch, ich möchte gerne nach Barcelona, überhaupt in Städte, Phil will auf Inseln.

In zehn Jahren sehe ich mich auf jeden Fall mit einem Kind, vielleicht sogar mit mehreren. Vielleicht bin ich auch wieder zurück im Osten – da gefällt mir vieles … Wenn in Köln jemand um 17 Uhr sagt: Ich ruf kurz in Leipzig an, sage ich: Da ist jetzt keiner mehr. Im Osten fängt man, wenn's geht, um sechs Uhr früh mit Arbeiten an, um 15 Uhr ist dann Schluß, dann hat man noch was vom Tag, wenn man Kinder hat, sieht man sie noch viele Stunden. Im Westen fängt man gerne um neun an, die Hauptarbeitszeit geht dann bis 18 Uhr. Was bleibt da noch vom Tag, die sehen ihre Kinder nicht.

Allerdings: Beim Arbeitsklima im Westen finde ich das Sachliche gut, wenn du krank bist, bist du krank, das wird akzeptiert, da wird nicht – wie im Osten – geredet. Ist die wirklich krank? Im Osten wird es immer gleich so persönlich, das ist der Nachteil, wenn es familiärer zugeht.

Andererseits: Wenn mich im Westen jemand fragt, wie geht es Ihnen, und ich sage: schlecht, dann merke ich, der kann mit der Antwort nicht umgehen und leitet gleich auf ein allgemeines Thema oder eine Sachfrage über. Ich finde, man soll die Frage *Wie geht es Ihnen?* gar nicht stellen, wenn sie nicht ernstgemeint ist. Wenn ich in Leipzig oder überhaupt in Ostdeutschland anrufe und frage: Wie geht es Ihnen, kriege ich eine richtige Antwort. Ich war nicht daran gewöhnt, daß im Westen alle *gut* antworten. Meine eine ältere West-Freundin sagt, daß das im Westen auch mal anders war. Diese Werbekampagne: Du bist Deutschland – ich fand die richtig klasse, es stimmt doch; jeder einzelne kann was tun. Viele sind einfach zu bequem, statt nach vorn zu gucken, statt zu sagen, ich pack es jetzt an, warten sie, daß was passiert. Phil und ich waren gerade in Spanien, die haben von den Deutschen noch das Bild, wir sind pünktlich und ehrgeizig. Aber so ist es nicht. Wie oft sehe ich, wenn ich in der Stadt unterwegs bin: Aushilfe gesucht, Teilzeitkraft gesucht, die Schilder hängen oft tagelang. Die Firma, in der mein Bruder seine Ausbildung angefangen hat, ist in Konkurs gegangen. Daß er am ersten Tag, als er das erfahren hat, niedergeschlagen war, verstehe ich, aber am dritten? Ich habe ihm gesagt: »Komm, zurückschauen nützt nichts, ihr habt einen Insolvenzverwalter, irgendwie geht es schon weiter.«

Das hört sich jetzt so vernünftig an, aber das ist nur die eine Seite. Einmal war ich mit Phil mitten in der Nacht unterwegs, es hatte geschneit, da haben wir eine Schneeballschlacht angefangen, mit Schneebällen, einseifen, das war so lustig. Das wünsch ich mir.

Ich kann's mir vorstellen mit ihm.

Wenn ich in Leipzig bin, gehe ich mit meiner Mutter in die Stadt frühstücken, bummeln. Seit ich ausgezogen bin, erzählen wir uns alles, wir sind wie vertraute Freundinnen. Meine Mutter hat für alles Verständnis, ich kann sagen: Mama, misch dich da nicht ein, das ist meine Sache. Wenn ich sage, ich mache das so und so, sagt sie, Hauptsache, du bist glücklich.

Und wegen einem Kind sagt mir meine Mutter: Du wirst schon irgendwann wissen, jetzt ist es richtig.

Martina Rellin

Ich habe einen Liebhaber

Frauen erzählen von ihren Begegnungen mit dem ganz besonderen Mann. 256 Seiten. Piper Taschenbuch

Mit ihren Ehemännern oder festen Partnern verbindet sie der Alltag – Abenteuer, Lust und Leidenschaft erleben sie mit einem anderen: In diesem Buch erzählen dreiundzwanzig Frauen von ihrer Begegnung mit dem ganz besonderen Mann. Ein Liebhaber gibt ihnen das, was ihnen in ihrer festen Beziehung fehlt. Frauen mit Liebhabern suchen nicht nur Sex, sondern auch jemanden, der ihnen zuhört und Schmetterlinge in den Bauch zaubert. – »Jede dritte Frau geht fremd«, titelte eine Boulevard-Zeitung. Martina Rellin, Bestseller-Autorin mehrerer Liebhaber-Bücher, ergänzt provozierend: »Gäbe es die Liebhaber nicht, noch mehr Ehen landeten vor dem Scheidungsrichter.«
Der Spiegel

Martina Rellin

Mein Liebhaber

Neue Berichte von Frauen über ihre Begegnungen mit dem ganz besonderen Mann. 288 Seiten. Piper Taschenbuch

In der festen Beziehung ist alles in Ordnung, aber wo sind Lust, Leidenschaft und die Schmetterlinge im Bauch geblieben? Viele Frauen erleben all das mit ihrem Liebhaber – und zwar heimlich und ohne schlechtes Gewissen. Das neue Buch von Martina Rellin, bekannt durch ihren Erfolg »Ich habe einen Liebhaber«, liefert neue packende Erfahrungsberichte von den Begegnungen mit dem ganz besonderen Mann und überrascht auch mit ungewöhnlichen Lebensmodellen: Frauen, die Kinder von ihrem Liebhaber möchten oder mit zwei Männern zusammenwohnen … Eine Sammlung von Berichten, die zeigen, wie Frauen ihr Leben mit Lust und Sinnlichkeit in die Hand nehmen.

»Martina Rellin ist eine ausgewiesene Expertin auf dem Gebiet der Liebhaberei.«
Frankfurter Allgemeine Zeitung

PIPER

05/1848/02/L.   05/2057/02/R

Remo H. Largo

Babyjahre

Die frühkindliche Entwicklung aus biologischer Sicht. Aktualisierte Neuausgabe. 506 Seiten. Piper Taschenbuch

Die Bedürfnisse eines Säuglings und Kleinkinds zu erkennen und richtig zu deuten ist für Eltern nicht immer leicht, besonders wenn es ihr erstes Kind ist. Sprechen kann das Baby nicht, aber es hat eine Vielzahl von Möglichkeiten, sich auszudrücken. Der erfahrene Kinderarzt Professor Remo H. Largo will mit seinem Buch das Verständnis bei Eltern und Erziehern für die biologischen Gegebenheiten und die Vielfalt des kindlichen Verhaltens wecken. Dabei orientiert er sich nicht an abstrakten Normen oder überlieferten Erziehungsprinzipien, sondern schärft den Blick für das individuelle Kind und vermittelt Einsichten in seine entwicklungs- und altersspezifischen Eigenheiten. Der Bestseller »Babyjahre« wurde für diese Taschenbuchausgabe grundlegend überarbeitet und aktualisiert.

Remo H. Largo

Kinderjahre

Die Individualität des Kindes als erzieherische Herausforderung. 378 Seiten. Piper Taschenbuch

Wie man Kinder fit fürs Leben macht, ihnen hilft, im Einklang mit ihrer Umwelt zu leben – das zeigt Remo H. Largo in diesem Buch. Er ist seit über zwanzig Jahren Leiter der Abteilung Wachstum und Entwicklung am Kinderspital in Zürich und kennt daher die ganze Bandbreite kindlicher Entwicklung. So kann er Eltern und Erziehern wirkliche Hilfe anbieten, nicht nur Theorien. Anschaulich führt er durch die entscheidenden Jahre zwischen dem Kleinkindalter und der Schwelle des Erwachsenseins. Wie entsteht die Individualität des Kindes? Welche Rolle spielen Anlagen und Umwelt? Wann und wie können Eltern die Entwicklung ihres Kindes unterstützen? Auf diese Fragen gibt der Autor fundierte Antworten mit praktischen Beispielen.

Remo H. Largo, Monika Czernin

Glückliche Scheidungskinder

Trennungen und wie Kinder damit fertig werden. 336 Seiten. Piper Taschenbuch

Remo H. Largo und Monika Czernin machen Eltern Mut, die in der schwierigen Situation einer Scheidung sind: Kinder müssen unter der Trennung der Eltern nicht leiden – es gibt Wege, sie glücklich aufwachsen zu lassen. Getrennt leben, aber gemeinsam erziehen, das ist möglich. Die Autoren gehen anhand konkreter Beispiele auf die wichtigsten Fragen ein. Sie konzentrieren sich dabei auf die tatsächlichen Bedürfnisse der Kinder und zeigen Wege, diese zu erfüllen, egal, in welchem Familienmodell.

»Ein wichtiger Diskussionsbeitrag für unsere Gesellschaft, in der etwa jedes dritte Kind von der Trennung der Eltern betroffen ist. Tendenz steigend.« Chrismon

Birgitt von Maltzahn

Der Schwangerschaftskalender

Ein Begleitbuch für werdende Mütter. Aktualisierte Neuausgabe. 240 Seiten. Piper Taschenbuch

Tagebuch, Ratgeber und Lesebuch in einem – das ist Birgitt von Maltzahns »Schwangerschaftskalender«. In diesem Begleiter für die ganz besonderen neun Monate im Leben einer Frau finden sich medizinische und rechtliche Hinweise sowie Informationen über die Entwicklung des Babys und die »Beschwerden« der werdenden Mutter. Abgerundet wird dieses Handbuch von Geschichten rund um Schwangerschaft und Geburt in anderen Kulturen.

PIPER

PIPER

Sasha Cagen

Singles aus Leidenschaft

*Quirkyalone für Anfänger.
Aus dem Amerikanischen von
Ursula Bischoff. 160 Seiten
mit 92 Abbildungen.
Piper Taschenbuch*

Quirkyalone ist das Manifest einer neuen Single-Generation: die stolze, kluge, witzige, herzliche Absage an den Pärchenwahnsinn. Die vergnügten Singles genießen es, allein zu sein. Sie haben nichts gegen Liebe, erst recht nichts gegen Sex, nur brauchen sie zum Glück keine nervtötenden Beziehungen, sagte sich Sasha Cagen und gründete eine rasend schnell wachsende Single-Bewegung, die von San Francisco aus die Welt erobert: Verlieb dich ins fröhliche Alleinsein! Ein Buch, so romantisch, so revolutionär, so einzigartig wie alle, die mit sich allein sein können.

»In Deutschland sind 13 Millionen Menschen solo – und bereit für die Botschaft: Schluß mit traurig!«
Focus

Kathrin Fischer, Sandra Maravolo

Liebe satt

*Was Paare wirklich antörnt.
224 Seiten. Piper Taschenbuch*

Oftmals dauert die Liebe länger als die Lust. Aber ist es dann noch Liebe? Geht das überhaupt: jahrelang ein Paar sein und trotzdem noch vor Begehren dahinschmelzen? Leicht ist das nicht, geben Sandra Maravolo, die optimistische Expertin mit eigenem Sexshop, und Kathrin Fischer, die eher skeptische Journalistin, zu, aber es ist möglich! Die beiden schlagfertigen Freundinnen spielen sich die Bälle zu, aus dem theoretischen Lager an die Beziehungsfront und zurück. Sie wissen, wie man den bösen Fallen »Double income no sex«, Babys im Bett oder dem Schweigen der Männer entkommt. Mit ihrer einzigartigen Kombination aus Erfahrung und Wissen, Pragmatik und Humor sagen sie dem Lustfrust den Kampf an. Ein Buch für Lang-Liebende!

Katja Sundermeier

Die Simply Love® Strategie

Ihr Weg zur großen Liebe. 208 Seiten mit 46 farbigen Originalillustrationen von Christiane Gerstung. Piper Taschenbuch

Lang genug Single, Lust auf die große Liebe? Simply Love®, das für bindungswillige Männer und Frauen konzipiert wurde und sich seit Jahren in der Praxis bewährt, führt direkt zum Ziel. Die Psychotherapeutin Katja Sundermeier zeigt, wie wir unbewußte Prägungen erkennen und vorgezeichnete Rollen durchbrechen – und so den Partner, den wir verdienen, auch wirklich bekommen.

»Haben Sie genug vom Single-Dasein? In diesem Buch erhalten Sie Tips, wie Sie ein romantisches Happy-End für Ihr Beziehungsleben finden können.« Glamour.de

Dwight Webb

Ab heute ohne dich

50 Tipps für ein Leben nach der Trennung. Aus dem Amerikanischen von Jutta Suthau. 223 Seiten. Piper Taschenbuch

Aus und vorbei? Auch nach dem Ende einer Beziehung muss das Leben nicht leer und sinnlos sein. Ganz im Gegenteil – es hält jede Menge für Sie bereit, Sie müssen nur zugreifen! Der Psychologe Dwight Webb hat 50 Tipps zusammengetragen, mit deren Hilfe Sie nach einer Trennung ins Leben zurückfinden. Sie lernen, erfolgreich von Ihrem Ex-Partner oder Ihrer Ex-Partnerin loszukommen, und erfahren, wie Sie wieder zu sich und Ihren eigenen Bedürfnissen zurückfinden. Und so werden Sie schließlich glücklicher in eine neue Beziehung hineingehen. Ein unentbehrlicher Ratgeber in allen Trennungssituationen und Beziehungskrisen, der Sie stark macht für einen Neuanfang.

PIPER

PIPER

Dorette Deutsch
Schöne Aussichten fürs Alter

Wie ein italienisches Dorf unser Leben verändern kann.
240 Seiten. Piper Taschenbuch

»Gib mir den gottverlassensten Weiler, den du hast«, sagte
Mario Tommasini zum Bürgermeister von Borgotaro – und
verwirklichte ein utopisch anmutendes Altenprojekt in den
Bergen der italienischen Emilia Romagna: Im Dorf Tiedoli
wurden die leerstehenden Häuser altengerecht saniert, das
Zusammenleben der Generationen wurde wieder attraktiv,
neue Arbeitsplätze entstanden, wirtschaftlicher Aufschwung
setzte ein. Und das Ganze ist im Gegensatz zu Altenheimen
und Pflegestationen finanzierbar! Dorette Deutsch zeigt in
ihrer Reportage über das Wunder von Tiedoli eine realisti-
sche Perspektive für ein gutes Leben im Alter.
Die Journalistin sah sich auch in Deutschland um und
zeigt, daß es auch hierzulande neue Ansätze und neue Wege
gibt. Denn die Generation der neuen Alten ist aktiver, ge-
sünder und vermögender denn je. Und wenn im Alter mit
Krankheit und Gebrechlichkeit zu leben ist, können neue
Lebensformen geschaffen werden. Sie fand eine Reihe von
Initiativen, Wohnmodellen und vor allen Dingen Menschen mit neuen Ideen, die unser Leben im Alter besser aus-
sehen lassen als je zuvor.

01/1618/02/L.

PIPER

Thea Dorn
Die neue F-Klasse

Wie die Zukunft von Frauen gemacht wird. 352 Seiten
mit 11 Schwarz-weiß-Porträts von Kerstin Ehmer.
Piper Taschenbuch

Die großen Gleichstellungskämpfe um Abtreibung, Arbeit
und Ehe sind ausgefochten, wir haben eine Kanzlerin und
noch nie in der Geschichte waren so viele Frauen so erfolgreich wie heute. Aber haben wir tatsächlich genügend
Frauen auf der Kapitänsbrücke, wenn es gleichzeitig wieder
hoffähig wird, zu behaupten, die Frau sei fürs Emotional-
Familiäre, der Mann fürs Geldverdienen zuständig?
Wurde die Emanzipation verspielt? An welchen Rollenmo-
dellen sollen sich Frauen orientieren, jenseits der überzogenen
Forderungen, jede müsse Karriere machen und gleichzeitig
das deutsche Volk vor dem Aussterben bewahren? Und wer
außer den Frauen soll unsere Gesellschaft voranbringen,
wenn die Männer im Wesentlichen damit beschäftigt sind zu
jammern, dass früher alles besser war?
Thea Dorn und elf meinungsmachende Frauen diskutieren
über Männer und Frauen, Kinder und Beruf, Politik und
Gesellschaft und setzen die Agenda für die Zukunft.

01/1598/02/R